Buenos Aires **Metrópolis**

Alberto Varas
Equipo de investigación - Buenos Aires 2000

Universidad de Palermo, Universidad de Harvard, Universidad de Buenos Aires

LAMUR   GSD   FADU

BUENOS AIRES 1997

Tapa:
"Cosas de antes"
Oleo sobre papel. Antonio Seguí.
Buenos Aires 1986

© Copyright 1997
Alberto Varas

Publicado por:

Harvard University
Graduate School of Design
Cambridge, Massachusetts, USA

Universidad de Palermo
Laboratorio de Arquitectura Metropolitana y Urbanismo
Buenos Aires, Argentina

Universidad de Buenos Aires
Facultad de Arquitectura Diseño y Urbanismo
Buenos Aires, Argentina

Fotografías:

Alejandro Leveratto
Daniel Karp
Gustavo Sosa Pinilla
Freddy Massad
Excepto las que figuran en los créditos fotográficos específicos.

Diseño Gráfico:

Arq. Roberto García Balza
D. G. Marcela Gonzalez

Primera edición: marzo de 1997

ISBN 950-9575-73-9
Depósito Legal: M-8871-1997

Librería Técnica CP 67 S.A. - Universidad de Palermo
Florida 683, local 18 (1375) Buenos Aires, Argentina
Tel: 314-6303 - Fax: (5 41) 314-7135

Este libro ha sido generosamente subsidiado por la Universidad de Palermo
(Argentina) y la GSD de la Universidad de Harvard (USA).

Impresión:

A.G. GRUPO, S.A.
Nicolás Morales, 40
28019 Madrid (España)

Equipo de investigación Buenos Aires 2000
Research Team Buenos Aires 2000

En Buenos Aires

FADU
Universidad de Buenos Aires
LAMUR
Universidad de Palermo

Alberto Varas
Co-director del proyecto

Claudio Ferrari
Daniel Becker
Investigadores adjuntos

Marina Villelabeitia
Carolina Tramutola
Claudia Feferbaum
Investigadores asistentes

En Boston

GSD
Harvard University

Jorge Silvetti
Co-director del proyecto

Rodolfo Machado
Profesor a cargo del taller

Peter Rowe
Investigador titular

Usina termoeléctrica en Puerto Nuevo, Buenos Aires
Thermoelectric Power Plant / Puerto Nuevo, Buenos Aires

Agradecimientos

En primer lugar mi agradecimiento a mis asistentes, las arquitectas Carolina Tramutola, Claudia Feferbaum, y Marina Villelabeitia, y a mis colaboradores en la investigación y en la docencia, los arquitectos Claudio Ferrari y Daniel Becker. Todos ellos han llevado a cabo la trabajosa tarea de sistematización de los datos e imágenes y han sido mis interlocutores durante los casi tres años que lleva este proyecto. Han colaborado intensamente en el desarrollo de los Talleres de la Universidad de Buenos Aires y en el Laboratorio de Arquitectura Metropolitana y Urbanismo de la Universidad de Palermo.

A la GSD de la Universidad de Harvard y a la generosa y desinteresada contribución de la Universidad de Palermo que hicieron posible que este libro pudiera ser producido y editado.

Mi especial agradecimiento al pintor Antonio Seguí por cedernos el uso de la reproducción de la obra de su autoría que se encuentra en la tapa y a los fotógrafos Alejandro Leveratto, Daniel Karp y Gustavo Sosa Pinilla, a las editoriales, autores y fotógrafos que nos permitieron reproducir las imágenes y documentos que ocupan un lugar principal en el libro, y en especial a Ignacio Gutiérrez Zaldívar, por las reproducciones de la obra de Leonie Matthis, a Hugo Salama y Justo Solsona por los dibujos de la Avenida de Mayo, a Claudio Williams por las imágenes de la obra de su padre y a Mark Pasnik por la revisión de la traducción del texto al inglés.

Finalmente, a los alumnos de los distintos cursos, tanto de la Universidad de Buenos Aires como de la GSD, que pusieron su mayor esfuerzo para desarrollar los proyectos urbanos que permitieron pensar en profundidad sobre los desafíos urbanos y arquitectónicos que plantearon las áreas a resolver.

Buenos Aires: "collage" de arquitecturas
Hotel Plaza, de principios de siglo
La arquitectura racionalista del Edificio Kavanagh
En el fondo, las torres de Catalinas Norte

Buenos Aires: architectural "collage"
Hotel Plaza, from the beginning of the century
The rationalist architecture of the Kavanagh Building
At the bottom, the towers of Catalinas Norte

Foto: Daniel Karp, del libro "Buenos Aires, un estado del
sentimiento". Editorial Lugar, Buenos Aires, 1992
Picture by Daniel Karp from "Buenos Aires, un estado del
sentimiento", Editorial Lugar, Buenos Aires, 1992

Indice general
Contents

Nota preliminar
Preliminary Note

Introducción

Introduction

Indice General

Primera parte

Contents

Part 1

Indice general

Segunda Parte

Contents

Part 2

Nota preliminar
Preliminary Note

Este libro es el producto de un proyecto de investigación en arquitectura y urbanismo que iniciamos con Jorge Silvetti, actual *chairman* de la GSD de la Universidad de Harvard, en 1993.

La investigación no trata sobre planificación urbana ni pretende dar una visión integral o cuantitativa de los problemas urbanos. Trata, en cambio, de enfocar sobre la cuestión del urbanismo desde su resultado final: la ciudad construída, la arquitectura y el espacio público.

Esta es, notoriamente, una responsabilidad de arquitectos y urbanistas aunque ellos deban, para convertir los proyectos en hechos construídos, actuar en un medio cultural y social que los condiciona poderosamente. Pero, justamente, la idea principal de este trabajo es que suponemos que la arquitectura y el urbanismo son aún disciplinas que, a pesar de las dificultades que se presentan en la evolución actual de las ciudades y en la producción de la arquitectura debido, en el caso particular de ésta, a la crisis de dispersión de su conocimiento específico, y en consecuencia, de su prestigio social, mantienen, sin embargo, la cualidad de ser las disciplinas capaces de interpretar de la mejor manera el conjunto de requerimientos simbólicos, funcionales y tecnológicos que la actual sociedad metropolitana demanda para la creación de su hábitat artificial. De la misma forma, bajo otras circunstancias históricas, ésta ha sido la función de ambas disciplinas en el pasado. De manera que pensamos que la arquitectura y el urbanismo no tienden a desaparecer como ha sido pronosticado, o a disolverse en otras formas del conocimiento sino que, contrariamente, adquirirán un rol de cada vez mayor gravitación en el futuro próximo.

Esta capacidad propositiva propia de ambas disciplinas, que se trata de preservar, está basada en su específica captación de los fenómenos urbanos en términos espaciales y en el desarrollo de nuevos conocimientos, ideas y propuestas que no son exclusivamente una sumatoria de factores condicionantes que provienen de otras áreas del conocimiento tales como los análisis cuantitativos, las demandas muchas veces contradictorias de los actores de la vida urbana o las visiones específicas de las disciplinas con injerencia en el dominio de lo urbano.
Aún cuando ambas visiones puedan, bajo ciertas circunstancias, ser complementarias, este trabajo trata sólo sobre la primera.

La diferencia entre ambas aproximaciones es esencial: las propuestas de la arquitectura y del proyecto urbano en relación a la ciudad "agregan" algo que no existía antes, una nueva cualidad espacial al análisis e interpretación del problema, hipótesis iconográficas de lo que vendrá o de lo que sería posible hacer, es decir, que abordan la dimensión proyectual de la problemática urbana, mientras que las otras alternativas sólo pueden reducirse -en términos de espacialidad- "al reordenamiento estricto o a la interpretación de lo existente", sin otro sustento que el de la "cientificidad" de los datos. Y, si bien éstos no deben ser rechazados *in toto*, ellos no resultan suficientes ni para la interpretación de los fenómenos urbanos ni para una correcta toma de las decisiones en el campo de la arquitectura y el espacio público.

Esta investigación y este libro, que son producto de esa enorme atracción que es capaz de generar una ciudad como Buenos Aires, intentan ser una contribución preliminar en el sentido de lo expuesto para abrir el camino entre quienes tienen a su cargo las decisiones sobre la ciudad y aquéllos que se interesan por sus problemas y la arquitectura.

Noviembre de 1996

Introducción

Introduction

El Programa "Buenos Aires 2000"

The "Buenos Aires 2000" Program

*Los saberes necesarios para tomar resoluciones
en sociedades tan complejas como las actuales
... son ultrasofisticados y numerosísimos.
No circulan en los medios de comunicación
audiovisual sino como fantasmas o citas muertas*

Beatriz Sarlo
Escenas de la vida posmoderna

A pesar de su extraordinaria vitalidad y de su enorme atractivo como ciudad, Buenos Aires no ha encontrado aún una manera consistente de incorporar los procesos de transformación que son necesarios para mantener viva su "urbanidad" y afrontar al mismo tiempo los enormes cambios y demandas que implica esta nueva etapa de su desarrollo metropolitano. Estos cambios deben hacerse respetando la pluralidad de la vida democrática, que es una condición *sine qua non* para la vida en la ciudad contemporánea, y conservando el extraordinario valor patrimonial de la ciudad pero sin convertirla, tampoco, en una ciudad museo terminada, incapaz de absorber las transformaciones de la cultura contemporánea y de las cambiantes formas de vida de sus habitantes. Este planteo está presente con gran fuerza en el debate actual sobre la cuestión del espacio público contemporáneo. Es un ítem que se discute entre ciudadanos, gobiernos, arquitectos y urbanistas pero que no ha derivado aún, en Buenos Aires, en procesos claros de gestión y producción de la ciudad cuya continuidad haya permitido acumular experiencias y aumentar el conocimiento sobre la manera de resolver esta compleja malla de problemas.

La nostalgia por la continuidad de las formas urbanas consolidadas y la vocación de recuperación de una relación bucólica con la naturaleza dentro de la ciudad, se manifiesta en el público a través de su resistencia a aceptar las intervenciones urbanas como recurso final para contrarrestar la desordenada agorafobia que se gesta en una ciudad sin programa y sin objetivos, como un gesto de desconfianza frente a lo impredecible de muchas acciones urbanas forzadas en el pasado. Así queda este rechazo extremo como única expresión vigente de los ciudadanos en la defensa de su derecho a la ciudad.

Los funcionarios, a su vez, desconfían de las técnicas del urbanismo y de la capacidad de la arquitectura para proveer ideas y soluciones ya que éstas pueden derivar en una limitación de su capacidad para actuar sobre la ciudad.

En suma, se ha tejido una intrincada red de relaciones, muchas de ellas negativas, entre los actores de la vida urbana y quienes tienen la responsabilidad de producir el entorno físico real de esa vida, que es indispensable clarificar. La observación de fenómenos como los descriptos revelan la necesidad de crear un marco de conocimiento y "re-conocimiento" de los hechos de la vida urbana y una base común y real para el tratamiento de los temas urbanos que deriven en formas concretas de intervención en el espacio público de la ciudad. Una arquitectura del espacio público, visible y concreta, capaz de satisfacer las demandas de la sociedad en transformación y de generar una nueva confianza en los instrumentos del proyecto urbano y la arquitectura.

En este contexto, Buenos Aires 2000 es un programa de investigación universitaria destinado a contribuir a la ampliación de este debate desde el punto de vista de la arquitectura y el urbanismo. ∎

Investigar en arquitectura
Researching on architecture

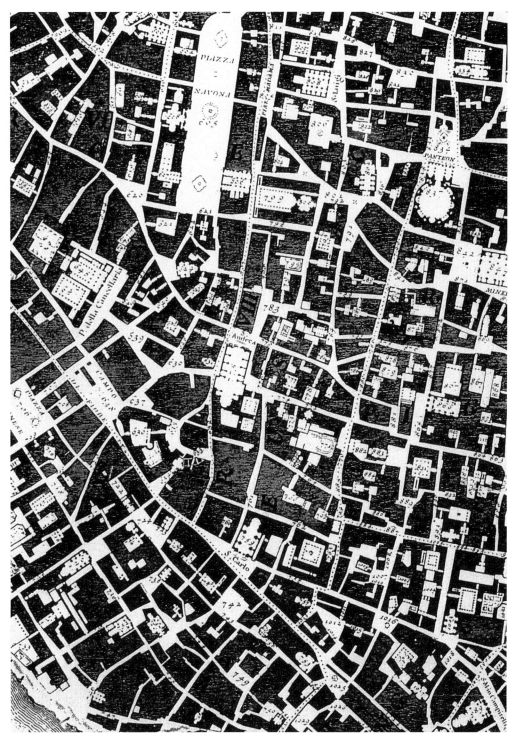

Plano de Roma de Nolli
Nolli Plan of Rome

No es común en nuestras universidades oir hablar de arquitectura o de diseño urbano como disciplinas en las que se admita la investigación. En general se las considera disciplinas fácticas, basadas exclusivamente en la creación y la intuición artísticas cuando no se las clasifica como disciplinas abocadas exclusivamente a la resolución concreta de problemas del proyecto y las tecnologías de la construcción de edificios, o bien, a la interpretación histórica y social de los fenómenos urbanos y arquitectónicos.

Su cuerpo de conocimientos es asimilado en forma casi excluyente al de la ingeniería, las ciencias sociales o al del desarrollo de tecnologías específicas para poder encuadrarlo universitariamente en los moldes a los que tradicionalmente, han recurrido las ciencias en sus programas para la creación de conocimiento.

Que el proyecto es en sí mismo una forma de conocimiento de la realidad con un altísimo grado de información y complejidad, no está aún claramente admitido. Se ve al proyecto sólo como un producto final que refleja en forma abstracta la materialidad de la futura obra y no como un texto o un proceso de pensamiento que incorpora información sobre el estadío de la cultura, las relaciones sociales, la tecnología, la creación artística o la producción misma de la arquitectura como disciplina autónoma.

Se debilita así una de las áreas de investigación más interesantes y de mayor implicancia en la calidad de vida de las personas en el mundo contemporáneo: la que se refiere a la creación del mundo artificial, el mundo construído, que es propia de la Arquitectura y que se basa en el proyecto, en sus mecanismos, significados y tecnologías, es decir, la investigación proyectual como instrumento esencial para su producción

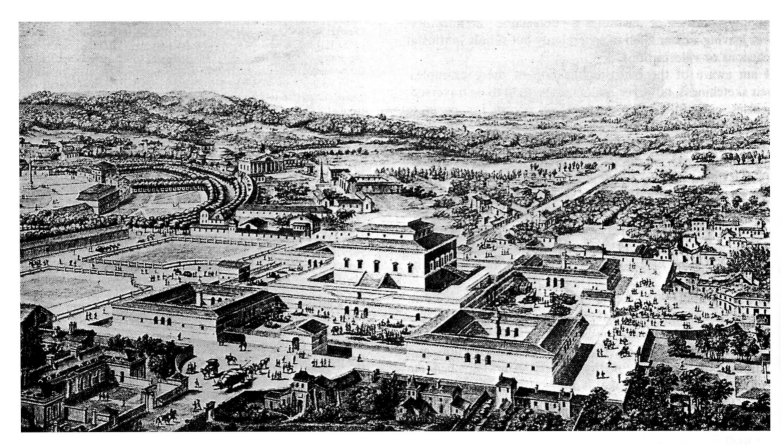

Plaza del Mercado. C. N. Ledoux, 1773
Market Square. C. N. Ledoux, 1773

autoconciente tanto cultural como técnicamente. Esta forma de investigación que está destinada a crear los instrumentos que servirán de base para revisar actitudes frente al proyecto arquitectónico y para intervenir con propiedad sobre nuestras ciudades, debe proveer una información y un marco de reflexión sobre ella considerando que los procedimientos para su construcción atraviesan hoy una densa malla de complejidades técnicas y de todo tipo a las que no están ajenas, entre otras, las relaciones de la proyectación con el poder y las demandas democráticas de la sociedad en su conjunto. Esta malla es hoy de una complejidad enormemente mayor que en cualquier otro momento del pasado y por lo tanto requiere otras formas de aproximación.

Gabriel Rolandi, Laboratorio de Arquitectura CAYC, 1980
Hipótesis de ocupación de alta densidad del eje urbano de Plaza Once y Plaza de los Dos Congresos,
Buenos Aires

Gabriel Rolandi, Architectural Lab. CAYC, 1980
Hypothesis for high density areas in the axis Once Square/ De los dos Congresos Square, Buenos Aires

El proyecto, pensamiento construído

La expresión de ideas y de un pensamiento proyectual acerca del mundo construído, las ciudades y la arquitectura tiene antecedentes notables en materia de una forma de ideación proyectual que no está destinada específicamente a ser aplicada a su destino de instrumento de construcción: desde extremos tan distantes como el Plano de Roma de Nolli reinterpretado por el Grupo de Cornell de Colin Rowe, hasta las prefiguraciones urbanas de la Ville Radieuse de Le Corbusier o los estudios de Peter Eisenman en la GSD. La investigación en arquitectura se remonta a las propuestas de los visionarios clásicos: Piranesi, Ledoux, o de vanguardistas utópicos como Williams o Le Corbusier. Esta línea continúa hasta hoy, una época en que la caída de la prescriptividad del lenguaje y la eclosión de los procesos metropolitanos, en su complejidad, han hecho mucho más necesaria y distinta la investigación de los procesos proyectuales.

La tradición investigativa de la escuela de Buenos Aires

Buenos Aires no ha estado ajena a estos procesos. Entre 1978 y 1982 se trabajó en el Laboratorio de Arquitectura del Cayc y en La Escuelita [1] sobre ideas afines a la investigación proyectual, aunque, en este último caso más ligadas al problema del lenguaje. Desde 1983 este trabajo se realizó en los sucesivos Talleres Experimentales realizados en la Escuela de Posgrado de la UBA y en algunos de sus Talleres de Arquitectura [2].

También en algunos "concursos de ideas" aplicados a algunas de las áreas urbanas de gran extensión de Buenos Aires, como Puerto Madero o Retiro realizados como paso previo a

Grupo Seminario Poiesis, 1993
Intersección de arquitecturas de la infraestructura en Puerto Madero

Poiesis Seminar Group, 1993
Architectural intersection of infrastructures in Puerto Madero

Le Corbusier, Plan de Amberes. 1933
Le Corbusier, Amberes Plan, 1933

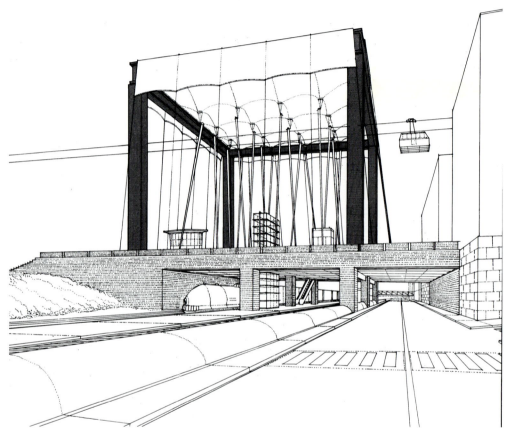

Vista del Balcón del Danubio desde Handelskal, Viena. Machado and Silvetti Assoc., 1991
Un ejemplo en el que se funden la investigación académica y las reglas de la producción profesional

View of the Danube Balcony from Handelskal, Vienna, Machado and Silvetti Assoc., 1991
An example in which academic research and the rules for professional production merge

la construcción en el sitio, han planteado estas "ideas" como un paso para prefigurar lo que, en definitiva serán luego, esos espacios públicos terminados. Estos concursos han tomado así, quizás inadvertidamente, el carácter de investigaciones temáticas proyectuales más que la forma de proyectos terminados; incluso, a veces, con una gran carga de flexibilidad programática futura.

Investigación proyectual: ¿Por qué?

Pero, ¿cómo podemos diferenciar mejor la investigación proyectual y sus instrumentos de otras fases del proyecto arquitectónico y urbano? y ¿cómo podemos especificar mejor sus objetivos?

Para abordar estas cuestiones es preciso, primero, reconocer que la teoría y la práctica de la arquitectura implican un cuerpo de conocimientos aplicable a la comprensión y producción del mundo artificial que no está reflejado de la misma forma en ninguna otra disciplina. La diferencia explica y define la cualidad de esta forma de investigación.
La forma y las cualidades del espacio concreto arquitectónico y urbano son los protagonistas de esta forma de pensamiento sobre la ciudad y la arquitectura: la dimensión, la materialidad, la conectividad, la permeabilidad, por citar sólo algunas de ellas. Estas ideas pueden ser ambiguas o difícilmente precisables si se las extrae de su contexto espacial concreto. Por esta razón los instrumentos de esta forma de investigación no pueden ser otros que los que son capaces de representar ese espacio: los instrumentos de lectura y representación de la arquitectura en sus diversas escalas, dibujos, trazados, modelos, videos, etc.

La hipótesis central de la investigación proyectual es que este cuerpo de conocimientos que subyace

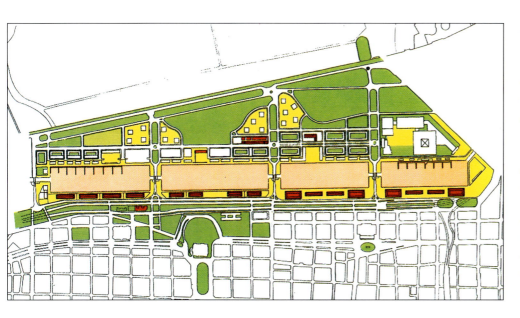

Concurso Puerto Madero, primer premio, 1991
Puerto Madero competition project, first prize, 1991

Arquitectos:
Juan Manuel Borthagaray
Carlos Marré
Pablo Doval
Rómulo Pérez
Cristian Carnicer
Eugenio Xaus
Enrique García Espil
Antonio Tufaro
Mariana Leidermann

en la producción de la arquitectura y la ciudad, tiene a la vez que una faz analítica, es decir, interpretativa de los fenómenos en términos de texto "literario" y pre-proyectual, una faz proyectual ligada a la fenomenología del proyecto, que permite incorporar a través de sus procedimientos una mayor información sobre la red de conocimientos que alimenta la producción de arquitectura y ciudad en las distintas etapas de los diseños de alta complejidad. De esta etapa fundamental surge un tipo de conocimiento nuevo o distinto sobre la arquitectura que no se encuentra en las otras manifestaciones del texto arquitectónico. Su expresión es la "mostración" a diferencia de la "explicación" que es pre-arquitectónica.

Es conveniente aquí aclarar lo dicho para establecer lo que a nuestro criterio son las diferencias entre teoría de la arquitectura, investigación proyectual y experimentalismo proyectual. En cuanto a las dos primeras, si bien ambas favorecen la interpretación y el contenido de los proyectos alejándolos de una práctica pragmática y fáctica, mientras que la primera es prescriptiva y abarcativa en relación a la producción, la segunda es experimental, operativa y específica, pretendiendo sólo incorporar nuevos conocimientos a un cuerpo preexistente. El experimentalismo proyectual ocupa un lugar más cercano a la práctica profesional. Es un eslabón entre la investigación proyectual pura y la construcción de propuestas prototípicas ya en la realidad concreta.

En definitiva, investigar en arquitectura es producir "textos proyectuales" a la manera de un pensamiento materializado que informa la producción de los proyectos profesionales. Se trata de la creación de un *layer* intermedio entre los textos pre-proyectuales y el proyecto profesional final para ser construído.

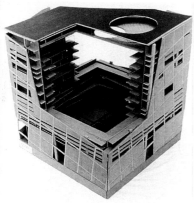

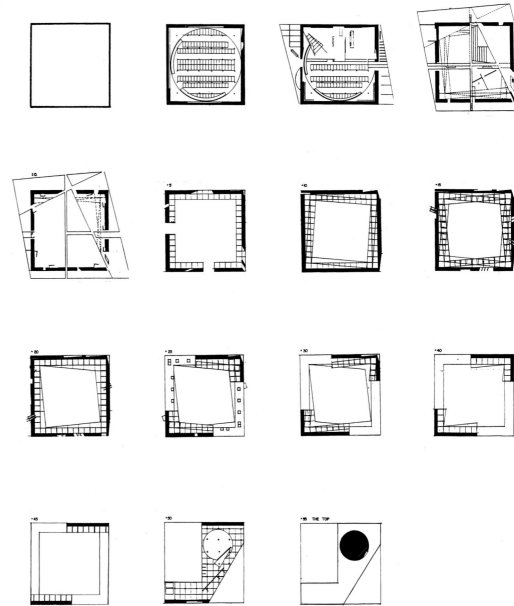

Maqueta y plantas del proyecto de viviendas para el área del ex-Mercado de Abasto de Buenos Aires
Claudio Ferrari / Roberto Busnelli. Seminario Poiesis, UBA, 1994
Investigación sobre la estructura formal de un contenedor metropolitano

Model and plans for a housing project at the ex-Mercado de Abasto of Buenos Aires
Claudio Ferrari / Roberto Busnelli. Poiesis Seminar, UBA, 1994
Research on the formal structure of a metropolitan container

Forma y significado

El caso de la Roma de Sixto V es un extraordinario ejemplo de como un pensamiento sobre el espacio urbano y la arquitectura reflejó la concepción del Barroco al dotar de otra escala y significado a la Roma Clásica. El estudio de estas transformaciones y su evaluación que incluyen, tanto el papel de la arquitectura en operaciones como la reconstrucción de Santa María Maggiore o de las dos iglesias de Carlo Rainaldi en la Piazza del Popolo, como el orgullo y la ostentación por el traslado de los obeliscos y la finalidad "ideológica" de las nuevas perspectivas urbanas, es un interesante capítulo de la investigación sobre el diseño urbano que le debemos a Edmund N. Bacon.

Pero también, son extraordinarios ejemplos de la potencia del pensamiento sobre la ciudad expresado en las ideas urbanísticas: la París de Haussmann, la Barcelona Moderna, o la Buenos Aires de principio de siglo. Podemos leer en estas estructuras urbanas textos contradictorios pero a la vez de gran valor para la comprensión de la ciudad contemporánea. Aunque el objetivo principal de este trabajo no es el de realizar una relectura histórica de las estructuras significativas que expresan el pensamiento sobre la ciudad, sino el de ubicar las coordenadas de esta forma de pensamiento sobre la ciudad de Buenos Aires bajo la luz de los procedimientos de la investigación proyectual, es interesante ver cómo en distintos momentos del desarrollo del pensamiento urbano, en distintas partes del mundo, la ciudad ha tomado, bajo distintas formas, este carácter de texto proyectual y las técnicas que

se han empleado para interpretarlo como lo fueron en su momento el Plano de Nolli, las propuestas de Amancio Williams, los dibujos de Le Corbusier o las infografías de Agrest/Gandelsonas. En Buenos Aires, para ver bajo otra luz los procesos metropolitanos que están transcurriendo y que parecen diluirse bajo un manto de complejidad y carencia de estructuras, no parecen ser suficientes las tecnologías de interpretación que se han utilizado hasta el momento.

La gran diferencia entre los modelos del pasado y la Buenos Aires actual es la de su conversión en metrópolis con la enorme complejidad y el carácter inédito que implica esta transformación.

Por eso la investigación no deviene en proyectos o meta-proyectos, como lo fueron algunos de los proyectos de ciudad modernos, sino en modelos proyectuales que no podrán ser utilizados como proyectos finales sino como etapas intermedias para discutir las formas urbanas que resultan de un sistema de decisiones que, generalmente no considera las variables espaciales o las estructuras arquitectónicas concretas o los espacios públicos concretos que resultan finalmente de esas decisiones. Esta es, en realidad, la finalidad del proyecto Buenos Aires 2000.

La investigación proyectual en arquitectura ilustra acerca de lo contenido en los niveles no manifiestos del proyecto final y abre las puertas de otras vertientes de soluciones para problemas que no tienen una sola interpretación. Esto lo ilustra muy bien el mecanismo tradicional del concurso de ideas

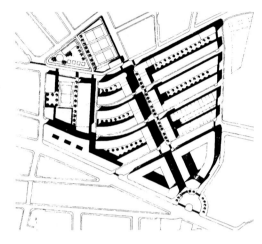

Concurso "50 ideas para Madrid"
Reconstrucción del área de la Plaza Elíptica, Madrid
Antón Capitel, 1983

Competition Project 50 ideas for Madrid
Restoration of the Eliptical Square area, Madrid
Antón Capitel, 1983

Concurso "20 ideas para Buenos Aires"
Proyecto área Retiro
Manteola, S. Gómez, Solsona, Santos, 1985

Competition project 20 ideas for Buenos Aires
Retiro area
Manteola, S.Gómez, Solsona, Santos, 1985

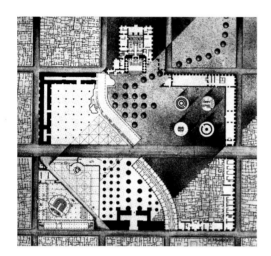

Collage de tipologías urbanas y arquitectónicas
Daniel Camargo, Laboratorio de Arquitectura CAYC, 1982

Collage of architectural and urban typologies
Daniel Camargo, CAYC Architectural Lab, 1982

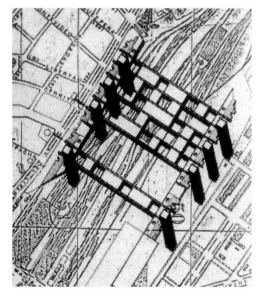

Concurso "20 ideas para Buenos Aires"
Proyecto área Retiro
Manteola, S. Gómez, Solsona, Santos, 1986

Competition project 20 ideas for Buenos Aires
Retiro area
Manteola, S.Gómez, Solsona, Santos, 1986

que, de alguna manera, es una forma de la investigación proyectual, ya que abre a la consideración del cliente una gama de soluciones que obligan a decidir con una perspectiva más amplia, encontrando las diferencias conceptuales y de pensamiento que se expresan en cada una de las propuestas.

La apertura, la relectura, la creación de nuevos enfoques, es el desafío que plantea esta forma de pensamiento. ■

(1) El Laboratorio de Arquitectura del Cayc y la Escuelita fueron dos experiencias pedagógicas paralelas al mundo académico oficial de Buenos Aires durante la década del 70. Nuclearon a profesores que habían sido excluídos de la Universidad de Buenos Aires durante la dictadura militar. Su objetivo fue estrictamente intelectual y allí se desarrolló una parte sustancial del pensamiento más avanzado del momento sobre la arquitectura y sobre temas específicos de la producción del proyecto arquitectónico y la ciudad. De La Escuelita formaron parte profesores como Justo Solsona, Ernesto Katzenstein, Rafael Viñoly y Antonio Díaz; en el Laboratorio de Arquitectura dictaron cursos Clorindo Testa, Alberto Varas, Jorge Goldemberg y Miguel Baudizzone.

(2) Jorge Sarquis fue el principal impulsor de los Seminarios del Centro Poiesis de la UBA.
Además de artículos y libros sobre la cuestión de la creatividad en la arquitectura y sobre el tema de la investigación proyectual, es quizás el investigador que ha expuesto con más detalle en sus trabajos los aspectos filosóficos que justifican esta forma de la investigación.

Nuevos condicionantes del espacio urbano metropolitano

New conditions of metropolitan urban space

El marco teórico de Buenos Aires 2000

La observación de ciertos fenómenos e ideas predominantes de la cultura urbana presente nos ha llevado a considerar que ellos podrían constituir, en un corte de la misma, nuevos condicionantes del espacio urbano metropolitano de Buenos Aires a fines del milenio. Estos fenómenos son, de alguna manera, el material de referencia objetivo de nuestros estudios proyectuales y, en parte, el marco teórico del proyecto de investigación "Buenos Aires 2000" ya que a ellos referimos las calidades y formas que asumirá el espacio público como respuesta a sus demandas. A estas observaciones se agregan unos pocos puntos de vista sobre el urbanismo contemporáneo que sostenemos como marco para la fundación de las ideas proyectuales.

- Sin intentar negar la validez específica de otras visiones posibles, la perspectiva urbana sobre la que se asienta el proyecto Buenos Aires 2000 es, la de la configuración espacial y arquitectónica de la ciudad, particularmente la de la forma y el carácter del espacio público contemporáneo.

La cuestión de la forma del espacio público y de la arquitectura como determinante de la identidad de las ciudades se encuentra en la mayor parte de los estudios históricos y modernos sobre la ciudad. Particularmente, en aquéllos en los que se ha rebatido el hecho de asignar a esta forma de análisis, un carácter restringido frente a otras versiones a las que se atribuye mayor validez científica y en las que se considera el análisis urbano a través de lo estrictamente sociológico, cuantitativo o funcional. En sentido contrario le atribuimos a los hechos espaciales, arquitectónicos y urbanos, un carácter profundamente revelador

de la esencia de los hechos urbanos en su más amplio sentido. De esta manera es posible atribuir al proyecto urbano y arquitectónico vinculado a él, un valor propositivo propio como síntesis final del conocimiento sobre lo urbano.

- La discrepancia entre una concepción fragmentaria o unitaria de la ciudad que ha sido planteada en muchas oportunidades en términos de extremos irreconciliables, queda contenida en el marco de esta investigación, dentro de las nociones de Proyecto Urbano y Plan Estratégico respectivamente, como instrumentos complementarios capaces de contener ambas visiones.

El Proyecto Urbano está referido específicamente a las características urbano-arquitectónicas de las piezas urbanas identificables dentro de los límites de un sector urbano que admite una intervención puntual. El segundo incluye, como factores determinantes: la consideración del rol de la ciudad, las grandes infraestructuras urbanas, las estructuras viarias, los puertos y aeropuertos, los servicios generales, y en general, las funciones que exceden el marco de un fragmento debido al origen más complejo o más amplio de su determinación.

- Buenos Aires se encuentra en una etapa de su proceso metropolitano que implica la necesaria reconversión, completamiento y actualización tecnológica de sus infraestructuras urbanas que se encuentran obsoletas y un proceso de movilización y colonización de sus periferias centrales.
Los casos más notorios de esta transformación se encuentran en la provisión de servicios básicos, las parrillas ferroviarias, los puertos, las

estructuras viales, el transporte fluvial, marítimo y aéreo y en otros enclaves centrales con un alto grado de desurbanización debido a procesos de periferización interna.
Así como en el pasado reciente, fue el completamiento intensivo de los tejidos residenciales una de las características principales de su desarrollo urbano, (la población del área jurisdiccional de la ciudad de Buenos Aires ha crecido demográficamente sólo hasta 1947), en el desarrollo del actual proceso metropolitano la obsolescencia de las infraestructuras y la complejización de los vínculos con el Gran Buenos Aires constituyen el rasgo saliente de la situación actual.

- Dentro de este cuadro, el problema del movimiento en la ciudad de pasajeros y cargas, el transporte subterráneo y de superficie, y la variación de las velocidades y de la tecnología de cada uno de ellos con su respectivo impacto en los nudos de intercambio y transferencia, son temas que requieren una nueva consideración ya que serán una parte fundamental del tiempo en que transcurrirá la vida de los ciudadanos.
Estos centros de transferencia de transporte generarán una arquitectura y un espacio urbano cuyas características modificarán la naturaleza del espacio público en las áreas de alta densidad.

- La cuestión de la ciudad como producto artificial y su relación con la Naturaleza está considerada bajo la perspectiva de la imposibilidad de reproducción pura de esta última dentro de la ciudad y, en cambio, del reconocimiento de que la única posibilidad real de esa incorporación es, mediante la creación de un paisaje urbano en el que la naturaleza está representada como fenómeno virtual. Los grandes parques clásicos de Buenos Aires, de fin del siglo pasado, conservan la característica romántica que les dio origen, la pretensión de la mimesis de la naturaleza. Esta forma del espacio parquizado y del jardín clásico contemplativo ya no corresponde a la concepción de los usos ni a la forma y conceptualización del espacio abierto y del parque contemporáneos. En relación a este tema, Buenos Aires requiere una revisión profunda y un replanteo del tema de la recreación y el contacto con las áreas verdes en gran escala dentro de la ciudad. Esta revisión puede lograrse a través de la modificación, rediseño y reasignación de usos del sistema actual de espacios verdes de uso público. Paralelamente puede lograrse una disminución del congestionamiento de las vías de salida y del efecto de periferización externa de la recreación en una metrópolis de enormes dimensiones como Buenos Aires.

- Los nuevos equipamientos culturales, comerciales y recreativos generan usos y localizaciones de actividades que alteran los esquemas estáticos que correspondieron a otros momentos del desarrollo económico, cultural y físico de la ciudad. Estos esquemas han conducido, consecuentemente, a la desatención del patrimonio urbano.

- Al período considerado corresponden cambios en la cultura del habitar y del uso del espacio urbano que dan lugar a transformaciones en las tipologías arquitectónicas y del espacio público.

- Este contexto permite repensar las oportunidades para las propuestas y el diseño de un espacio público que no resulte meramente un excedente de las acciones privadas. Estas oportunidades están dadas por la transformación de usos, por la liberación de suelo urbano para los usos públicos y privados en áreas estratégicas de la ciudad y, en menor medida, por los requerimientos de una conservación patrimonial de áreas en estado de abandono. Este proceso se debe a menores necesidades de espacio por la modificación o renovación de tecnologías o a la eventual relocalización de grandes piezas infraestructurales. De este proceso de movilidad participa también la vivienda degradada en áreas centrales (Barracas, Villa 31, San Telmo, conventillos).

- Desde un punto de vista arquitectónico y urbano cobra nueva vigencia el problema de la dimensión colosal de la arquitectura urbana. El problema de la escala y el tratamiento de "lo grande" en la ciudad.

- La hipótesis central del Proyecto Buenos Aires 2000 es que el gran protagonista de estas transformaciones debe ser el espacio público metropolitano, un nuevo espacio con otras demandas funcionales, representativo y generador de una nueva escala para la ciudad. Este espacio debe estar en condiciones de contener un nuevo civismo democrático y regular la nueva metrópolis contemporánea cuyas características espaciales en Buenos Aires recién comienzan a surgir. ■

Primera parte

Part 1

Interior de la Usina Termoeléctrica de Puerto Nuevo
Un espléndido ejemplo de arquitectura de la
infraestructura de principios de siglo

Interior of the thermoelectric power plant at Puerto Nuevo
An extraordinary example of the architecture of
infrastructure at the begining of the century

Momentos paradigmáticos de las formas del espacio público y la arquitectura de la ciudad

*Paradigmatic moments in the architecture of the city
and in the shape of public space*

1. Momentos paradigmáticos de la forma del espacio público y la arquitectura de la ciudad

Paradigmatic moments in the architecture of the city and in the shape of public space

Las notas y comentarios que siguen no tienen una finalidad cronológica ni, mucho menos, exhaustiva en relación a la evolución histórica de la ciudad de Buenos Aires, tal como ha sido realizado por otros autores en distintas oportunidades. [1]

Los momentos de la evolución del espacio público y la arquitectura de la ciudad que se describen, fueron recopilados originalmente con el fin de proporcionar un material básico necesario para comprender la evolución de la estructura urbana de la ciudad, desde la óptica de su forma y en distintos momentos estructurales de su conformación.
Más allá de esta mayor comprensión del origen de las formas urbanas actuales que este material pueda brindar, su objetivo principal fue el de proveer un contexto básico para el desarrollo de los estudios particularizados que se realizarían en los Talleres de Boston y Buenos Aires.

Sin embargo, a lo largo de nuestro trabajo de elaboración de este libro, el material recopilado se convirtió en algo "estratégico" en relación a los conceptos con que fue abordada la estructura y el marco teórico de la investigación y, de alguna manera, en un reflejo de la forma particular con que, durante el proceso de la investigación, enfocamos los sucesos urbanos y el papel de la arquitectura en el pasado y en el presente: como elementos estructurados de un discurso abarcativo sobre la ciudad y su evolución física.

En todo caso, las notas y comentarios sobre planes u obras incorporados en este capítulo, así como la arquitectura y las imágenes que se han seleccionado representan, en su conjunto, una aproximación metodológica y conceptual distinta a la que está contenida en otras de las escasas obras sobre Buenos Aires que se han publicado y difundido en los ambientes académicos en años recientes.

Entre estas obras que tratan el tema de la ciudad de Buenos Aires desde perspectivas propias y, con objetivos diferentes, sobresalen: "Los Planes y Códigos para Buenos Aires" de Odilia Suárez; "Buenos Aires, evolución histórica" de Ramón Gutiérrez y "Buenos Aires: una estrategia urbana alternativa", del Grupo de Investigadores de la UBA y la Fundación Plural.

El trabajo de Odilia Suárez está específicamente orientado a servir de base para la discusión del Código de Planeamiento Urbano. Mantiene una fuerte creencia en que una supuesta capacidad de ordenamiento espacial de los códigos junto a un plan global y a "la solidez científica del conocimiento sobre los procesos urbanos en evolución", serán capaces por sí mismos de regular esos procesos.
Se trata de una visión que, al no prever la injerencia de los mecanismos contemporáneos de la gestión urbana, desdibuja tanto los procesos variables de la interacción metropolitana como el papel del proyecto del espacio público real y de la arquitectura urbana como protagonistas de una idea concreta de espacio público, a los que pospone a una etapa "de detalle" con escasa influencia en la determinación primaria de los procesos de urbanización.

En cuanto al trabajo de Ramón Gutiérrez, se trata de un trabajo historiográfico que contiene datos y reflexiones, algunas de ellas de gran interés interpretativo sobre los fenómenos de la historia de nuestra ciudad, pero que, a nuestro criterio, quedan en parte opacadas por su fuerte sesgo político-partidista. Esto se hace más evidente en la evaluación de las etapas más recientes de su desarrollo moderno.

El ensayo explica en forma cronológica y lineal los procesos de conformación física de la ciudad en base a los factores socio-políticos que la condicionan o mediante la "clasificación" de las intenciones político-ideológicas de los autores de planes y proyectos. Se limita así la validez y la consistencia del estudio por econtrarnos frente a una interpretación sesgada de los fenómenos urbanos y arquitectónicos, que niega, al mismo tiempo, una perspectiva propia de la disciplina de la arquitectura y el urbanismo.

Los contenidos de la tercera de las obras referidas, se comentan con alguna amplitud mayor, en otra parte de este estudio [2]. ∎

---

(1) Suárez O. Planes y Códigos para Buenos Aires, Ediciones Previas EUDEBA 1994.
Gutiérrez R., Buenos Aires: Evolución histórica. Fondo Editorial Escala Argentina, 1992.
Baudizzone, Erbin, Lestard, Varas / Cuneo, Schlaen: Buenos Aires: Una estrategia urbana alternativa, Editorial Fundación Plural/UBA, 1985.

(2) Ver, en esta Primera Parte, la sección: Metropolitanismo intenso y fragmentación.

Marcas fundacionales
Foundation traces

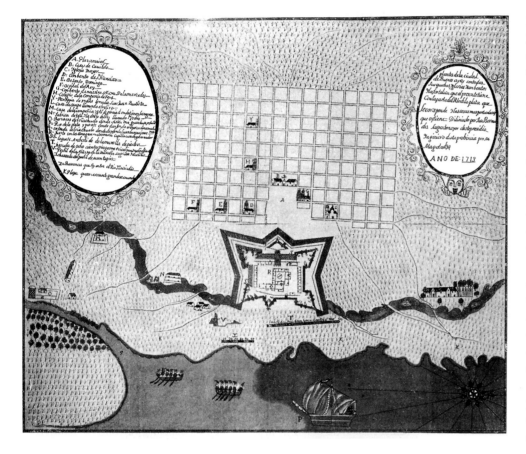

Plano de Buenos Aires, 1713
Plan of Buenos Aires, 1713

Alfredo Taullard, "Los planos más antiguos de
Buenos Aires (1580-1880)". Editorial Peuser,
Buenos Aires, 1940

La cuadrícula, el fuerte como monumento y la costa del
río, los tres elementos primarios de la implantación
fundacional
*The grid, the fort, and the river front, the three primary
elements of the foundational settlement*

La ciudad estuvo signada, desde su origen, por
la condición de su implantación. La elección
del sitio fundacional responde a dos visiones,
una mítica, de ciudad bifronte, entre dos
desiertos, la pampa y el río. Tal como
bellamente lo describe Borges: "...Buenos Aires
sólo puede definirse a partir de su río. De este
lado el río infinito del mismo color del
desierto. Del otro lado, igualmente definitorio
y devorador, el desierto del mismo color del
río".

Esta visión primigenia, sin límites, sin otras
referencias que la mítica continuidad de los dos
desiertos, es el escenario de los primeros
esfuerzos humanos por sobrevivir en el sitio.
Es el bagaje de experiencias de los
conquistadores y el sitio de la crónica de su
lucha para sobrellevar las condiciones límites
que condicionaban el emplazamiento. La
situación la describe Ulrico Schmidl, cronista
de la conquista, en sus Crónicas de Viaje:
"El asentamiento se realizó dentro de los
parámetros de un fuerte, más que el de una
ciudad, en torno al cual se levantó un muro
de tierra de una altura como la que puede
alcanzar un hombre con la espada en la mano.
Este muro era de tres pies de ancho, lo que
hoy se levantaba mañana se venía de nuevo al
suelo..."

La otra visión es la de un mandato estratégico
de ciudad puerta-puerto a la conquista de un
vasto territorio y, a su vez, puerta de salida de
las riquezas del Nuevo Mundo.
Responde a razones de estado por su posición
geográfica y estratégica frente al Atlántico y al
interior del continente.

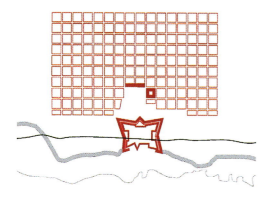

La coexistencia de estas dos visiones-realidades condicionará definitivamente el desarrollo de la ciudad en su expansión territorial. Y, así, quedará marcada por sus dos referencias axiales: el crecimiento ilimitado "hacia adentro" de la cuadrícula como trazado fundacional y la otra, que demandará siglos en consolidarse, la artificialización del borde, el punto de contacto entre el río y la pampa, el borde del río y el continente.

La ciudad cuadricular

Desde su origen, la colonización española llevó adelante una idea de ciudad que permitiera el ordenamiento y la ocupación territorial a gran escala bajo distintas condiciones geográficas. Esto dio origen a un modelo de ciudad que cobraría vigencia en todos los territorios bajo su influencia, incluso en aquéllos donde hubiera ciudades preexistentes, las que fueron corregidas sobre la base del nuevo modelo. La idea original de estas ciudades estaba determinada por un trazado reticular simple y contínuo que permitió, con el agregado de construcciones militares o eclesiásticas, la identificación espacial y la regulación catastral sistemática de los nuevos territorios.

Este modelo abstracto basado en los trazados prescriptos por las Leyes de Indias definirá la experiencia urbana americana en toda su extensión.

La traza original de Buenos Aires tuvo un carácter excéntrico en relación a la plaza según lo disponían las ordenanzas para las ciudades costeras. El emplazamiento quedó definido por el límite de la barranca hacia el río sobre una

Primera representación de Buenos Aires. Aguada de Fernando Brambilla, 1794
A first view of Buenos Aires. Watercolor by Fernando Brambilla, 1794

Arriba: "Santa María del Buen Ayre atacada por los Querandíes". Oleo de Leonie Matthis en base a un grabado de Ulrico Schmidl
Abajo: "Fundación de Buenos Aires, 1580" Oleo de Leonie Matthis

Above: "Santa María del Buen Ayre attacked by the 'Querandíes'." Oil painting by Leonie Matthis based on a print by Ulrico Schmidl
Below: "Buenos Aires Foundation, 1580" oil painting by Leonie Matthis

meseta que no impondría límites para el crecimiento sobre la pampa, factor éste que fue decisivo en la forma extensa con que se desarrolló luego la ciudad.

La fundación se ajustó, como todas las demás ciudades coloniales españolas, a las disposiciones contenidas en las Leyes de Indias. Este código regulaba la relación entre el núcleo urbano y la zona rural circundante. Pero la impronta más fuerte de esta legislación se refería a la fijación de una cuadrícula que servía de base al trazado de la ciudad y que está basada en el antiguo modelo de fundaciones coloniales del imperio romano para campamentos militares o civiles. Fue aplicada en Hispanoamérica durante la conquista española en las principales ciudades del continente. La ciudad de la Santísima Trinidad de Santa María de los Buenos Aires nació a partir de esa jurisprudencia que estableció su emplazamiento: "...proximidad de aguas y con yacimientos de materiales aptos para construir, tierras fértiles, buenos vientos..." y la traza de la ciudad estipulada en el contenido del código:

La Plaza Mayor: de forma rectangular con un largo igual a una vez y media de ancho; de allí partirían las cuatro calles principales.

Edificios públicos: Casa Real, Cabildo, Aduana, entre la Plaza Mayor y la Iglesia.

Calles: anchas en lugares fríos, angostas en los calurosos (Buenos Aires: 11 varas = 9,53 mts.).

Manzanas o cuadras: divididas en solares o suertes (las manzanas = 150 varas; solares = 70 varas).

Extracto de la ley:
"Cuando hagan la planta del lugar repártanle por sus plazas, calles y solares a cordel y regla, comenzando desde la Plaza Mayor y sacando desde ella las calles a las puertas y caminos principales y dejando tanto compás abierto que aunque la población vaya en gran crecimiento se pueda siempre proseguir y dilatar en la misma forma".

"25 de mayo de 1830," óleo de Leonie Matthis, c. 1940
"May 25th, 1830," oil painting by Leonie Matthis, circa 1940

"Vue de Buenos-Ayres", grabado, 1809
"Landscape of Buenos-Ayres," engraving, 1809

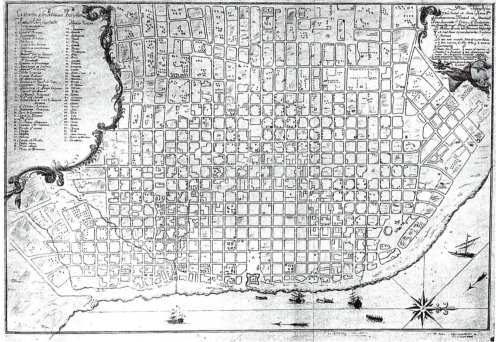

Plano topográfico de la ciudad de Buenos Aires, 1800
Topographic plan of Buenos Aires city, 1800

La ciudad fundacional de Buenos Aires, como otras tantas, refirieron su esquema teórico a una planificación de ciudad-región, regulando el uso del suelo urbano y rural, ajustado a la Legislación de Indias.

El legado de la Plaza Mayor

Concebida como centro monumental organizador del poder político, religioso y de la vida social y comunitaria de la ciudad, mantuvo a pesar de los distintos cambios sufridos a lo largo de su historia posterior, su carácter autónomo como pieza monumental de la ciudad.
Fue escenario y testigo de las sucesivas contradicciones que experimentó la relación de la ciudad respecto de su río.
Las sucesivas ocupaciones del borde costero del área central la fueron convirtiendo en un espacio mediterráneo. ■

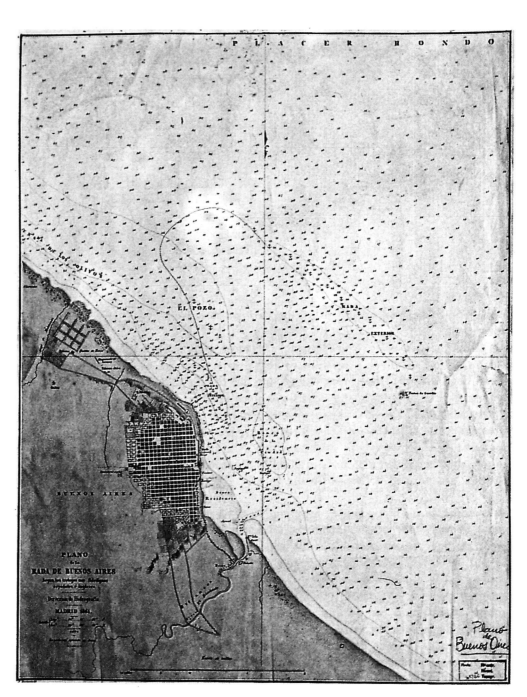

Plano de la rada de Buenos Aires, 1864. Dirección de Hidrografía de Madrid
Plan of the port of Buenos Aires, 1864. Dirección de Hidrografía de Madrid

La ciudad, entre la pampa continental y la pampa "líquida"
The city, between the "liquid pampa" and the "continental pampa"

Modernidad incipiente y haussmanización
Growing modernity and Haussmannization

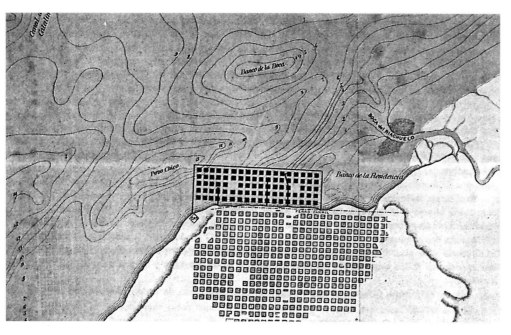

Proyecto de ensanche de la ciudad de Buenos Aires sobre el Río de la Plata, Martín Berraondo & Cía, 1875
Expansion project for the city of Buenos Aires over the River Plate, Martín Berraondo & Cía, 1875

H. Difrieri, "Atlas de Buenos Aires", Buenos Aires, MCBA, 1980

El destino artificial

Desde sus orígenes Buenos Aires gravitó sobre los problemas que planteaba la resolución de un borde natural adverso a la relación del río con la ciudad y a la configuración de un puerto. El jesuita Cayetano Cattaneo escribe en 1729: "No se cómo los primeros conquistadores en esta tierra escogieron tal sitio para fundar Buenos Aires y establecer un puerto, si no fuera por estar más seguros de cualquier enemigo de Europa".

Entre las primeras obras importantes "de infraestructura" puede contarse el fuerte, que tendría un destino incierto e inútil y cuya construcción concluye en 1725. Recién hacia 1755 se construye el primer muelle sobre la costa en la zona del bajo Catalinas (actual calle Paraguay), una construcción de dos cuadras de largo y diez metros de ancho realizada en piedra.
Hacia 1770 se presentan más de cincuenta proyectos de puertos. En 1771 se produce el primer diseño de dársena realizado por el Ingeniero Francisco Cardozo, realizándose recién en 1857 la primer obra considerable de infraestructura sobre la costa: la Aduana Nueva de Taylor y la estación del Ferrocarril, formando un conjunto que marca definitivamente el espíritu de centralidad de la ciudad como instrumento de poder y unidad.

El ritual de desembarco seguiría siendo a río abierto en balizas exteriores, trayendo pasajeros en botes, carretas y changarines sobre la tierra barrosa.

Relato de viajero:

*"Los pasajeros, frecuentemente mojados
en las carretas parecían más
un criminal en la víspera de su despedida
de este mundo que un viajero
a punto de entrar en una gran capital"*

(citado en: R. Gutiérrez, "Buenos Aires:
Evolución Histórica", Bogotá Fondo Editorial
Escala Argentina, 1992).

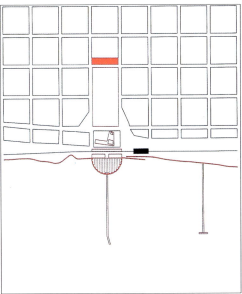

Vista panorámica de la costa de la ciudad de
Buenos Aires, previa a la iniciación de los trabajos de
construcción del Puerto Madero

*General view of the Buenos Aires city shore before the
construction of Puerto Madero*

Colección Guillermo H. Moores

Incipiente estructuración del frente fluvial
Construcción de la Aduana Nueva sobre la traza del Fuerte
y centralizada sobre la Plaza Mayor, diagrama

*Emerging structure of the fluvial front
Construction of the Aduana Nueva building over the old fort's
traces and centralized over the Plaza Mayor, diagram*

La transformación física de la colonia en "Gran Aldea" se alteró vertiginosamente desde 1776. Hacia 1810, gracias a la disponibilidad y movimiento de recursos económicos debido a la concentración de la riqueza y a la nueva dinámica del puerto y la aduana, pudo ampliarse el equipamiento, la infraestructura y el parque edilicio.

Se producen entonces las primeras transformaciones urbanas: la alameda, la Plaza de Toros, el Paseo de la Costa, el "bajo" del Fuerte.

Con la Revolución de Mayo de 1810, Buenos Aires adquirió el monopolio y se apropió de los derechos aduaneros. Estos constituyeron las claves de su posición hasta el siglo XIX: tuvo el doble papel de puerto principal para naves pesqueras en el Riachuelo, y de desembarco y fondeadero con balizas exteriores frente a la ciudad. Del mismo modo funcionaban los puertos de Ensenada y San Isidro.

Los diseños de dársenas, diques y muelles que prepararon Giannini, Bevans y otros nos informan sobre el peso y la forma en que sociedades comerciales criollas e inglesas rivalizaban en aquella época.

Las principales transformaciones urbanas del momento fueron: el corrimiento del centro hacia la Plaza de Mayo, el surgimiento del Barrio Sur, la expansión de los arrabales hasta los cuarteles de Miserere (Plaza Once), la construcción de las estaciones de Constitución y Retiro, la construcción del edificio de la Aduana (1854-1859) y del Muelle de Pasajeros (1855).

El edificio de la Aduana Nueva (que implicó la demolición del Fuerte), junto con el Muelle de Pasajeros, se adaptaron naturalmente al corte geográfico de la barranca, formando un conjunto monumental convenientemente integrado a la situación espacial de la Plaza de Mayo con el río.

Hasta aproximadamente 1850 el transporte siguió siendo como en tiempos de la colonia: carretas, diligencias, caminos sin mantenimiento. Pero a partir de ese momento, la dinámica del puerto y la necesidad de Inglaterra de exportar capital y tecnología, definieron la instalación del ferrocarril como complemento, reduciendo los costos de los fletes y permitiendo el control de los tiempos.

La red ferroviaria se desplegó como en abanico desde Buenos Aires hacia el interior, centralizando y focalizando la comunicación del puerto con el resto del país.

La huella de la red ferroviaria en la traza urbana de la ciudad constituyó un elemento de singular impacto, tanto por las vías y fosas de acceso como por las improntas edilicias, playas de maniobras, galpones, etc.

La construcción del ferrocarril implica así un cambio de escala y de dimensión en la infraestructura y la vida de la ciudad.

Las principales transformaciones urbanas ocurridas en ese período fueron la construcción del Puerto de Buenos Aires en 1886, la Dársena Norte en 1898, el Ferrocarril del Oeste y el Central en 1857 y los primeros tranvías en 1863.

Utopías

La traumática relación de la ciudad con su costa generó visiones -proyectos utópicos para colonizar el desierto de agua no solamente con piezas de infraestructura sino también con fragmentos de ciudades sobre el agua. ¿Qué legado oculto provocan estas visiones de expansión sobre la costa teniendo un desierto sin límites para conquistar? Quizás el agua no haya representado nunca un límite, quizás todo haya sido un esfuerzo para definir una puerta. En estos legados ocultos la ciudad desarrolla un intento constante de expansión hacia el río sin límites, apareciendo el puerto como elemento esencial en la gravitación de la estructura urbana. De estas visiones existen varios ejemplos: en 1824 Guillermo Mickelejohn, planteaba una ciudad ideal sobre el río de cincuenta y cuatro manzanas con carácter autónomo respecto a la ciudad existente; en el mismo período aparecen durante el gobierno de Rivadavia trazados ideales hechos por Bevans y Catelín, sobre rellenos en la costa con proyectos de puertos y ciudad.

Más tarde Sarmiento en 1850 imagina su Argirópolis: Capital de los Estados Unidos del Río de la Plata en la isla Martín García. La recurrente idea de crecer sobre el río, también se presenta en el proyecto de ensanche de la ciudad realizado por Martín Berraondo en 1875.

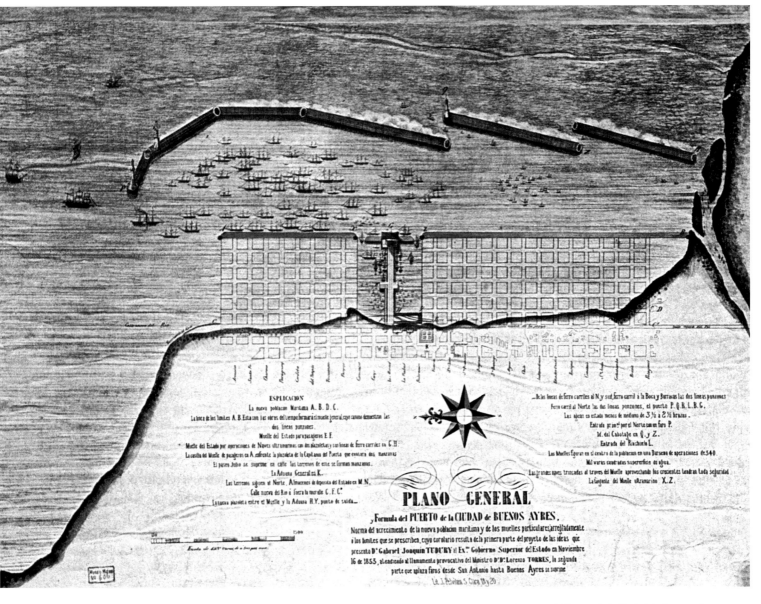

Proyecto del Puerto de la Ciudad de Buenos Aires
Gabriel J. Tudury, 1853

Buenos Aires city port project, Gabriel J. Tudury, 1853

La Aduana, el muelle y el muro de la Alameda. Oleo sobre tela, sin firma ni fecha
The Aduana Nueva building, the wharf and the wall of the Alameda. Oil on canvas, without signature or date

Colección Guillermo H. Moores

La Aduana Nueva de Taylor

La Aduana Nueva, proyectada por Eduardo Taylor en 1854, fue el edificio destinado a reemplazar a la Aduana de Buenos Aires que había funcionado desde 1783, ubicada entre las actuales calles Belgrano y Defensa. Estaba dedicada a gravar los productos que entraban y salían de Buenos Aires en un momento de expectativas de crecimiento del comercio exterior. Bajo esta circunstancia, el nuevo edificio asumió un fuerte carácter simbólico en una ciudad que dejaba atrás la imagen de la "gran aldea" para iniciar un proceso de modernización y adecuación de sus infraestructuras.

El edificio, de gran porte, se ubicó detrás del fuerte, hoy Plaza Colón, que fue demolido para permitir su edificación.

Se desarrolló en dos sectores: uno, semicircular, como depósito y otro ortogonal donde se encontraban los almacenes complementarios. Uno de los aspectos más interesantes de este edificio es su explotación de las condiciones topográficas de la costa de Buenos Aires. Taylor utilizó los desniveles de la costa colocando uno de los edificios prácticamente sobre el nivel del agua y otro sobre la barranca. Ambos edificios se conectaban a través de un sistema de túneles y rampas que llegaban a un patio semisubterráneo que comunicaba a los edificios con el antiguo fuerte.

La fachada hacia el río, de cinco pisos de altura era semicircular con una arquería de vanos neocolonial, pero de innegable influencia inglesa, tenía en su piso inferior una galería que bordeaba la planta y que conducía al muelle de madera que se internaba en el río.

Sobre la barranca, la otra fachada se abría al patio de maniobras, aprovechando el foso del antiguo fuerte demolido. A través de este patio la Aduana se conectaba con los sótanos del Fuerte utilizados como oficinas (hoy Museo de la Casa de Gobierno).

Edificio de la Aduana Nueva, E. Taylor, 1854
The Aduana Nueva building, E. Taylor, 1854

Edificio de la Aduana Nueva y Muelle de Pasajeros,
vista posterior
The Aduana Nueva building and the passengers wharf,
back view

El Paseo de Julio
The Paseo de Julio

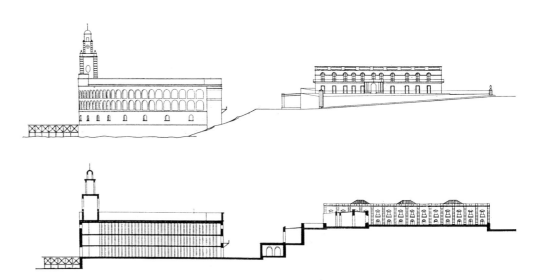

Edificio de la Aduana Nueva, corte y vista
The Aduana Nueva building, section and façade

Desde un punto de vista urbano la fachada semicircular se convirtió en la fachada de la Plaza de Mayo hacia el río.

La construcción de la Aduana Nueva constituye así el primer intento de hacer una obra de importancia funcional y paisajística en el borde costero de la ciudad y en este sentido marca el comienzo de la artificialización del borde del río, proceso que ocupará un papel preponderante en el desarrollo de la ciudad y que continuará hasta nuestros días.

El carácter monumental del edificio, la gran fachada semicircular y el muelle sobre el Río de la Plata no deja dudas acerca de la contribución que significó el edificio para la primera formulación de un *skyline* costero destinado a dar una imagen de Buenos Aires hacia el río para los viajeros que arribaban por barco, único medio de transporte de llegada a la ciudad por ese entonces.

Es, al mismo tiempo, uno de los primeros intentos por resolver la llegada de la ciudad al río a través de una gran pieza de arquitectura y de una significativa concepción urbana. Hecho éste que, dadas las difíciles condiciones hidrológicas del borde costero: la poca profundidad de su lecho y la escasa y dificultosa colonización de sus bordes, problematizaba a ingenieros, políticos y habitantes de la ciudad que advirtieron la necesidad de reforzar este borde de la ciudad tanto funcional como simbólicamente.

Con la construcción del Puerto Madero en 1884 la Aduana fue demolida hasta el primer piso, quedando enterrados bajo la Plaza Colón el patio de maniobras, las galerías de oficinas y la planta baja del semicírculo.[1]

Estas secciones se redescubrieron tras las primeras excavaciones de 1942.[2]

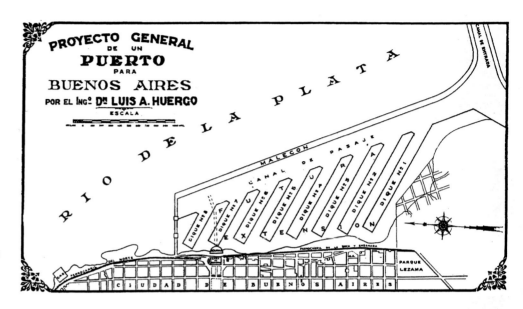

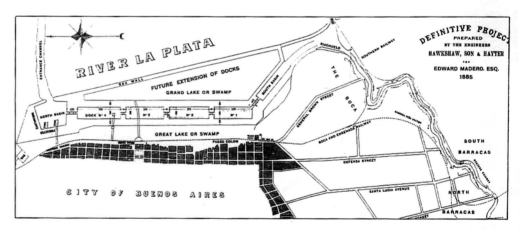

Puertos Nuevo y Madero, plantas
Puerto Nuevo and Madero ports, plans

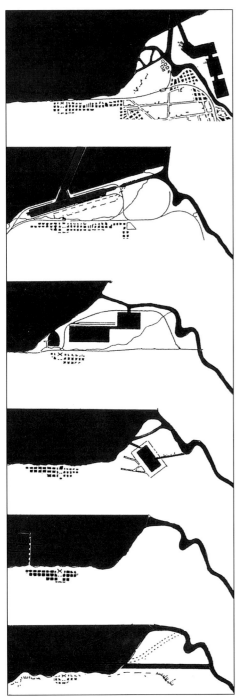

Diagrama interpretativo de los proyectos de puertos
para Buenos Aires, 1805-1875

*Interpretative diagram of ports projects for Buenos Aires,
1805-1875*

El Puerto

La consolidación del modelo liberal
agroexportador con una estructura dependiente
del comercio exterior y de la economía
británica define de manera decisiva la
concreción del puerto de Buenos Aires. Así se
refleja en el proyecto que se formaliza a través
de Madero.

La imprevisión o los cambios acelerados de la
tecnología produjeron que, a poco de
concluídas las obras se, evidenciaran como
insuficientes; lo que trajo aparejado la
construcción del Puerto Nuevo sólo veinte
años después (1911).

La posición estratégica del puerto en el Area
Central se agregó, desde el punto de vista
urbano, al carácter simbólico del distrito al
ubicarse muy próximo a la Plaza de Mayo.

La ubicación del puerto determinó, asimismo,
la forma convergente de las redes de transporte
perdiéndose en forma definitiva la conexión
con el río desde el Area Central y creándose
múltiples barreras arquitectónicas por la traza
del ferrocarril y las obras de infraestructura
portuaria.

Estas obras han condicionado la estructura
urbana de la ciudad hasta nuestros días.

---

(1) En Jorge F. Liernur y Graciela Silvestri,
"El Umbral de la Metrópolis", Editorial Sudamericana,
1993, para más información sobre la construcción
del Puerto de Buenos Aires ver el capítulo de Graciela
Silvestri: "La ciudad y el río".
También ver Aslan L., Joselevich I., Novoa G., Saiegh D.,
Santaló A., "Buenos Aires, Puerto 1887-1992, Ediciones
IPU, 1992.

(2) Para más información sobre la arquitectura de este
período ver:
Arquitectura del Estado de Buenos Aires (1853-1862),
Instituto de Arte Americano, Facultad de Arquitectura y
Urbanismo, 1965.

Puente sobre el Riachuelo
Bridge over the Riachuelo

Usina Termoeléctrica en Puerto Nuevo, fachada hacia el río
The Thermoelectric Power Plant in Puerto Nuevo, façade loocking to the river

Antiguo transbordador sobre el Riachuelo, La Boca
Old transfer bridge over the Riachuelo, La Boca

La calle y la plaza: el espacio público premoderno

El modelo de ciudad europea del siglo XIX sobre el que crece Buenos Aires a partir de la segunda mitad de ese mismo siglo, tiene su espacio público caracterizado como una calificación de vacíos: plazas, calles y enclaves, recortados significativamente dentro de la malla cerrada de la ciudad histórica. De esta manera, se les otorga a estos espacios urbanos un carácter protagónico a través de la arquitectura que lo circunda.

En esta dialéctica entre edificio y vacío, el monumento es el edificio que ocupa jerárquicamente una parte del vacío, ya sea volumétricamente o a través de un plano frontal, el de su fachada pública.

El espacio abierto se concibe así como un interior donde lo construído forma parte de su naturaleza.

Este espacio abierto, articulador del paisaje "dentro" de la ciudad, no corresponde al espacio del vacío que se opone a la ciudad construída en la relación artificial-naturaleza, como en la modernidad, sino al espacio urbano definido artificialmente por la arquitectura en

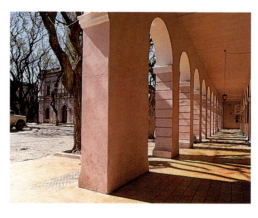

Recova. Av. de los Corrales, Mataderos
Arcade, De los Corrales Ave., Mataderos

la relación entre espacio urbano y arquitectura, como en la arquitectura clásica.

Los parques y paseos, las calles y las plazas que caracterizan el tratamiento de los grandes espacios urbanos, son vistos así; como piezas urbanas articuladas dentro de la concepción unitaria de la ciudad.

La plaza y la calle funcionan como ordenadores y calificadores de la trama, proyectados como espacios colectivos donde los ritos sociales y la representación de lo público se imaginan durables en el tiempo en forma estable.

La sistematización de esta forma de pensamiento sobre la ciudad y sus espacios públicos constituye la base del academicismo francés tal como se enseñó en la École Des Beaux Arts de París desde principios del siglo XIX.

Una parte sustancial de la estructura urbana y del espacio público de Buenos Aires, con sus calles, plazas, boulevares y parques urbanos responde a esta concepción.
Algunos aspectos característicos de la estructura neoclásica de la ciudad de Buenos Aires, se recogen en el próximo punto de este trabajo. ∎

Calles y plazas tradicionales de Buenos Aires:

Arriba, izq.: Plaza de la Estación Hipólito Yrigoyen en Barracas
Arriba, der.: calle Francisco Beiró, barrio Agronomía
Abajo, izq.: Plaza Julio Cortázar en Palermo Viejo
Abajo, der.: Avenida Vélez Sarsfield en Barracas

Traditional streets and squares of Buenos Aires:

Above, left: Hipólito Yrigoyen Station Square in Barracas
Above, right: Francisco Beiró street in Agronomía
Bellow, left: Julio Cortázar Square in Palermo Viejo
Bellow, right: Vélez Sarsfield Avenue in Barracas

• Proceso de monumentalización del tejido
Buenos Aires, ciudad neoclásica

The process of monumentalization of the grid
Buenos Aires, neoclassical city

La Aduana de Buenos Aires
Arqs. Lanús y Hary, 1911

*The Aduana Building of Buenos Aires
Archs. Lanús and Hary, 1911*

Este período corresponde a los procesos urbanos ocurridos entre los años 1880 y 1930. Se trata de un período histórico cuyo legado en la estructura física de la ciudad forma parte actualmente del mosaico metropolitano de manera preponderante y legible. Durante este período las ideas urbanísticas y la arquitectura contribuyeron fuertemente a la identidad del espacio público de Buenos Aires.

La concentración en el Area Central de nuevas actividades trajo aparejados proyectos de modernización que darían forma a Buenos Aires. Estas acciones tuvieron comienzo durante la intendencia de Torcuato de Alvear. La ciudad es vista, entonces, como un organismo complejo y se abordan los primeros intentos de consolidación y definición de un modelo de ciudad.

Las mayores transformaciones urbanas se producen en los proyectos de espacios públicos y edificios públicos: calles, avenidas, plazas y parques, que configuran un nuevo paisaje urbano que asimila en su concepción arquitectónica y urbana la grandilocuencia de los "Grands Travaux Publiques" franceses y que alterarían la concepción hispánica inicial, modificando las escalas y formas domésticas de la vida da la ciudad.

La planificación urbana de este período se concentra en el Area Central, reafirmando así su carácter hegemónico y su capitalidad. Una de las operaciones más destacadas se realiza en la Avenida de Mayo con un intento de homogeneización de la edificación, la creación de veredas parquizadas como expansión de los bares y la creación de nuevos programas: hoteles, oficinas, grandes tiendas y confiterías. Asimismo, se consolida la calle como paseo activo y como elemento de conexión de plazas y parques públicos.

Se proyectan ensanches que responderían a la nueva escala urbana de las avenidas Corrientes, Córdoba, Santa Fe, Belgrano, Independencia, San Juan, Paseo Colón y Leandro N. Alem, siendo Florida la calle por antonomasia. Las plazas, los parques y los monumentos fueron recreados sobre los modelos del paisajismo francés: el Jardín Botánico, la remodelación del Parque Tres de Febrero, el Jardín Zoológico, el Parque de Retiro, la Plaza de los Dos Congresos, la Plaza de Miserere y la Plaza Constitución. La ciudad es vista ahora desde una estética global y uniforme y con una dinámica que fija un destino de constante transformación.

A este período corresponde el inicio de la construcción del gran sistema de parques públicos de la ciudad y otras grandes obras de infraestructura edilicia.

Los edificios con sus plazas y fachadas neoclásicas frontales y el sistema de parques públicos e infraestructuras urbanas son el primer indicio de una toma de conciencia de Buenos Aires como "ciudad de escala mundial" y del papel del urbanismo y la arquitectura en la definición de su imagen.

Los proyectos generalmente pertenecían a arquitectos extranjeros que seguían las reglas compositivas de la Ecole des Beaux Arts y su tradición. Muchos de estos arquitectos nunca vinieron a Buenos Aires, como Julio Dormal o Rene Sergeant [1]. Cuando estos edificios se construyeron, entre 1890 y 1910, el setenta por ciento de la población de la ciudad estaba constituída por extranjeros.

Las estaciones ferroviarias y otras obras de infraestructura como puertos o centrales eléctricas fueron encargadas a arquitectos ingleses. Estas obras formaron parte de la

Edificio del Correo Central. Norbert Maillart, 1887-1928
Estado actual

The Central Post Office building, Norbert Maillart, 1887-1928
Present state

Estación Retiro
Terminal del Ferrocarril Mitre y Torre de los Ingleses

Retiro railway station
Mitre Terminal Station and English Tower

primera etapa de desarrollo de una infraestructura edilicia pública moderna para la ciudad.

El edificio del Congreso Nacional frente a la Plaza de los Dos Congresos es el punto final del eje neoclásico de la Avenida de Mayo.

El proyecto pertenece a Víctor Meano, un arquitecto italiano que habiendo ganado el concurso internacional, vino a Buenos Aires a construirlo.

Este edificio, al igual que el que proyectó el Ingeniero Maillart frente a la Plaza Lavalle para los Tribunales de Justicia o el que corresponde al Correo Central, son ejemplos del tipo de intervención de la época que agrega una cualidad diferente a la cuadrícula común extendida.

Se introducen los programas institucionales para el nuevo Estado utilizando la arquitectura académica de la Escuela de Bellas Artes de París e introduciendo una clara intención de nueva "monumentalidad urbana" que reemplaza la imagen de la ciudad colonial.

Avenida de Mayo es una gran intervención urbana muy parecida a la del barón d'Haussmann en París. Muestra la intención de la dirigencia política de los '90, de hacer de Buenos Aires una capital de nivel internacional. Después de los años veinte las grandes obras públicas continuaron. La apertura de las diagonales, otra vez siguiendo la tradición francesa y la construcción del obelisco son ejemplos de este período. Estas obras muestran la estrecha relación que existía en ese momento entre política, arquitectura y urbanismo.

El urbanismo era considerado entonces un instrumento adecuado y confiable para la creación del espacio público y para dotar de significado a la ciudad. ■

Tribuna del Hipodromo de Buenos Aires
Arq. Louis Fauré Dujarric, 1908

Tribune at the horse racetrack in Buenos Aires
Arq. Louis Fauré Dujarric, 1908

(1) F. Ortiz, J.C. Mantero, R. Gutiérrez, A. Levaggi, R. Parera. "La arquitectura del liberalismo en la Argentina, Editorial Sudamericana, Buenos Aires, 1968.

Avenida de Mayo: la monumentalización de la cuadrícula
Avenida de Mayo: monumentalization of the grid

Foto aérea de la Avenida de Mayo en 1925
View of Avenida de Mayo en 1925

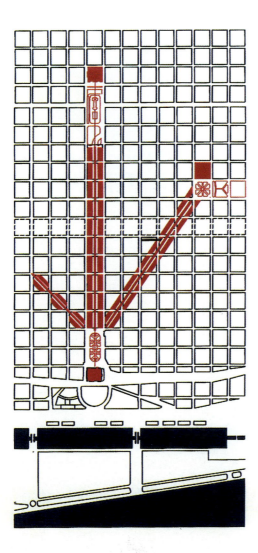

La Avenida de Mayo y las diagonales. La gran operación
de la "haussmanización" del tejido urbano de
Buenos Aires refleja la voluntad de ampliar la dimensión
de lectura de la ciudad hacia una nueva monumentalidad
"a la francesa" incrustada en la trama de cuño colonial,
diagrama

*Avenida de Mayo and the diagonals. The large
"Haussmannization" operation in the Buenos Aires urban
grid shows the willingness to widen the dimension of the
reading of the city towards a new French monumentality
carved into the design of the colonial structure, diagram.*

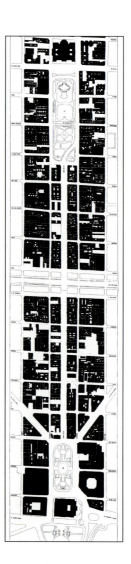

Avenida de Mayo
Plano de fondo y figura

*Avenida de Mayo
Figure - ground plan*

Ministerio de Trabajo en la Avenida de Mayo
La "gran arquitectura" acompaña el proceso
de urbanización

Labor Ministery in the Avenida de Mayo
The grand architecture going side by side with
urbanization process

Palacio de las Aguas Corrientes
Edificio para la reserva de agua de Obras Sanitarias de la Nación,
Ing. Karl Nystromer, 1894

The building for water reserve of "Obras Sanitarias de la Nación,"
Eng. Karl Nystromer, 1894

Yacht Club Argentino, arq. Eduardo Le Monnier, 1915
Un significativo edificio expresionista, marcando un punto
de referencia en la Dársena Norte

The Argentine Yacht Club building, arch. Eduardo Le Monnier, 1915
A relevant expresionist building, marking a point of reference
at "Dársena Norte"

• El plan de Noel / Forestier y la Costanera Sur

The Noel / Forestier plan and the "Costanera Sur"

Proyecto Orgánico para la Urbanización del Municipio. 1925.

Tal como se anuncia en la presentación del Plan, la situación de la ciudad de Buenos Aires y del urbanismo en el primer cuarto de este siglo habían sufrido cambios sustanciales que era necesario atender. Estos cambios son los que originaron la elaboración del nuevo Plan Urbano para la ciudad, dicen sus autores: "Desde 1850, las grandes agrupaciones o centros de aglomeración urbana han modificado el sentido de sus programas anteriores, en virtud del desarrollo industrial, del progreso de los medios de locomoción, del mejoramiento de las condiciones de la vida social y demás factores que caracterizan nuestra época. Las mismas ciudades monumentales como Viena, París o Londres, han visto derrumbarse sus murallas, merced a la importancia y extensión de los nuevos barrios que se anexaban a sus propias actividades; grandes y nuevas perforaciones han roto los viejos macizos, inadecuados para la fiebre modernista de las nuevas exigencias de un porvenir no menos apremiante; de tal modo que, el problema de la transformación de las capitales de nuestro siglo implica también un cambio completo en los planos de sus trazados." [1]

Es indudable la visión progresista y a la vez impregnada de academicismo que surge de los propósitos y los análisis de la ciudad que dan origen al Plan de Noel/ Forestier.

La ciudad es vista, desde la estética de fin de siglo, como un gran escenario susceptible de ser resuelto con grandes operaciones urbanas sobre su forma y desde una concepción monumental del urbanismo.

La concepción del plan urbano se desarrolla sobre la base de ideas vinculadas a la consolidación de la centralidad, y a una visión incipiente de crecimiento metropolitano que implica tanto la definición de nuevas escalas y calidades de espacio público como la necesidad de encarar nuevas obras de infraestructura sin romper la "armonía" de una estructura de ciudad que se sigue viendo idealmente como una unidad.

Está implícita, en este Plan, la visión de una ciudad hecha sobre cambios permanentes expresados en su configuración, una ciudad macrocéfala con un desborde de congestión que convive dentro del mandato inicial de ciudad única.

Se nota en el Plan un comienzo de la visión de lo urbano que supera la concepción estática que correspondió a su anterior etapa de desarrollo. Comienzan a tratarse los espacios heterogéneos de la ciudad como una entidad única, como un "nuevo urbanismo". Se proyectan operaciones de aperturas y ensanches para la integración de los espacios libres. Se crean las primeras legislaciones urbanas con una fuerte inversión en obra pública, todo, sin embargo, dentro de una proyección que no excede el ejido urbano de la Capital. Se dan los primeros intentos de regular la construcción de viviendas y equipamientos urbanos en escala mayor, tema que hasta el momento, no había sido objeto de una política planificada desde el Estado.

Esta nueva urbanidad implicaría ajustes en el tejido urbano que debería adaptarse para permitir una nueva forma de convivencia urbana incorporando la diversidad de experiencias y estilos arquitectónicos que signaría el crecimiento futuro de la ciudad.

La estrecha relación que el Plan establece entre la arquitectura y los problemas urbanos a resolver, se concreta en propuestas edilicias para ocho puntos claves de la ciudad:

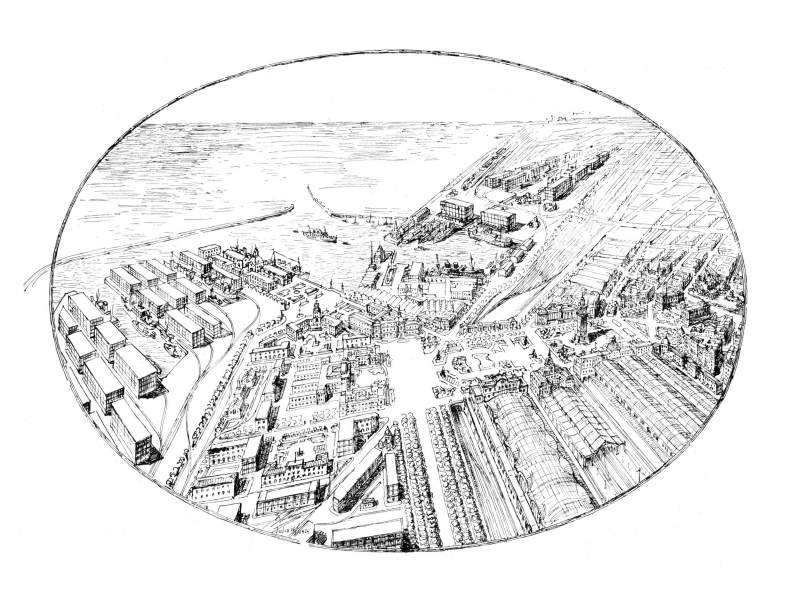

Parque del Retiro. Vista a vuelo de pájaro
Proyecto Orgánico para la Urbanización del Municipio
Noel, 1925

The Retiro Park, a general view
The Organic Project for the urbanization of the city
Noel, 1925

1- La "reconquista del río":
basada, principalmente, en la construcción de una Gran Avenida Costanera desde Puerto Nuevo hasta el límite del Municipio y la creación de parques y jardines costeros y barrios escalonados paralelos a la avenida costanera. También se proponen obras puntuales capaces de "arquitecturizar" la propuesta: la continuación de los jardines frente a la Casa de Gobierno; la transformación en una sola de las plazas de Retiro y San Martín o la modificación de la Casa de Gobierno.

2- Las avenidas "Diagonal Norte, Sur y Santa Fe, la construcción de otros edificios nacionales- el Palacio Municipal, de la Industria y el Comercio":
aquí se trata de la terminación de las diagonales como objetivo principal para la terminación de los trazados monumentales de la ciudad, especialmente la Diagonal Sur cuya consolidación, en ese momento, es menor. Se propone hacer esta operación mediante la terminación de Diagonal Sur en una plaza que contenga un gran Palacio Municipal.

3- El "embellecimiento del Barrio Sur. El barrio tradicional":
se refiere a la instalación de una serie de edificios públicos capaces de mejorar a través de su presencia la calidad urbana del Barrio: Escuela Superior de Bellas Artes, Museo de Arquitectura y Escultura al aire libre, Facultad de Filosofía y Letras, Museo Histórico Nacional y Conservatorio Nacional de Música. A la vez, se propone rescatar y restaurar plazas y casa-quintas de valor urbano-históricos.

4- "La Plaza de Mayo o del Gobierno":
se estipula la forma en que se realizará el conjunto de Plaza de Mayo, los Ministerios, el Cabildo, y otros edificios centrales, como Centro Cívico y Urbano Gubernamental. Comentan los autores del Plan: "Bien se echa de ver que por este medio la residencia presidencial, rodeada de todos los Ministerios de Estado, a la par que facilitará dentro de una mayor amplitud las distintas relaciones de sus reparticiones, las vinculará dentro de un alto concepto estético encargado de acentuar la faz monumental de la ciudad como Capital de la República".

5- "Reglamentación de la Plaza del Congreso, del Paseo Colón y de algunas plazas":
se propone lograr una fuerte definición arquitectónica de lo que se considera una de las plazas más "decorativas" de la ciudad. Los modelos adoptados son la gran *cour* del Louvre de París, el Palais Royal o la Plaza Vieja de Salamanca.

6- "Barrios obreros, jardines y *stadiums* deportivos, embellecimiento suburbano":
aborda temáticas de interés social desde una perspectiva pública e higienista. Para las áreas sociales se reserva la finalidad de "aumentar el sentido de lo pintoresco".

7-"el Asilo de Mendigos":
reubica la sede del Asilo por considerar su ubicación inadecuada y para destinar el edificio al Museo de Historia Natural.

8- "Los viaductos de los ferrocarriles":
existe una preocupación incipiente por dotar de una estética arquitectónica a las piezas de infraestructura que surcan la ciudad: (según reza el Plan) los viaductos "que cruzan hoy la Avenida Alvear, serán el objeto de un motivo decorativo, pudiendo dar por el extremo Norte una entrada monumental a la ciudad. Ambos viaductos, disimulados por una ordenanza arquitectónica, formarán en el espacio intermedio, una composición de conjunto".

Además de los puntos "estratégicos" enunciados, el Plan abarca temas reunidos como estudios generales y proyectos urbanos particularizados. En el primer grupo se reúnen los antecedentes históricos que dieron fisonomía a la actual ciudad, un estudio de población, otro vial y una reglamentación edilicia aplicable por zonas a la construcción dentro del tejido existente. También se proponen importantes actuaciones sobre los espacios libres, parques y jardines, la mayor parte de ellos diseñados por el paisajista francés J. N. Forestier.
Para los proyectos particulares de cada sector se analizan y proponen distintas alternativas, todas con un gran desarrollo paisajístico y dentro de la clave monumental que sobrevuela toda la concepción del Plan. Algunos de los más significativos de estos proyectos son: la Avenida Costanera, la Explanada de Retiro, la Plaza de los Dos Congresos, Plaza Constitución, Plaza de Mayo, la Avenida Norte/Sur, la Plaza Municipal, la Plaza Italia, Plaza Once de Septiembre y Parque Centenario.

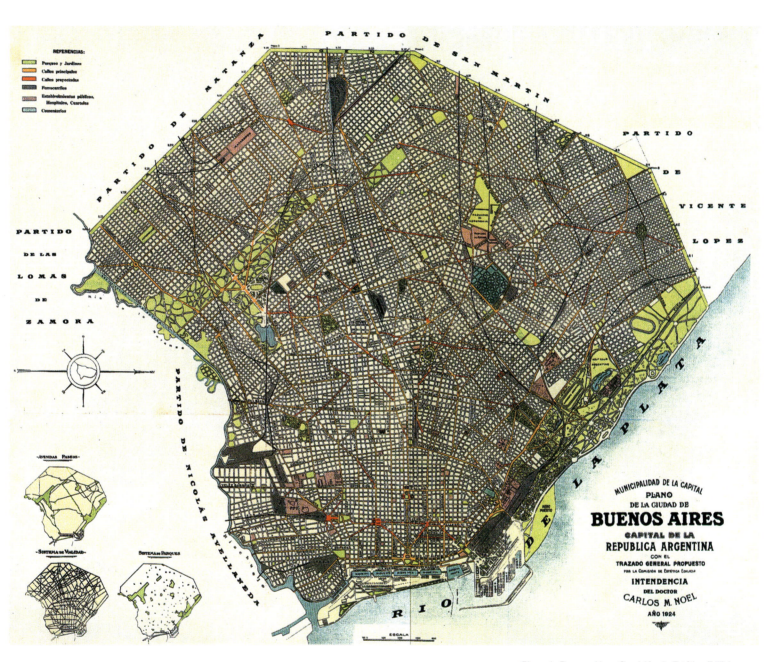

Plano de Buenos Aires. Comisión de Estética Edilicia
Proyecto Orgánico para la Urbanización del Municipio
Noel, 1925

Plan of Buenos Aires. Comittee of Esthetic Building,
Organic Project for the urbanization of the city
Noel, 1925

En otro orden de proyectos propuestos aparece una tercera categoría referida a construcciones hospitalarias, abastecimiento general de la ciudad, hornos incineradores y servicios generales, así como también la multiplicación de parques y jardines públicos y un sistema de avenidas que conectan los espacios urbanos significativos.

El Plan intentó una nueva visión de la ciudad al establecer un nuevo marco para la convivencia en las relaciones entre las partes de la ciudad. Conjugó operaciones de apertura de calles y avenidas y ensanches que buscaron una integración de los espacios abiertos, parques y jardines con las áreas monumentales y la masa de la ciudad construida, creando en su imaginario una ciudad de identidad única. El Plan fue precursor en cuanto al rol que asignó a la arquitectura y a las obras públicas como base real para el establecimiento de un nuevo espacio público tangible y representativo de la ciudad.

La década del 30 estuvo signada socialmente por cruces culturales de conflicto y mezcla. Así la define **Beatriz Sarlo** en su libro **"Borges un escritor en las orillas"**:

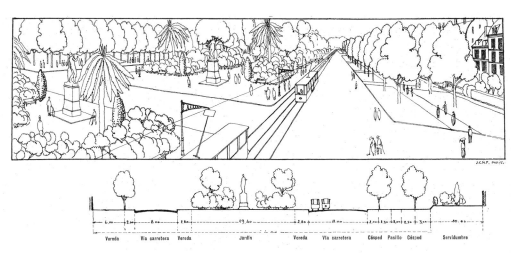

Arriba: Muelle de Pasajeros, 1888
Fotografía archivo Witcomb
Abajo: proyecto de boulevard. Comisión de Estética Edilicia. Proyecto Orgánico para la Urbanización del Municipio. Noel / Forestier, 1925

Above: passengers wharf, 1888
Photo: the Witcomb collection
Below: boulevard project in the urban project

(...) en los cruces culturales de la gran ciudad
moderna (modelo al cual Buenos Aires busca
aproximarse en las primeras décadas de este
siglo) todos los encuentros y préstamos parecen
posibles. El principio de heterogeneidad
marca la cultura. El carácter socialmente
abierto del espacio urbano vuelve lo diferente
extremadamente visible, ahí se construyen y
reconstruyen de modo incesante los límites
entre lo privado y lo público, ahí el cruce social
pone las condiciones de la mezcla y
produce ilusión, o la posibilidad real de ascensos
y descensos vertiginosos...
... La calle es el lugar, entre otros, donde
diferentes grupos sociales realizan sus batallas
de ocupación simbólica. La arquitectura, el
urbanismo y la pintura, corrigen e imaginan
una ciudad nueva...

Esta composición de lugar define el latir de una
ciudad que se perfila como cosmopolita y
asume su eclecticismo estilístico en estos cruces
culturales.
El Plan de Noel es, desde este punto de vista,
el comienzo del fin de la ciudad en su visión
premoderna, dando lugar a una nueva
urbanidad acelerada y difusa. ∎

(1) Intendencia Municipal, Comisión de Estética Edilicia:
"Proyecto Orgánico para la Urbanización del Municipio,
Talleres Peuser, Buenos Aires, 1925, Mensaje al Ministro
del Interior.

Arriba: faro y paseo costero
Comisión de Estética Edilicia, 1925
Abajo: Plaza de los Dos Congresos
Comisión de Estética Edilicia, 1925

Above: lighthouse and coastal walkway
Commitee of Esthetic Building, 1925
Below: Congreso Square
Commitee of Esthetic Building, 1925

El rol de la arquitectura en el proyecto de Noel/Forestier:
consolidación de la arquitectura de la costa y operaciones
de mejora en la cuadrícula y la Plaza de los Dos Congresos

The role of architecture in the project by Noel /Forestier:
consolidation of the architecture of the river front and
improvement actions in the grid and Plaza de los Dos Congresos

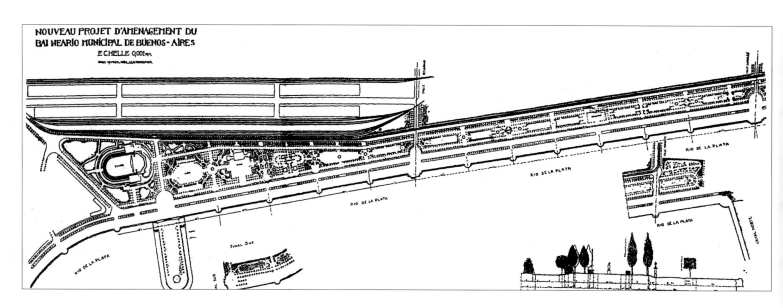

NOUVEAU PROJET D'AMENAGEMENT DU
BAINEARIO MUNICIPAL DE BUENOS-AIRES
ECHELLE 0,001 m

Costanera Sur, J.C.N. Forestier, 1925
Planta de conjunto

The Costanera Sur, J.C.N. Forestier, General plan, 1925

Costanera Sur
El paseo y centro de recreación por excelencia en la
década del cuarenta

The Costanera Sur
The most popular leisure place in the city in the forties

La Costanera Sur
La arquitecturización del espacio público de principios de siglo

The Costanera Sur
The architectural shape of public space at the begining
of the century

Buenos Aires Metrópolis

Buenos Aires Metropolis

Del proyecto irrealizado de la modernidad a la eclosión metropolitana

From an uneventful modernity to the metropolitan outburst

Todo me parece entonces grande, todo extraordinario.
Viví en la urbe horas de admiración transida ante el espectáculo de una Babilonia que conserva la forma de una llanura en medio de su acre pujanza y de su riqueza casi brutal.

Eduardo Mallea:

Historia de una pasión argentina.
Cap. II "La metrópoli". 1937

La historia de las ciudades revela hasta que punto la forma y el carácter del espacio público han estado estrechamente ligados a la forma de la ciudad y a su capacidad simbólica para representar la sociedad de su época. Esta línea de continuidad y ruptura puede seguirse quizás a través de cuatro factores que sintetizan la estructura de la ciudad histórica: en primer lugar el sitio, como referente geográfico y natural y condicionante de la implantación; luego los trazados, como expresión del mayor o menor grado de la abstracción fundacional y del movimiento en la ciudad; en tercer lugar el monumento como expresión de la identidad de lo público, de lo singular y de la carga simbólica del asentamiento; y, finalmente, la residencia como expresión del espacio privado y de la masa de la ciudad.

A pesar de las inmensas diferencias que podamos encontrar entre ciudades tan distantes temporal y geográficamente como, por ejemplo, Jahipur y Brasilia o Pérgamo y Nueva York, estos cuatro denominadores comunes han marcado su forma urbana de una manera distinta pero reconocible y común en todas ellas de modo que es posible seguir un hilo de continuidad para analizar su forma urbana. Casi todas las ciudades en la historia, con las variantes de cada caso, pueden ser analizadas en función de las variables de estas condicionantes.

En la cultura arquitectónica europea de principios de siglo, la época que se inicia con el

modernismo, que ejerció una gran influencia intelectual en Buenos Aires, estuvo signada por el intento de torcer el rumbo de continuidad de la ciudad histórica.

La diferencia esencial entre las propuestas modernas y la estructura generada por la ciudad histórica estuvo basada en un conjunto de ideas que tuvieron su origen en nuevas concepciones y conocimientos propios de la época, pero, fundamentalmente en la idea de que el mundo se encontraba frente a un cambio inédito, frente a una variación del rumbo de la continuidad de la historia.

Las nuevas concepciones sobre la luz que aparecen por primera vez tanto en la pintura impresionista como en las teorías de Einstein, y la Revolución de Octubre en Rusia forman parte del marco intelectual en el que se centra la visión de la ciudad histórica como "lugar que ha devenido insalubre y oscuro" (Le Corbusier, *"Cuando Las Catedrales eran Blancas"*) frente a la luminosidad y el sol como emblema de higienismo y de la nueva civilización. Una idea que también responde a las expresiones de responsabilidad social frente a la necesidad de mejorar las condiciones de vida de las masas que migran hacia las ciudades y hacia América. Otros aspectos que influyen en esta transformación son los adelantos tecnológicos más notables del momento ligados a la nueva ingeniería y al nacimiento del rascacielos norteamericano: (Paxton, Eiffel y Perret en Europa y Raymond Hood en Estados Unidos). Los edificios son más livianos y las nuevas

Plaza San Martín y edificio Kavanagh
Arqs. Sánchez, Lagos y De la Torre, 1930-1936
La torre y el parque

Plaza San Martín and the Kavanagh building
Archs. Sánchez, Lagos y De la Torre, 1930-1936
The tower and the park

Visión de Buenos Aires según el Plan de Le Cobusier
View of Buenos Aires by Le Corbusier

industrias automotriz y aeronáutica, junto al desarrollo del ascensor y las nuevas posibilidades del vidrio generan la nueva visión. La edificación en altura en América y el desarrollo de la separación de la edificación del suelo debido a la independización de la estructura muraria portante de la arquitectura clásica en Europa son bisagras en la nueva concepción de la arquitectura y del espacio público y abren una gama de espacios inéditos y una nueva relación del hombre y la arquitectura con el suelo y la naturaleza. En Europa, Le Corbusier y una parte sustancial de los sostenedores del Movimiento Moderno criticaron los tejidos cerrados, la plaza tradicional y la calle corredor haciéndole perder su legitimidad como lugar urbano contemporáneo y proponiendo, en cambio, la reapropiación de la planta baja, la creación de grandes espacios abiertos y una nueva monumentalidad basada en la presencia de los edificios "funcionales". Es el primer paso hacia la ruptura del orden clásico pero, en realidad, dentro del mismo sistema de identidad urbana propuesto por la ciudad histórica. La unidad de lectura del mundo clásico no ha sido abandonada.

La recuperación del suelo natural, la transparencia de la planta baja y la incorporación de la naturaleza como protagonista de la ciudad moderna no ya de manera áulica, como lo fue en el palacio, sino "higiénicamente", como

planta azotea

planta piso 22

planta tipo

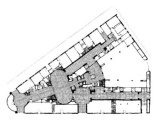

planta baja

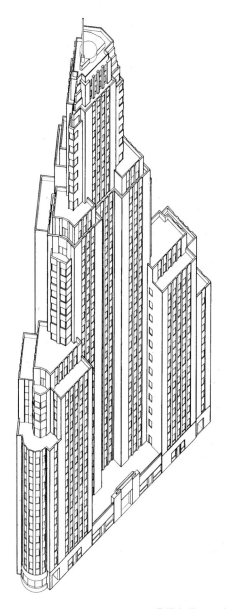

Edificio Kavanagh. Arqs. Sánchez, Lagos y De la Torre
Buenos Aires, 1930-1936, plantas y axonométrica

Kavanagh building. Archs. Sánchez, Lagos y De la Torre
Buenos Aires, 1930-1936, plans and axonometric view

mejora de la calidad de vida de los habitantes ("Les sports au pied de maison"), es un tributo filosófico y político de la arquitectura y el urbanismo a la emancipación social de miles de ciudadanos que habían vivido tugurizados en la oscura ciudad histórica europea de la primera industrialización.

El suelo natural y el "verde" son los grandes modelos del espacio democrático de las ciudades modernas. La arquitectura -funcional- se abre a este espacio para la representación de esa modernidad a través de los grandes edificios públicos "posados" sobre ese suelo. Se conforma así ese espacio poderosamente transparente que se opone al urbanismo tradicional de las clásicas plazas italianas o francesas que, caladas en el tejido compacto de la ciudad histórica, conforman uno de los ámbitos del espacio público más caracterizado de la ciudad histórica. También se opone al neoclasicismo de la París de Haussmann en la que la frontalidad de la arquitectura, el boulevard y la plaza son una y la misma cosa. Este espacio de nuevo cuño deviene en sitios con una fuerza como la que tiene la Plaza del Ministerio de Educación de Río de Janeiro, edificios como el Pedregulho, también en Río de Janeiro, de Alfonso Reidy, o como el grupo de la ONU en New York y en espacios urbanos tan canónicamente adheridos al orden moderno como los del IIT de Mies van der Rohe en Chicago, paradigma mayor de esta

concepción del espacio público moderno. No es casual que estos grandes ejemplos modernos se produzcan en América.

Buenos Aires desconoce prácticamente este escalón de su desarrollo. Ciudad hecha a la imagen y semejanza de París desde fines del siglo XIX, no le resulta fácil adoptar los principios urbanos del modernismo dentro de una trama abigarrada.

El impacto del racionalismo europeo tal como ha sido descripto por varios autores [1] sólo logra instalarse como una retórica de la arquitectura, la mayor parte de las veces epidérmica, sin cambiar la estructura tradicional y clásica de los tipos, las plantas o los conceptos de muchos de los edificios construídos durante su apogeo, que siguen los cánones tipológicos de los anteriores. Se anotan muy honrosas excepciones como en el caso de pequeños edificios de Prebisch o Vilar; en los duplex de Sánchez Lagos y de la Torre en la calle Tres Sargentos, en los que se adoptan nuevos tipos además del lenguaje exterior del edificio o en la obra de Kalnay, Wladimiro Acosta y Bonet.
En gran parte de los edificios de esta época los arquitectos eligen para las casas de renta, el estilo moderno sólo como un estilo más dentro del eclecticismo reinante, como lo demuestran obras en estilo "Beaux Arts" de los autores del Kavanagh o el proyecto de casas en el barrio de

Belgrano, en Buenos Aires, en estilo "vienés" de Walter Möll, autor del magnífico edificio racionalista SAFICO.
Por otro lado, casi sin excepción, los edificios que se construyen en este período son dentro de la cuadrícula. De esta forma, con pocas excepciones previas, la del Edificio Kavanagh es una de ellas, el primer gran espacio público moderno de Buenos Aires comienza a construirse tan tardíamente como es 1962 con la construcción de la Biblioteca Nacional de Clorindo Testa. En cuanto al Kavanagh, si bien está dentro de la trama, asume, a través de la altura y de la calificación del *skyline* de la Plaza San Martín, un modo de expresar su espíritu moderno reconvirtiendo ese espacio tradicional. En ambos casos se pone de manifiesto la "colaboración" entre arquitectura y espacio público en términos modernos.

Para poder realizarse, el espacio público de la modernidad busca el espacio vacío central, el espacio neutro. Buenos Aires no lo tiene excepto en sus periferias exteriores, en el río, "la pampa líquida" y en las que devendrán periferias interiores, ocupadas aún por las infraestructuras activas.
Pero, de la misma manera que en el suburbio francés o americano "les grands ensembles" o las "ciudades dormitorio" muestran el lado trágico del urbanismo moderno, en Buenos Aires la suburbanización desordenada no logra crear otras condiciones para un espacio

Arriba: grúas en Puerto Nuevo
Abajo: Edificio de Correos,
Rossi, Gallardo, Pérez, Gaido, arquitectos, 1949

Above: cranes in Puerto Nuevo
Below: post office building,
Rossi, Gallardo, Pérez, Gaido, architects, 1949

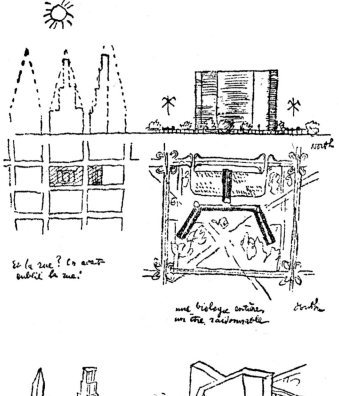

re-formation cellulaire de la ville

Encuentro con los rascacielos norteamericanos
Le Corbusier, "Mi obra", Ediciones Nueva Visión,
Buenos Aires, 1960

Meeting American skyscrapers
Le Corbusier, "Mi obra," Ediciones Nueva Visión,
Buenos Aires, 1960

moderno y significativo de valor sino, que se inclina por el pintoresquismo suburbano de la "city beautiful" o por los grandes conjuntos-dormitorio descentralizados, ambos expresión de la ausencia de urbanidad, del no-lugar urbano.

En general, con la complacencia del público y de los responsables de los procesos de urbanización, se desarrolló así una concepción de la baja densidad a-urbana o de la alta densidad funcionalmente homogénea, ambas incapaces, por sí solas, de recrear un marco de interés para la vida urbana pública si no constituyen algo más que un fragmento monofuncional. En esta concepción están ausentes los problemas de la nueva relación centro-periferia y la descentralización de los equipamientos que habrían de definirse varias décadas después, como una cuestión de áreas de heterogénea subcentralidad contemporánea, potencialmente capaces de crear ciudad y un espacio público propio para la vida de los ciudadanos. ∎

(1) Borghini, Salama, Solsona, "1930-1950 Arquitectura Moderna en Buenos Aires", Facultad de Arquitectura y Urbanismo, UBA, 1987.

Silos de granos en Puerto Nuevo, 1935
Grandes obras ignoradas de la arquitectura moderna de
Buenos Aires

Silos in Puerto Nuevo, 1935
The scale of large works ignored by modern architecture in
Buenos Aires

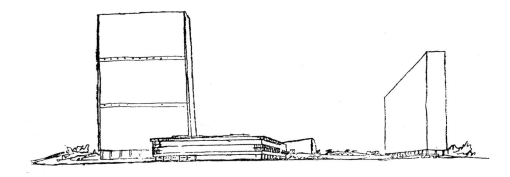

Edificio para las Naciones Unidas,
Le Corbusier y otros, 1946/ 47

United Nations Building,
Le Corbusier and others, 1946/ 47

Instituto de Tecnología de Illinois,
L. Mies van der Rohe, 1940

Illinois Institute of Technology,
L. Mies van der Rohe, 1940

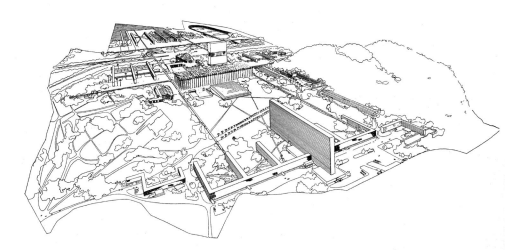

Ciudad universitaria para Brasil, 1936
Le Corbusier, "Mi obra." Edic. Nueva Visión Bs. As. 1960

University campus for Brasil, 1936
Le Corbusier, "Mi obra." Edic. Nueva Visión Bs. As., 1960

Plaza Britania, hoy Fuerza Aérea
Un ejemplo de la concepción del parque urbano
de principios de siglo: contemplativo y mimético
en relación a la naturaleza

Britania Square, today Fuerza Aérea,
an example of the urban park concept at the beginning
of the century: contemplative and mimetic as regards
the relationship with nature

Edificio para las Naciones Unidas,
Le Corbusier y otros, 1946/ 47

United Nations Building,
Le Corbusier and others, 1946/ 47

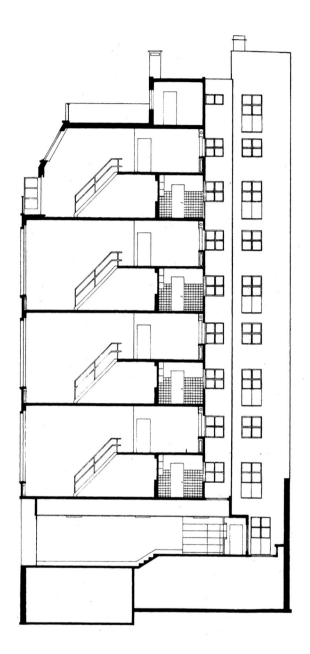

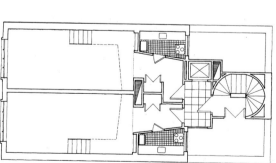

Edificio de departamentos
Arq. A. Prebisch
Corte, frente y planta
Lenguaje arquitectónico y tipos residenciales modernos
insertados en la trama de lotes de origen histórico

Residential building
Arch. A. Prebisch
Section, front and plan
Modern architectural language and residential types included
in the design of lots with a historical origin

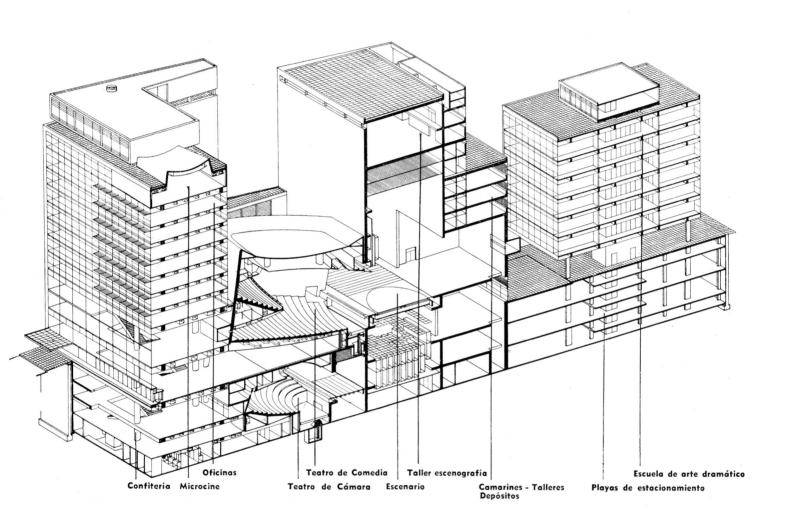

Confitería Microcine | Oficinas | Teatro de Comedia | Taller escenografía | Escuela de arte dramático

Teatro de Cámara | Escenario | Camarines - Talleres Depósitos | Playas de estacionamiento

Teatro Municipal General San Martín. Buenos Aires, 1952-1960
Arqs. Mario R. Alvarez, Macedonio O. Ruiz. Corte axonométrico

La complejidad de los nuevos programas modernos insertados
magistralmente en el amanzanamiento pre-moderno

"General San Martín" Theater. Buenos Aires, 1952-1960
Archs. M.R.Alvarez, Macedonio O. Ruiz, axonometric section

The complexity of modern programs included in the pre-modern grid

Edificio del Ministerio de Educación de Río de Janeiro
Le Corbusier, Oscar Niemeyer y Lucio Costa, 1936
Realización del espacio público del Movimiento Moderno
en Brasil: planta libre, recuperación del suelo para el peatón
y el block exento. La arquitectura dominando el sitio

Building for the Department of Education in Río de Janeiro by
Le Corbusier, Oscar Niemeyer, and Lucio Costa, 1936
Embodiment of the public space concept of Modern Movement
in Brasil: free plan, recovery of the ground level for pedestrians,
and the free-standing block. Architecture ruling over the place

Conjunto Residencial Pedregulho, Río de Janeiro
Alfonso Eduardo Reidy, 1950/ 52
Ajuste entre sitio y arquitectura siguiendo los preceptos
de liberación del suelo del Movimiento Moderno

Residential Group Pedregulho, Río de Janeiro,
Alfonso Eduardo Reidy, 1950/52
Matching between place and architecture following the
precepts of the free-standing block idea of the Modern
Movement

Conjunto Residencial Pedregulho, Río de Janeiro, planta

Residential Group Pedregulho, Rio de Janeiro, plan

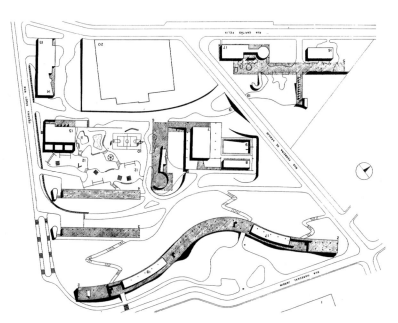

Primeros programas de equipamiento de nivel metropolitano insertados en el parque: los pabellones del sesquicentenario, la Biblioteca Nacional, ATC, el Centro Cultural Recoleta, diagrama

First urban programs of metropolitan level inserted within the park: the pavilions of the one hundred and fiftieth anniversary of the May Revolution, the National Library, ATC, the Recoleta Cultural Center, diagram

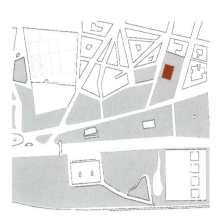

Biblioteca Nacional, Buenos Aires., Arqs. Clorindo Testa, Alicia Cazzaniga, Francisco Bullrich. 1962-1992
Un primer ejemplo real de la aplicación de los preceptos del Movimiento Moderno al espacio público de la ciudad en áreas no residenciales

The National Library, Buenos Aires, Clorindo Testa, Alicia Cazzaniga, Francisco Bullrich, archs. 1962-1992
A first actual example of Modern Movement's ideas for public space to be applied in the city in a non-residential program

Presencias de las infraestructuras:
la nueva dimensión urbana de la ciudad

Presence of infrastructures:
the new urban dimension of the city

Nudo de autopistas en Barcelona
A highway in Barcelona

Tunel en la Avenida del Libertador General San Martín
The tunnel in Libertador General San Martín Avenue

Dique en Puerto Madero
The Puerto Madero Docks

Avenida Diagonal Norte
Evolución tipológica y formal de la masa de la ciudad

Diagonal Norte Avenue
Formal and typological evolution of the city

Las periferias "interiores" metropolitanas

The "internal" metropolitan peripheries

Nuevo Parque Thays
New Thays Park

Demolición del paredón de Retiro
The demolition of an old fence in Retiro

Demolición del paredón de Retiro
The demolition of an old fence in Retiro

Buenos Aires,
imagen satelital

*Buenos Aires,
satellite image*

• Primeras hipótesis modernas
Del plan de Le Corbusier a los Planes Reguladores y el Planeamiento "Científico"

First modern hypothesis
From Le Corbusier's plan to regulating plans and the scientific planning

Uno de los hechos culturales más significativos en el campo del pensamiento arquitectónico y urbano sobre la ciudad fue el viaje de Le Corbusier a Buenos Aires en 1929. En una ciudad con gran afecto por la cultura francesa y con una formalización tradicional forjada, en gran parte, durante el medio siglo anterior y sobre los moldes del academicismo francés que tanto aborrecía el gran maestro moderno, su prédica no superó, sin embargo, especialmente en materia de urbanismo, el nivel de una acotada influencia sobre algunos círculos intelectuales.

El Plan para Buenos Aires de 1938, cuyas primeras ideas concibió Le Corbusier en Buenos Aires durante su visita y que desarrolló luego con Kurchan y Ferrari Hardoy proyecta sobre un territorio "liso y blando" los nuevos paradigmas del urbanismo moderno.

Se incorporó al espacio abierto el concepto revolucionario de las teorías euclideanas, convirtiéndolo en un espacio sin límite, rompiendo así la idea tradicional basada en el recinto de la calle y la plaza que habían conformado la estructura histórica de la ciudad europea que Buenos Aires había tomado como modelo.

La base estructural de la ciudad ya no sería concebida como un tejido contínuo y articulado. Se convertiría, en cambio, en un espacio de límites difusos en el que la edificación no determinaría ya la forma del espacio público.

Sin embargo, a pesar de su posición radical sobre el urbanismo, Le Corbusier supo aplicar en el Plan de Buenos Aires un discurso dialéctico en relación al espíritu de tiempo y lugar dentro del cual debían insertarse sus ideas.

Presentó sus operaciones en la ciudad como un gran *collage,* actuando a través de partes y sobre la base de un eficiente sistema vehicular sobre el que estructuraba las partes propuestas.

El Plan tuvo una muy moderada aceptación, pero quizás, su impronta más fuerte estuvo en la simiente que dejó en el pensamiento y la arquitectura de las vanguardias argentinas de la década del 30 y en los más importantes principios del urbanismo moderno que luego se aplicaron a la ciudad. Los más salientes entre ellos fueron: la zonificación funcional, la liberación del suelo urbano para la recreación y el verde, el rol de los equipamientos urbanos y de la infraestructura para la consolidación del espacio público, la consolidación de la imagen contemporánea de la ciudad. Estos son algunos de los principios hacia los cuales converge, décadas más tarde, el Plan Regulador de la Ciudad de Buenos Aires y casi toda la ideología urbanística de la década del 60, aunque dejando de lado uno de los mensajes claves de la propuesta corbusierana: el rol protagónico de la arquitectura en la definición del urbanismo.

A partir de la década del 60 y, bajo la influencia del gran desarrollo que en la posguerra tuvieron las ciencias sociales y las teorías del planeamiento científico en el mundo occidental, se multiplica la formulación de Planes Reguladores como instrumento de control de crecimiento urbano asociados a planes

Aeropuerto en el río. Arq. Amancio Williams, 1945
Ideas premonitorias sobre la escala de las infraestructuras
en relación al crecimiento metropolitano de la ciudad

Airport over the river. Amancio Williams, arch., 1945
Premonitory ideas about the scale of infrastructure in
relation to the metropolitan growth of the city

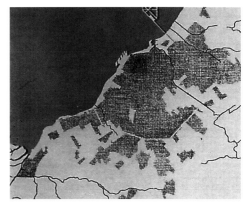

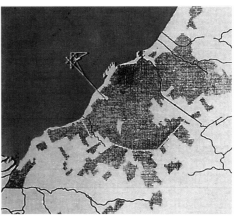

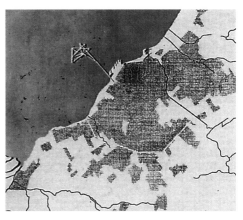

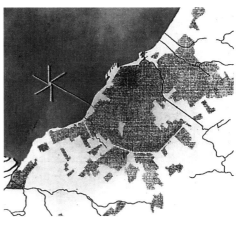

Aeropuerto en el río. Arq. Amancio Williams, 1945
Posibles conexiones con la ciudad de Buenos Aires

Airport over the river. Amancio Williams, arch. 1945
Possible connections between the airport and the city

Viviendas para Casa Amarilla, arq. Amancio Williams, 1943
Hausing in "Casa Amarilla" by Amancio Williams, arch, 1943

La ciudad que necesita la humanidad, arq. Amancio Williams, 1974/ 1983
The city that mankind needs by Amancio Williams, arch., 1974/ 1983

regionales de gran escala que partían, en gran parte, de hipótesis de dificultosa verificación en el tiempo ya que no incorporaban la variable del carácter inestable que asumirían los procesos de urbanización en el futuro.

La macroescala y la indefinición arquitectónica de los Planes Reguladores hizo que se desdibujara el carácter espacial del urbanismo: una ciudad técnicamente funcional, eficaz, confiada en su plan, en sus disposiciones y en las normas edilicias que genera, pero olvidada de la realidad espacial que se ve afectada por procesos dinámicos de ocupación real del espacio urbano relacionados con las complejidades de la vida en las ciudades y con un incipiente proceso metropolitano. ■

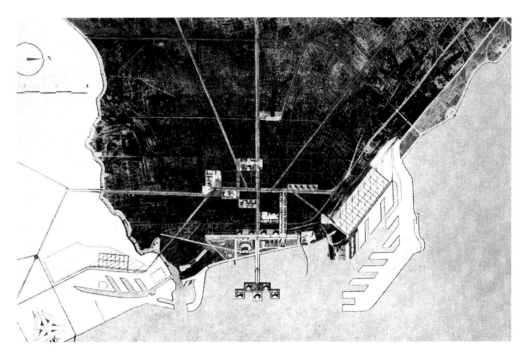

Plan director para Buenos Aires
Le Corbusier, Kurchan y Ferrari Hardoy,1938

The Buenos Aires plan
Le Corbusier Kurchan y Ferrari Hardoy, 1938

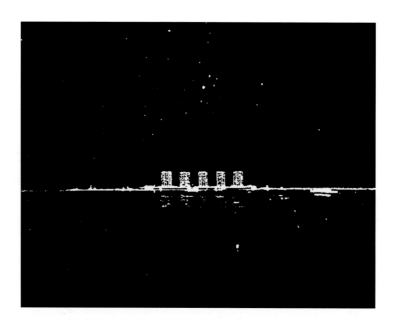

Croquis de Le Corbusier durante su primer viaje a Buenos Aires, 1929
Sketch by Le Corbusier during his first trip to Buenos Aires, 1929

La presencia de la arquitectura moderna en el horizonte pampeano, otra premonición
sobre el rol de la "gran escala" en la ciudad
*The presence of modern architecture in the horizon of the "Pampa," a premonition of the
role of "grand" scale in the city*

Proyecto para la urbanización del bajo Belgrano
Arq. J. Ferrari Hardoy, Vivanco,
Bonet, 1949

*Project for the urbanization of bajo Belgrano
Ferrari Hardoy, Vivanco, Bonet, arch., 1949*

Metropolis

Plan Director para Buenos Aires
Arqs. Le Corbusier, Kurchan y Ferrari Hardoy, 1938

The Buenos Aires plan
Le Corbusier, Kurchan and Ferrari Hardoy, archs., 1938

1 Grandes arterias de circulación automóvil
2 Vías de ferrocarril y estaciones existentes
3 Nuevo puerto (proyecto Briano)
4 Nuevo aeropuerto (Ubicación provisional)
5 Nuevas instalaciones gubernamentales y municipales
6 Bolsa, Bancos y Palacio de Justicia
7 Centro de negocios (Oficinas)
8 Zona de agrupaciones gremiales y sindicales
9 Centro Panamericano
10 Ciudad Universitaria
11 Localización comercial
12 Zona industrial (Industrias que necesariamente deban quedar en la Capital)
13 Creación de un barrio habitación tipo Ville Radieuse
14 Habitación a evolucionar
15 Organizaciones satélites de habitación
16 Diversiones nocturnas
17 Diversiones diurnas
18 Hoteles de viajeros
19 Zonas verdes existentes y proyectadas
20 Zona a transformarse paulatinamente en quintas de cultivo intensivo

Plan Regulador para Buenos Aires, OPRBA,
directora del equipo: arqta. Odilia Suárez, 1958/62

The Buenos Aires Plan, OPRBA,
team director: Odilia Suárez, arch., 1958/62

zonas industriales 1

zonas industriales 2

conjuntos residenciales proyectados

conjuntos residenciales a proyectar

zona administrativa (ampliación)

zona portuaria

zonas ocupadas por instituciones públicas

espacios verdes a escala de la ciudad

espacios verdes a escala de los barrios

densidad alta

densidad media

densidad baja

densidad tipo parque

terminales ferroviarias

rutas de vinculación regional - V_1

rutas de vinculación entre sectores - V_1

rutas de distribución rápida a las áreas - V_2

rutas de interconexión lenta de centros de
áreas - V_2

ferrocarriles a nivel

ferrocarriles en túnel

entubamiento arroyo Cildáñez

núcleos principales

núcleos secundarios

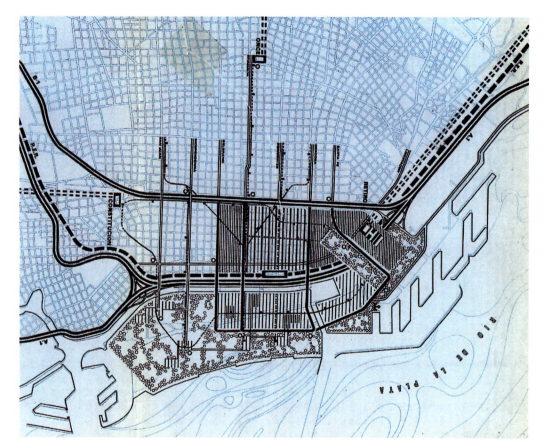

Sistematización del Area Central Regional, 1962
Plan Regional Metropolitano para el año 2000
Director del equipo: arq. Juan Ballester Peña

Systemization of the Central Regional Area, 1962
Metropolitan Regional Plan for the year 2000
Team director: Juan Ballester Peña, arch.

Plano de Renovación de la Zona Sur,
Buenos Aires, 1947
Arqs. Juan Kurchan y Antonio Bonet

Plan for the urbanization of the South Area,
Buenos Aires, 1947
Archs. Juan Kurchan and Antonio Bonet

• La ciudad sin nombre
El urbanismo burocrático. Hipertrofia de la abstracción
normativa y de los códigos sin contenido arquitectónico

A city without a name
Bureaucratic urbanism. Hypertrophy of the normative abstraction
and of the codes without architectural content

Acorralada por el incumplimiento de su destino de modernidad y, ahora, por la deuda contraída con la planificación científica, que desde fines de la década del 50 pugna por incorporar un ordenamiento "moderno" a la trama de la ciudad en base a normativas de base cuantitativa, planes reguladores urbanos pre-arquitectónicos (como todos ellos) y planes regionales de difícil verificación en el tiempo, la metrópolis, crece y vive a espaldas de las oficinas de planificación sin poder identificar una concepción del espacio público contemporáneo que dé satisfacción a las necesidades cívicas y al goce de lo urbano.
Es más, ese rico espacio público de la ciudad constituído por sus plazas y sus calles tradicionales se ve amenazado por intervenciones en gran escala en la trama que no contemplan su naturaleza ni su escala. Se ha privatizado la vida pública a tal punto, que el espacio público bueno o malo que domina, es el del transporte, las autopistas, o las plazas monumentales para ser vistas de afuera, como monolitos y no para ser usadas.
La ciudad la construyen los códigos. Se ha "suprimido" la indeseada identidad de lo urbano y de lo arquitectónico.

La construcción del espacio público de la ciudad, la continuidad de su "urbanidad" sin otra intervención que la señalada, ha quedado interrumpida para la vida pública de la ciudad.

Aunque el proceso señalado comienza a partir

de 1966, la mayor parte de las obras señaladas se realizan a partir de 1976, dentro de la ecuación de poder de los sucesivos gobiernos autoritarios que se suceden en el país durante ese período. Se realizan obras de infraestructura sin criterio urbano que dejan profundas cicatrices en la trama existente de la ciudad que no está preparada para recibirlas ni ha sido tenida en cuenta para su construcción. La colisión entre la "infraestructura colosal" (las nuevas necesidades que se anuncian de manera incipiente) y "la belleza de lo pequeño" (la identidad y calidad del tan agradable espacio barrial de Buenos Aires) es puesta en conflicto de una manera tan brutal que, desacreditará en la conciencia de la población la necesidad y oportunidad futura de ejectuar grandes obras cuando sea necesario y haciéndolas de la manera adecuada.

Al volverse borrosa la identidad del espacio público, se vuelve borrosa la imagen de la ciudad. La pérdida de la identidad urbana es un proceso que sólo comenzará a revertirse con la llegada de los gobiernos democráticos y con la recuperación de la vida pública en la ciudad.

Al período descripto pertenecen algunas obras y proyectos que ejemplifican esta etapa del desarrollo de la ciudad:

1. La creación del CEAMSE.
2. El Plan de Autopistas y Equipamiento Urbano.
3. El nuevo Código de Planeamiento Urbano.
4. El Proyecto de Ensanche del Area Central. ■

Autopista 25 de Mayo incompleta
El espacio público intervenido en estado de latencia

Unfinished 25 de Mayo highway
Public space in a latent state of intervention

Autopista y block. Buenos Aires
Incongruencia de los programas "autogestados" y a-urbanos

Highway and a highrise, Buenos Aires
Incongruent "self-made" and non urban programs

Estación Constitución en su estado actual
Colisión de infraestructuras: ausencia del papel de la
arquitectura del espacio público como contenedor
de las funciones urbanas/ deterioro visual-ambiental

Constitución Railway Station
Infrastructures collide: absence of public space and
architecture as support of urban functions/visual and
environmental decay

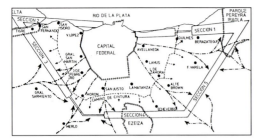

Plano del Gran Buenos Aires con el Cinturón Ecológico, CEAMSE
"Gran Buenos Aires" plan with Ecological Belt, CEAMSE

Plan de autopistas de de la Intendencia 1978/1982
Trazados de autopistas de la Capital Federal

Municipal Highway Plan, 1978/1982
The Highway system in the Federal District

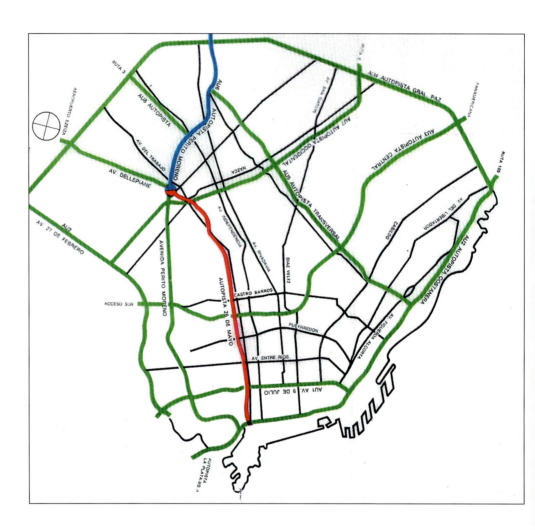

Ensanche del Area Central, planta de conjunto,
Arqs. M.R. Alvarez, Raña Veloso, Alvarez, Forster,
Serra Valera. MCBA

Development of the Central Area, site plan.
Archs., M.R. Alvarez, Raña Veloso, Alvarez, Forster,
Serra Valera. MCBA

• Metropolitanismo intenso y fragmentación
Revalorización de la ciudad real y del rol de la arquitectura y del espacio público

Intense metropolitanism and fragmentation
Revaluation of the real city and of architecture and public space's role

Buenos Aires no fue una excepción frente a la tendencia predominante hasta casi fines de la década del 60 consistente en ver las ciudades como producto de una nueva concepción científica y moderna orientada por el *planning* anglosajón y algunas experiencias del urbanismo francés. Las bases de este urbanismo "científico" han sido el *zonning* tradicional, la segregación de los usos, conduciendo a la formación de periferias carentes de vida y el abandono del papel de la arquitectura y el diseño del espacio público como factores preponderantes en la conformación y el significado de la ciudad.

La crítica teórica a esta concepción de la ciudad hecha por Rossi, el grupo de la tendencia y la escuela morfo-tipológica italiana en Europa y, en Estados Unidos, por Colin Rowe y Fred Koetter desde Collage City así como lo ha hecho en la práctica el Nuevo Urbanismo Español, han permitido ver muy claramente las falencias de un urbanismo desarquitecturizado y, contrariamente, la vitalidad de las ciudades recicladas arquitectónicamente. También en América del Sur, ciudades como Curitiba o Córdoba han implementado mecanismos de proyecto urbano ligados al diseño del transporte y a la producción concreta de arquitectura como modificadora del paisaje y la calidad urbana de estas ciudades.

De los Planes para Buenos Aires sólo el Plan de 1926 de Noel Forestier, por sus influencias neoclásicas, un urbanismo que no concibe la construcción de la ciudad si no es a través de su arquitectura y la utópica propuesta de Le Corbusier de 1929, tienen un contenido

arquitectónico visible.
El resto de los Planes, notoriamente, el más importante por los alcances que tuvo su aplicación: el Plan Regulador de 1962, se caracterizan por su falta de definición del contenido espacial de sus propuestas y por su fuerte sesgo cuantitativo.

Sin embargo, y a pesar de esta condición arquitectónica de los planes de las últimas décadas, una revisión de la arquitectura de este período es reveladora de la intensa relación que se ha establecido entre algunos edificios paradigmáticos y las condiciones culturales y reales de su implantación en la ciudad y del desarrollo de una arquitectura "al margen" de esta concepción pero con una inserción urbana débil.

Algunos de estos casos están representados por: edificios complejos en las entrañas de la cuadrícula, la irrupción de la tipología del edificio torre o exento de la trama urbana consolidada, el edificio en altura como paradigma de modernidad y, la casa de renta racionalista que generó un modelo de buena arquitectura bajo los códigos adaptada a la trama. Actualmente, los nuevos contenedores metropolitanos emergen como fundamento de un hábitat flexible y como reflejo de la incertidumbre programática y de la localización de actividades en la ciudad.

Con la crítica al Movimiento Moderno y la revaloración de la ciudad histórica junto a la vuelta a la democracia, Buenos Aires está en condiciones de reasumir su historicidad en el marco de nuevas demandas, pero sin que el espacio público de la modernidad haya dejado

20 ideas para Buenos Aires
Plano de Areas de Intervención,
Comunidad de Madrid / MCBA, 1986

Plan of Buenos Aires showing
intervention areas for the competition
20 ideas for Buenos Aires
Comunidad de Madrid/ MCBA, 1986

una impronta modificadora en su estructura. La década del 80 es un momento de pocas realizaciones concretas pero de gran actividad intelectual y de recuperación de la idea de actuar sobre la ciudad real por fragmentos para satisfacer demandas inmediatas de la población no satisfechas ni por los Planes Generales que nunca fueron actualizados, ni por los planes inconsultos de la década anterior.

La ciudad real en su dimensión física en su centro y en sus barrios, en sus calles y plazas, es reconocida como una entidad que requiere una atención y unas propuestas arquitectónicas específicas que no necesitan esperar un plan general que por motivos de distinta índole ha sido postergado por años.

De este período queda como saldo la idea de la fruición del espacio público y de su recuperación como una necesidad de las sociedades democráticas. Comienzan los estudios sobre los vacíos urbanos como oportunidad de intervención, los estudios para la recuperación del frente fluvial y del centro de la ciudad y los estudios de equipamientos barriales.

También pertenecen a este período los estudios de un código basado en el detalle urbano arquitectónico de la ciudad que contemple la forma concreta de cada manzana particular sobre la que debe aplicarse para evitar la abstracción normativa.

Una aproximación instrumental al "espacio público real"

En uno de los comentarios incluídos en las bases del concurso "20 ideas para Buenos Aires", de 1986 se lee:

"La historia moderna de las acciones de planeamiento urbano aplicadas a la ciudad de Buenos Aires, desde el Plan de Noel Forestier y los Planes Reguladores hasta los grandes Planes Regionales Metropolitanos con aplicación a un fragmento menor de la ciudad, dejan hoy la experiencia de haber constituído mecanismos de regulación insuficientes que la realidad de la ciudad construída ha ignorado en gran medida, abriéndose así una enorme brecha entre la construcción espontánea normada por códigos cambiantes a lo largo de los años y la visión de la ciudad planificada.

Este fenómeno que no es característico exclusivamente de la ciudad de Buenos Aires, sino que es una experiencia general del urbanismo de las últimas décadas, en diversas partes del mundo es el resultado de una concepción de gabinete del urbanismo contemporáneo puesto en práctica desde la década del 50, y que se ha basado, además, en la disección funcional y en la crítica a ultranza de la ciudad histórica, es decir, la ciudad cotidiana y real, con sus problemas acuciantes pero, al mismo tiempo, con sus ejemplos de complejidad, accesibilidad, identidad, y pertenencia, características éstas positivas que, en muchos casos, no encontramos en fragmentos urbanos de reciente creación..."

Y dice Eduardo Leira, asesor español del concurso:

"La concepción misma de esta operación se basa en la tesis de que las soluciones a los problemas de la ciudad pasan, en último término, por una configuración física que constituye, a modo de síntesis, la forma mediante la cual se plasman la serie de políticas,

intenciones y medidas de distinta índole".

Las nuevas ideas sobre el urbanismo y sus instrumentos que están contenidas en las citas precedentes y las que, establecidas por la práctica de las décadas anteriores, entraban en crisis, dominaron, ambas, el debate y la reflexión sobre las acciones urbanas y el espacio público en la década del 80.

Si bien, en la concepción europea, lo esencial era la idea de "terminar" o consolidar los cascos urbanos mediante intervenciones puntuales o sectoriales de gran peso específico arquitectónico, en el caso de Buenos Aires, una ciudad de gran extensión y población con un largo período de descuido de su patrimonio urbano, este objetivo parecía lejos de poder alcanzarse. La idea de atacar los problemas de la ciudad en forma fragmentaria surgía, más bien, como una nueva forma de aproximación instrumental a un desarrollo metropolitano ya avanzado y capaz de influir en forma directa en el escenario urbano perceptible para el ciudadano común.

En el caso de Buenos Aires, las "periferias internas" y los vacíos no significativos incrustados en el inmenso tejido metropolitano aparecían por entonces como el gran desafío para las transformaciones de la ciudad a fin de siglo y, a la vez, como la gran posibilidad de recuperación de sus identidades locales. ■

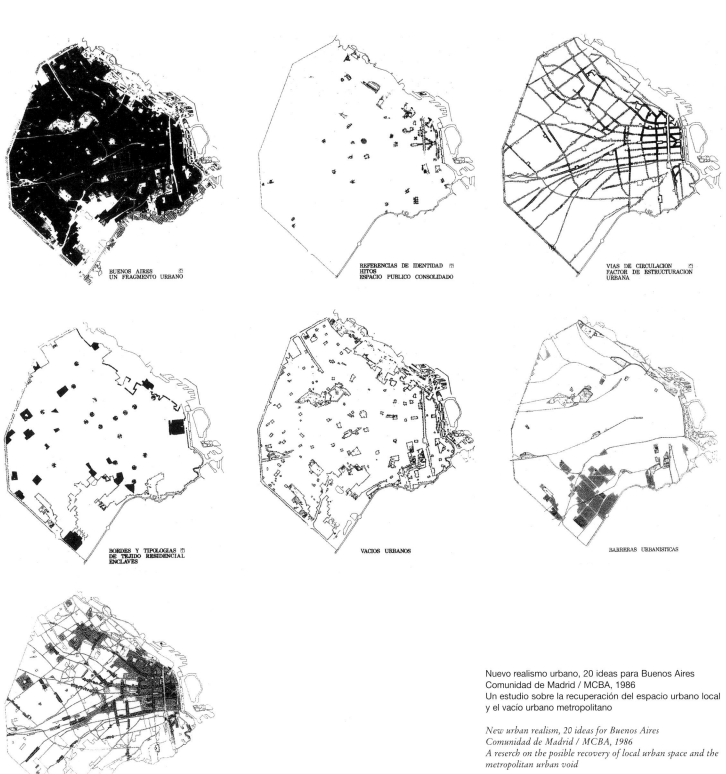

BUENOS AIRES
UN FRAGMENTO URBANO

REFERENCIAS DE IDENTIDAD
HITOS
ESPACIO PUBLICO CONSOLIDADO

VIAS DE CIRCULACION
FACTOR DE ESTRUCTURACION
URBANA

BORDES Y TIPOLOGIAS
DE TEJIDO RESIDENCIAL
ENCLAVES

VACIOS URBANOS

BARRERAS URBANISTICAS

Nuevo realismo urbano, 20 ideas para Buenos Aires
Comunidad de Madrid / MCBA, 1986
Un estudio sobre la recuperación del espacio urbano local
y el vacío urbano metropolitano

New urban realism, 20 ideas for Buenos Aires
Comunidad de Madrid / MCBA, 1986
A reserch on the posible recovery of local urban space and the
metropolitan urban void

20 ideas para Buenos Aires, Propuesta para el Area Central
20 ideas for Buenos Aires, a project for the Central Area

Arqs. María Ester Jorcino de Aguilar, Juan J. Genoud,
Clorindo Testa, Horacio Torcello, Irene Van der Poll

20 ideas para Buenos Aires, Propuesta para el Area de Retiro
20 ideas for Buenos Aires, a project for the Retiro Area

Arqs. Flora Manteola, Javier Sánchez Gómez,
Josefa Santos, Justo Solsona. Colaborador Carlos Hunter

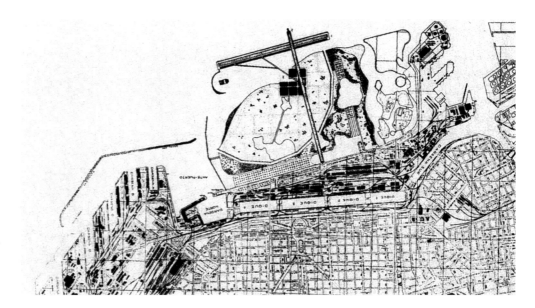

20 ideas para Buenos Aires, propuesta para el Ensanche del Area Central y Costanera Sur
20 ideas for Buenos Aires, a project for the Central Area and the "Costanera Sur"

Arqs. Tony Díaz, Luis Ibarlucía, Roberto Gil, Daniel Silberfaden, Manuel Fernández de Luco

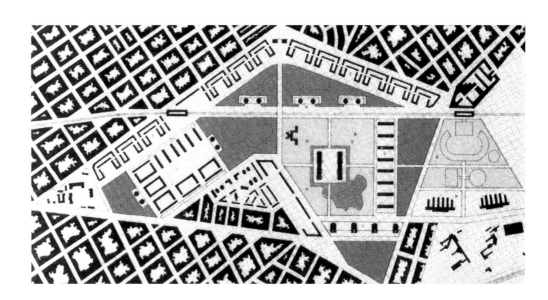

20 ideas para Buenos Aires, propuesta para el vacío urbano de Agronomía
20 ideas for Buenos Aires, a project for an urban void in Agronomía

Arq. Daniel Morita, cátedra Varas, FADU/ UBA

Proyecto de conversión de la traza de la ex-autopista
AU 3 en un barrio lineal y boulevard a nivel
Diseño del boulevard parquizado

Project for the transformation of the old traces of the
AU 3 elevated highway into a linear new quarter and a
landscaped boulevard
Perspective view of the landscaped boulevard

Arqs. Alberto Varas, Claudio Blazica, Jorge Feferbaum,
Carlos Fernández, Marcelo Naszewski, 1987

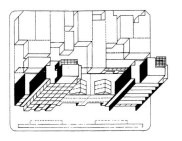
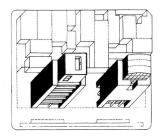
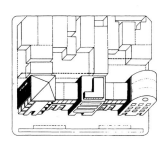
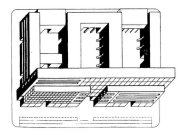
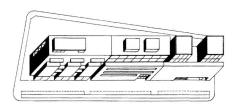

Proyecto de conversión de la ex-autopista AU 3, tipologías
arquitectónicas para el completamiento de las manzanas

Project for the transformation of the old traces of the AU 3,
architectural typologies for the completion of blocks

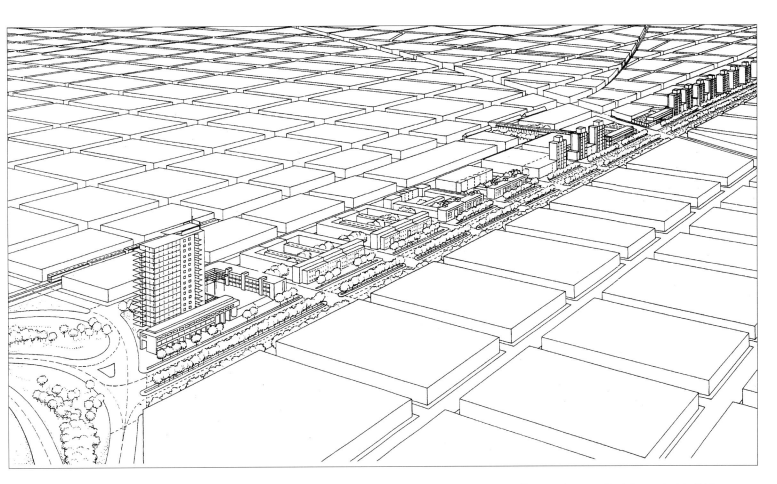

Proyecto de conversión de la ex-autopista AU 3,
perspectiva general.

Project for the transformation of the old traces of the AU 3,
general view.

• Otros mitos urbanos, otras escenas
Fenomenología de la nueva urbanidad

Other urban myths, other urban landscapes
Phenomenology of a new urbanity

En muchas ciudades no existe un centro. Quiero decir; un lugar geográfico preciso marcado por monumentos, cruces de ciertas calles y ciertas avenidas, teatros, cines, restaurantes, confiterías, peatonales, carteles luminosos destellando en el líquido, también luminoso y metálico que baña los edificios.

Beatriz Sarlo op. cit.

Los síntomas más evidentes de las transformaciones metropolitanas que suceden en Buenos Aires se manifiestan en el proceso de deterioro de sus infraestructuras, pero, retrospectivamente se inauguran con los anuncios de transformaciones y nuevas demandas y propuestas de la arquitectura, una materia muy sensible a los cambios en la cultura de la ciudad.

El desarrollo moderno de la ciudad incrustado en la trama de la ciudad histórica, preanuncia la necesidad de otra dimensión, la urbana, para su desarrollo posible y verdaderamente contemporáneo.

Por otro lado, la metrópolis representa el fin de la unidad y de la identidad tradicional de la ciudad. Su advenimiento pone en crisis el terreno urbano conocido y las formas que ha adoptado la identidad moderna, también clásica, que aspira a una unidad "otra" como en Brasilia o Canberra, en Río de Janeiro o en los proyectos de Le Corbusier para Argel.

La idea de fragmentación se convierte así en una realidad que constituye un primer paso para interpretar la ciudad como mosaico y en la búsqueda de nuevas estrategias para actuar en ella. A este primer paso sigue la verificación de la necesidad de actuar sobre aquellas mallas de infraestructura que condicionan la arquitectura de los fragmentos. En esta condición a la vez fragmentaria y monumental surgen los nuevos interrogantes sobre la identidad urbana metropolitana. Los problemas de la irrupción de la gran escala y, a la vez, los de la conservación y creación de escenarios locales para la vida de los habitantes de la ciudad. El problema de la identidad no es menor y está condicionado por la velocidad de los cambios

Avenida del Libertador General San Martín, visión nocturna

Libertador General San Martín Avenue, a night view

El tunel, Xul Solar, 1924, acuarela sobre papel
Colección privada
The tunnel, Xul Solar, 1924, watercolor on paper
Private collection

Metamorfosis urbana: foto nocturna del campo de
polo de Buenos Aires durante un recital de
Plácido Domingo, 1995

Urban metamorphosis: picture taken at night at the
polo field of the City of Buenos Aires during the recital
given by Placido Domingo,during the day, a polo field,
at night, the open theatre...

en la economía de la ciudad, por el abandono de los usos y la creación de otros nuevos en los mismos contenedores, por la modificación de la velocidad del transporte y, también, por la vocación escenográfica del espacio público metropolitano que vive sumido en las presiones de la televisión, la informática, el espectáculo y la luz artificial.

Esta nueva impronta que marca los cambios en la ciudad se observa en distintos hechos y fenómenos que emergen en su interior, en la flexibilización de los usos, por ejemplo. La cancha de Polo, un enorme tapiz verde donde por la mañana corren los caballos en medio de la ciudad es, por la noche, un anfiteatro para escuchar a un tenor de fama mundial. Los grandes depósitos de granos, los silos de Puerto Madero se convirtieron muy pronto en "lofts" para vivir o trabajar. Lo mismo ha pasado con fábricas en desuso que ya no necesitan tanta superficie para sus productos o que ya no fabricarán más estos productos. Una ciudad para los deportes sobre la costa del río se convierte en una micro ciudad completa alimentada con fibra óptica. Una base aérea se convierte en una ciudad de veinte mil habitantes. Un tramo de autopista de cincuenta kilómetros que se recorría en una hora y media, debido a la congestión, ahora se recorre en veinticinco minutos. Se ha triplicado la velocidad o se ha reducido tres veces el tiempo. Los parámetros de tiempo y velocidad se han convertido en factores de localización y descentralización de actividades. Debajo de los arcos de un puente ferroviario o de las autopistas se construyen restaurantes. Los diques de carena para reparación de barcos se convierten en torres de oficinas. La fábrica de submarinos en una feria de productos industriales. Y así, podríamos continuar con una interminable lista.

¿Cómo se autodefine en este permanente ajedrez la presencia de lo público en la metrópolis contemporánea? ¿Cuál es el lugar del espacio público en este maremagnum de cosas en veloz y permanente revisión estratégica? ¿Cuál es la forma del espacio metropolitano?

El arquitecto catalán Bea Goller, se pregunta: "¿Será en los espacios abandonados o heredados de los nuevos anillos de circunvalación, o en los aparcamientos, donde podamos encontrar gérmenes de los futuros espacios públicos?". Esta provocativa pregunta permite reflexionar sobre grandes transformaciones que entrañan un cambio para la vida en la ciudad.

Los factores de tiempo y espacio han alterado completamente la idea de proximidad, permanencia en un sitio y, por lo tanto, la característica misma del sitio. El espacio público nace y muere. Ya no parece suficiente la capacidad simbólica de "representar" lo público de un sitio sino la proximidad real de las actividades al sitio, la accesibilidad, la seguridad, el mantenimiento y la relación con los mojones de la vida en la ciudad. Lo que hoy es un espacio público atractivo, que ha elevado la calidad de su entorno urbano circundante, mañana se convierte en un lugar abandonado que irradia su decadencia a ese mismo entorno. No puede existir ya en la ciudad el espacio sin destino como no existe el no-significado.

En definitiva, el espacio metropolitano oscila entre dos límites extremos: la necesidad del vacío programado y la complejidad del espacio construído, en el que se entrelaza de nueva forma, lo público y lo privado. ■

Alto Palermo Shopping. Buenos Aires
Arq. Juan Carlos López y Asociados
Nuevos contenedores urbanos, nuevas escalas de la arquitectura urbana

Alto Palermo shopping, Buenos Aires
Juan Carlos López & Associates, archs.
New urban containers, new scale of urban architecture

Nudo Constitución
Impacto de la escala de la infraestructura vial

Constitución Node
The impact of the scale of road infrastructure

Area Puerto Madero, Buenos Aires
El colapso de las grandes infraestructuras y su reciclaje

The Puerto Madero area, Buenos Aires
The collapse of great infrastructure and its transformation

Estación Retiro desde la Terminal de Omnibus
Los nuevos espacios de la vida metropolitana,
arquitectura del movimiento

Retiro coach Terminal Station
The new spaces in metropolitan life, architecture of mobility

Arriba: Buenos Aires nocturno
El rol urbano de la altura: el *skyline* de la ciudad
Abajo: vías desde la Estación Constitución,
Buenos Aires

Above: Buenos Aires by night
Urban role of highrises: the city skyline
Below: the railway as seen from Constitución Station,
Buenos Aires

2. El Proyecto Urbano
y las tecnologías del ajedrez metropolitano
The urban project and technologies of the metropolitan chessboard

Acción urbana situacional y equilibrio público / privado

Situational urban actions and public-private equilibrium

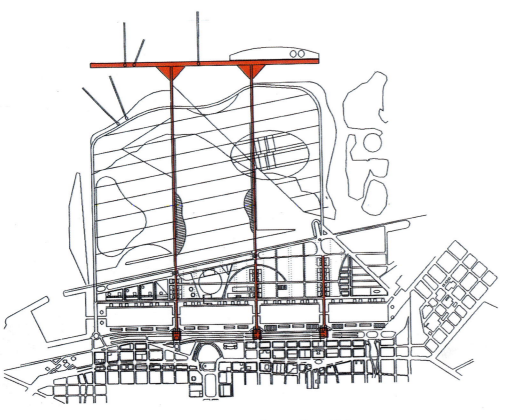

Concurso Puerto Madero
Propuesta Arqs. Baudizzone, Lestard, Varas

Puerto Madero Competition
Proposal by Baudizzone, Lestard, Varas, archs.

Como consecuencia de la velocidad que han adquirido los cambios en las ciudades, en la cultura y en la sociedad, en los últimos años se ha debatido largamente la característica de los instrumentos idóneos para poder actuar sobre ellas. Y, si bien la alternativa que enfrentó los conceptos de Plan y Proyecto a fines de la década del 70 ya no tiene vigencia alguna, en muchos casos, entre los que no se excluye el de Buenos Aires, todavía hoy la preocupación por los instrumentos parece ir por delante de las ideas a las que habrán de aplicarse. [1]

Al mismo tiempo que se suceden los debates académicos sobre instrumentos inaplicados, Buenos Aires carece hasta el momento de políticas urbanas claras para su crecimiento, aunque más no sea, de ideas sobre las que pueda desarrollarse la ciudad hoy y en el futuro inmediato.

Es cierto que se ha oscilado, por un lado, entre un implícito "no-plan" neoliberal, es decir, entre una "libertad" absolutamente librada a la presión de las leyes del mercado y guiada por una normativa genérica, y, por otro lado, la vocación nostálgica de restaurar un plan abarcativo con condiciones extremadamente fijas que ignoran las tendencias económicas y los procesos de cambio reales, ligado a un período del pasado en el que tanto la cronología de los procesos urbanos era más lenta, como la intervención del estado en las obras públicas era mucho mayor, estando la actividad privada en el espacio público reducida a su mínima expresión.

En ambos casos la presencia de la arquitectura queda relegada a un segundo plano. Ya sea porque la formalización de las propuestas corre por cuenta exclusiva de los privados sin ningún tipo de control o referencia general o porque el plan no contempla la realidad física.

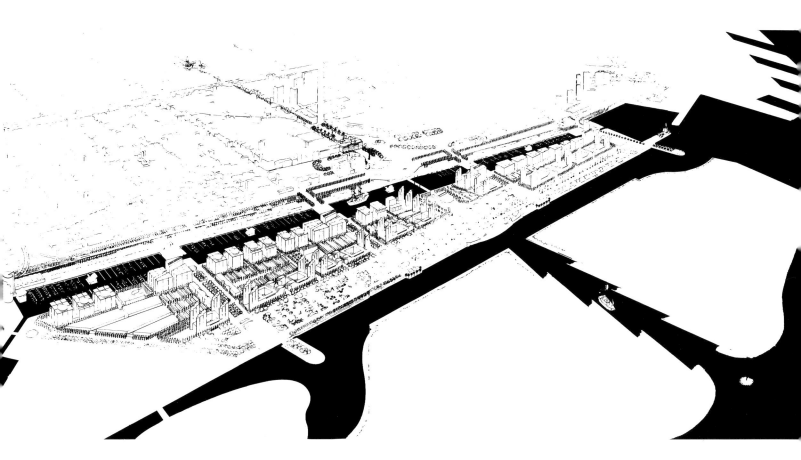

Plan estratégico para el Antiguo Puerto Madero, 1990
Técnicos de la ciudad de Barcelona y de Buenos Aires
dirigidos por Joan Busquets

Strategic plan for the Old Puerto Madero Site, 1990
Technical team of the city of Barcelona and Buenos Aires
directed by Joan Busquets

Proyecto de Remodelación del área Retiro
Arq. Antonini, Schon, Zemborain, 1980, perspectiva

Retiro railway station transformation project
Antonini, Schon, Zemborain, archs, 1980, aereal view

Actualmente la actividad privada participa más activamente en la creación del espacio público, pero, bajo ciertas condiciones de rentabilidad económica y, si bien, por razones de demanda se corre el riesgo de universalizar exclusivamente un "espacio público-espectáculo" que lo convierta en un "Walt Disney show" o todo "fast food plaza", también es cierto que otros espacios característicos y fundamentales en la vida de la metrópolis, como, por ejemplo, los espacios de transferencia de transporte, los aeropuertos, los estacionamientos, las estaciones de tren o las autopistas y casi todos los espacios para la vida cívica y la recreación activa de los ciudadanos han sido abandonados por la autoridad pública porque no forman parte de lo que parecen ser capaces de hacer. Es en estos espacios donde con mayor asiduidad se funde actualmente la relación público-privado. En este contexto y frente al desarrollo de los problemas de una metrópolis compleja, una elección "ideológica" entre planeamiento por fragmentos, plan global, plan estratégico, código o proyecto urbano es, en sí misma, un reduccionismo de la cuestión.

En todo caso, más importante que una selección, es la integración de todos o de partes de cada uno de los recursos disponibles dentro de un concepto de "realidad metropolitana" que está referida a las características arquitectónicas concretas del espacio público y privado de cada emprendimiento, de cada intervención.

La ciudad es vista así, fundamentalmente, como una red espacial en la que la información viva y mutante de su estructura requiere un relevamiento permanente y unos instrumentos variados y flexibles para poder actuar en ella introduciendo formas "oportunistas" del espacio público como un elemento ordenador a través del cual se podría reconstruir virtualmente la secuencia de las "situaciones" que reflejan la pulsión metropolitana.
Mientras los procesos infraestructurales que determinan las redes de relaciones básicas para la implantación o consolidación de los escenarios urbanos locales pueden regirse por sistemas más estables como los de la planificación vial o del transporte, las intervenciones "intersticiales" pueden tener una autonomía y variedad mayor, quedando ligadas a las técnicas del proyecto urbano concebido éste como la prefiguración de una realidad física urbano-arquitectónica concreta y dentro del marco de la gestión público-privada.
Sin embargo, teniendo en cuenta que la actualización y transformación de las infraestructuras por avances en la tecnología del transporte (TGV, sistemas de tren elevado, tecnologías de la manipulación y transporte de cargas, multiplicación y transformación de los sistemas de navegación fluvial, etc.), es posible pensar que también éstas se encuentran, a diferencia del pasado, entre los elementos "móviles", dentro del esquema de la intervención urbana.
Por eso la idea de arquitecturización de la infraestructura aparece como un instrumento esencial de la calidad de los entornos locales y especialmente del espacio público contemporáneo porque es uno de los elementos que será más modificado y más modificador de la ciudad.
El proyecto urbano de las grandes piezas de infraestructura junto a la reidentificación de los escenarios locales (acciones barriales o de mediana y pequeña escala, en el caso de Buenos Aires) aparece así como una demanda de primer orden en el actual proceso metropolitano de Buenos Aires. ∎

---

(1) Ver E. Ambasz: "El muro ha muerto: que vivan los muros". Revista CEPAU 1/96 Pág. 27.
Sobre el papel de la reglamentación edilicia para la reconstrucción de Berlín.

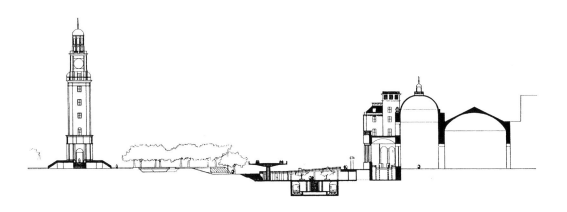

Proyecto de remodelación del área Retiro
Arqs. Antonini, Schon, Zemborain, 1980,
perspectiva y corte

*Retiro railway station transformation project
Antonini, Schon, Zemborain, archs., 1980,
perspective and section*

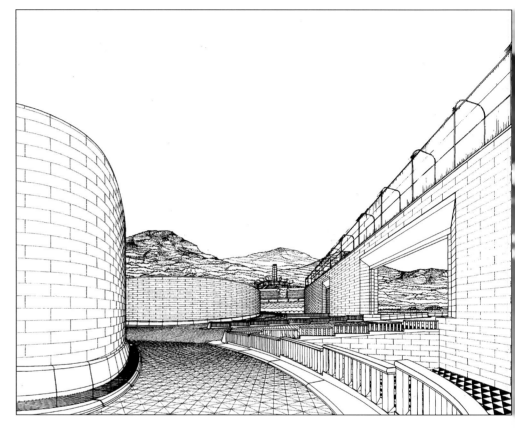

La Porta Meridionale, Palermo, Italia
Arqs. Machado and Silvetti, 1987

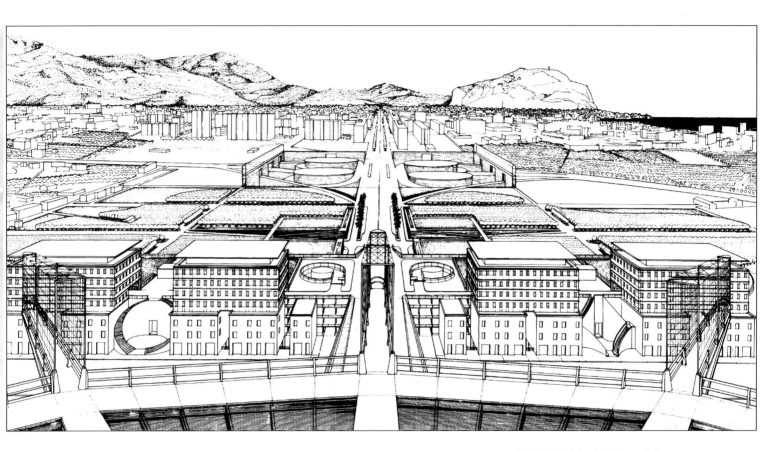

La Porta Meridionale, Palermo, Italia
Arqs. Machado and Silvetti, 1987

Perspectiva general, panorama de Palermo desde la torre
General view, sightseeing of Palermo from the tower

Café en el túnel peatonal de la Avenida del Libertador
General San Martín, Buenos Aires
La arquitectura marcando modestas infraestructuras urbanas

Café into a pedestrian tunnel at Libertador General San Martín Avenue
Architecture as a landmark of modest pieces of urban infrastructures

Arqs. Daniel Becker, Claudio Ferrari, 1995

Proyecto para el Museo del Diseño de la Ciudad de Buenos Aires
Recuperación de la torre de aguas en avenidas Callao y del
Libertador General San Martín, 1996

Project for the design museum of the City of Buenos Aires
Transformation of an old water tank on Callao Avenue crossing
del Libertador General San Martín Avenue

Arqs. Daniel Becker, Claudio Ferrari, Roberto García Balza

Dique 7, Puerto Madero, planta
Dock 7, Puerto Madero, plan

Arqs. Baudizzone, Lestard, Varas, 1994

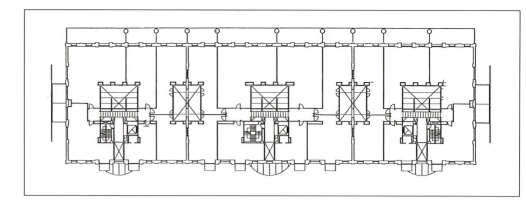

Dique 7, Puerto Madero
Dock 7, Puerto Madero

Arqs. Baudizzone, Lestard, Varas, 1994

Dique 8, Puerto Madero, maqueta.
Contenedores urbanos, nuevos tipos arquitectónicos

Dock 8, Puerto Madero, model view
Urban containers, new architectural types

Arqs. Baudizzone, Lestard, Varas y Asociados, 1994

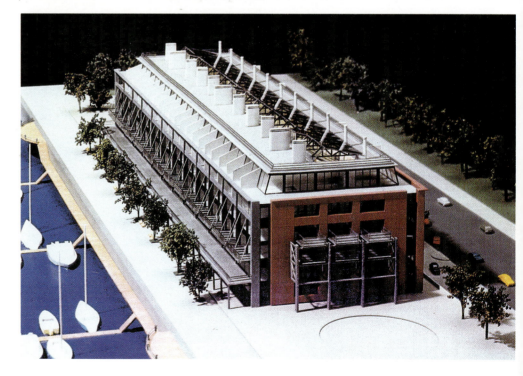

Conjunto Santa María del Plata, próximo a la Reserva
Ecológica
Nuevas escalas de intervención en el proceso de
terminación del "*waterfront*"

Santa María del Plata urban project by the Ecological Reserve
New scale of intervention in the process of finishing the
waterfront

Arqs. Baudizzone, Lestard, Varas, 1996

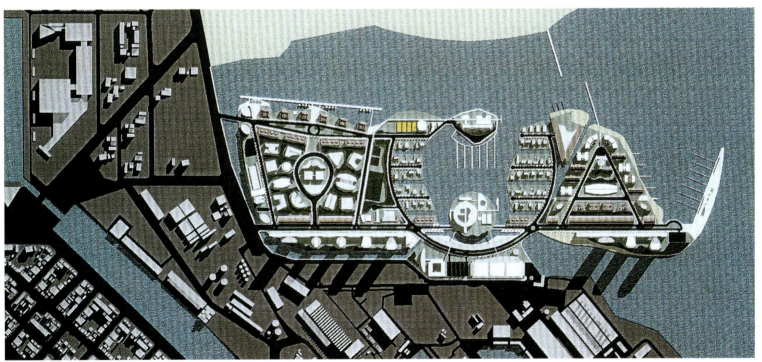

La Maratón de Buenos Aires
The Buenos Aires Marathon

Foto diario Clarín

Segunda parte

Part 2

Skyline, luz artificial, infraestructura:
ingredientes metropolitanos
Visión de los nuevos contenedores:
una torre de estacionamiento
Grupo Seminario Poiesis de Buenos Aires

Skyline, artificial light, infrastructure:
metropolitan ingredients
A vision of the new containers: a parking tower
The Buenos Aires Poiesis Seminar Group

Primer estudio de casos del proyecto experimental "Buenos Aires 2000"

First case study of the experimental project "Buenos Aires 2000"

La dimensión colosal de la arquitectura urbana
The colossal dimension of urban architecture

Prof. Jorge Silvetti, GSD, Boston
Prof. Alberto Varas, FADU, Buenos Aires

Alumnos: Grupo Córdoba / Ghilardi, Martelleto, Morini.
Grupo Buenos Aires / P. Torroja, M. Corvalán, G. Diéguez, J. Frigerio, L. Gilardi, R. Torras.

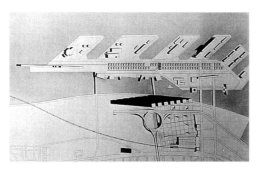

Plano de sector
Universidad de Córdoba / Grupo Seminario Poiesis

Plan of a sector
Córdoba University / The Poiesis Seminar Group

El seminario consistió en un taller proyectual experimental que se desarrolló simultáneamente en la ciudad de Buenos Aires y en la ciudad de Córdoba. Su eje temático abordó "la nueva dimensión de la arquitectura urbana". Las conclusiones y correcciones finales fueron en Buenos Aires.

Se trabajó sobre el área que va desde la Avenida del Libertador hasta las avenidas Ramón Castillo y Costanera Rafael Obligado, y desde la Avenida Ramos Mejía hasta la calle Jerónimo Salguero. Esta zona está actualmente ocupada por las vías y playas de maniobras de ferrocarriles que convergen a las estaciones de Retiro.

El principal problema planteado fue el de los grandes vacíos urbanos generados por infraestructuras, que datan de casi un siglo, ya obsoletas y que deben renovarse o ampliarse. Para este sitio se elaboró un proyecto "oficial" de renovación que denotaba la pérdida de su trascendencia simbólica.

Estos vacíos actúan como barreras urbanas, dejando grandes sectores de la ciudad separados entre sí, incluso en sectores de centralidad, provocando su degradación.

La intención fue encarar el ejercicio como un trabajo de laboratorio colectivo para el estudio de la ciudad contemporánea: la ciudad formada por la complejidad de diferentes estratos de espacios públicos, servicios e infraestructura urbana que, a través del tiempo conforman las áreas metropolitanas. El programa surgió de los propios alumnos mediante la observación crítica del sitio.

De todos los trabajos elaborados en el taller se seleccionaron dos, considerando no solamente la mejor solución al problema, sino el haber dado respuesta a los conceptos de adecuación y pertinencia. Adecuación entendida como la relación entre programa y proyecto, o proyecto y sitio, y pertinencia en el sentido de oportunidad de una determinada acción.

Uno de los grupos pertenecientes al grupo de la FADU-UBA, integrado por Mauricio Corvalán, Gustavo Diéguez, Juan Frigerio, Lucas Gilardi, Rodolfo Torras y Pío Torroja, propone la producción de conocimiento a partir de la indagación sobre los caminos de producción de la arquitectura y sus modos de representarla.

El otro proyecto perteneciente al equipo representante de la Universidad de Córdoba, compuesto por Ghilardi, Marteletto, Morini, y Morillo arriesga "soluciones" más adecuadas al problema urbano presentado, que pertinentes a la realidad de la metrópolis periférica. ■

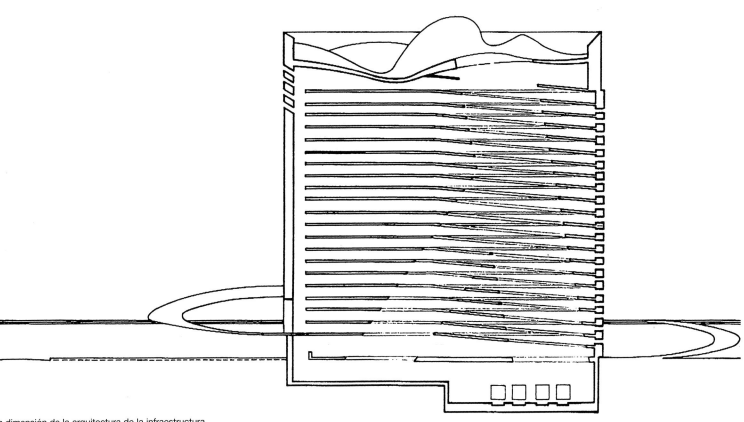

La dimensión de la arquitectura de la infraestructura,
fotomontaje y sección
Grupo Seminario Poiesis de Buenos Aires

*The dimension of architecture of infrastructure,
photomontage and section
The Buenos Aires Poiesis Seminar Group*

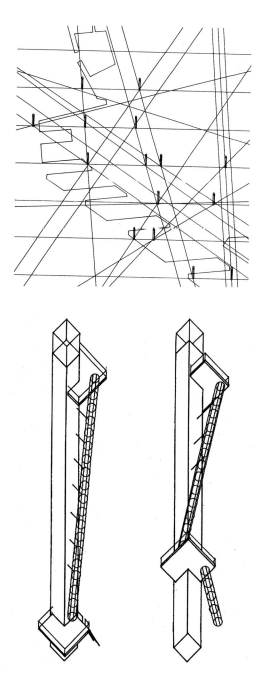

Torres en trama sobre Retiro
Grupo Seminario Poiesis de Buernos Aires

A grid of towers over Retiro
The Buenos Aires Poiesis Seminar Group

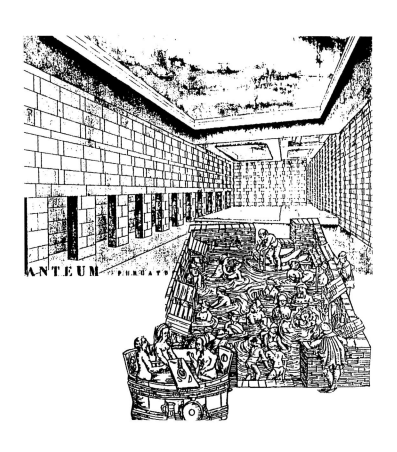

Exploración conceptual del
carácter de las instituciones
Grupo Seminario Poiesis
de Buenos Aires

Conceptual research on
the character of institutions
The Buenos Aires Poiesis
Seminar Group

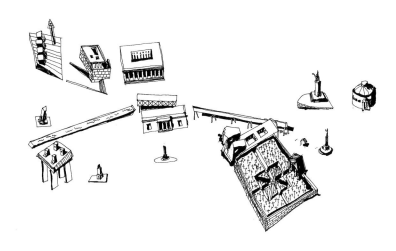

Objetos urbanos a escala territorial. El espacio de la luz
Grupo Seminario Poiesis de Buenos Aires

Urban objects of a territorial scale, the space of light
The Buenos Aires Poiesis Seminar Group

Los talleres comparados: Buenos Aires - Boston

The comparative studios: Buenos Aires - Boston

Taller FADU
Universidad de Buenos Aires

1994

Profesor Titular
Arq. Alberto Varas

Docentes
Arq. Daniel Becker
Arq. Claudio Ferrari

Profesores visitantes
Arq. Jorge Silvetti
Arq. Rodolfo Machado
Arq. Peter Rowe
Arq. Lauretta Vincirolli

Críticos invitados
Arq. Francisco Liernur
Arq. Alfredo Garay
Arqta. Odilia Suárez
Arq. Eduardo Leston

Trabajos de alumnos
- *S. Mastrantonio*
- *M. Lettieri, R. Papa, A. Toma*
- *L. Majernik, S. Walczak*
- *D. Bruzzone, P. Hagen, F. Rafaniello*
- *R. Malerba, A. Mestre, I. Quiroga*

Taller GSD
Universidad de Harvard

Primavera 1995

Profesor Titular
Arq. Rodolfo Machado

Asistente
Arq. Daniel Becker

Profesores invitados al jury final
Arq. Jorge Silvetti
Arq. Alberto Varas
Arq. J. Méndez Casariego
Arq. Jean François Lejeune
Arq. Peter Rowe
Arq. Alex Krieger

Trabajos de alumnos
- *P. Berca, T. Boaz, M. Fernández-Prado, D. Riedl*
- *N. Cooper, S. Lee, M. Cortina Rodríguez, N. Stanos*
- *T. Berge Andersen, Y.J. Huang, Ph. Membreno*
- *F. N. Fuster*

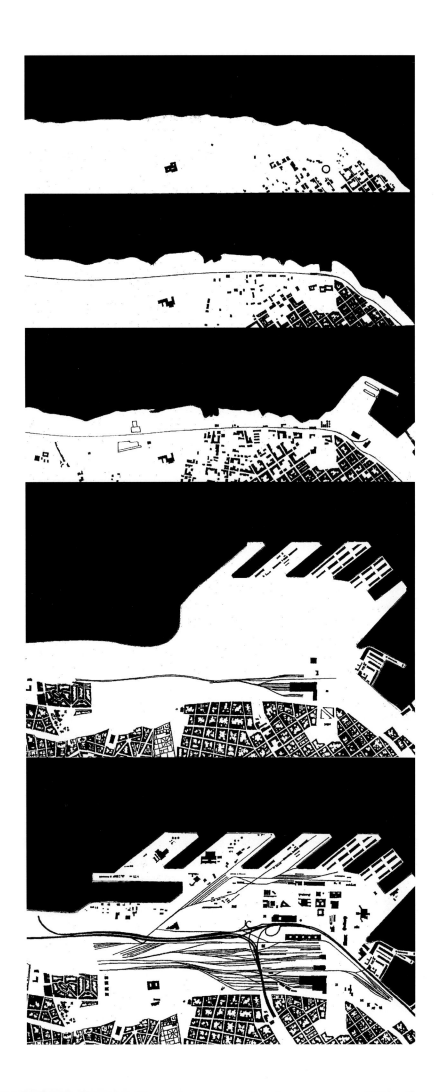

Area de Retiro, evolución histórica, 1700-1996
The Retiro site, historical evolution, 1700-1996

• El Taller de Buenos Aires en la FADU
Prof. Alberto Varas

The studio at Buenos Aires / FADU
Prof. Alberto Varas

Curso de Arquitectura 5. Facultad de Arquitectura, Diseño y Urbanismo Universidad de Buenos Aires, 1993 - 1994
Desarrollo de la estación Ferroviaria de Retiro y el área adyacente al Puerto Nuevo. Buenos Aires, Argentina

Tema
Tesis y trabajo final de carrera sobre el área de Retiro.

Ubicación
La zona de intervención comprende el área que va desde la Avenida del Libertador hasta la traza de las vías que fue definida por la CANAC (Consultores canadienses que actuaron en el área). En el otro sentido la zona abarca desde la Avenida Ramos Mejía, que bordea la Plaza Británica, hasta la calle Salguero.
En total la superficie del área es de aproximadamente 90 hectáreas.
El programa formó parte de la elaboración de la propuesta e incluyó una gran variedad de funciones que se enumeraron con carácter tentativo: desde el Nudo de Trasbordo de Pasajeros y la Nueva Estación de Ferrocarril hasta la residencia, las oficinas, áreas comerciales, culturales y de recreación.

Marco conceptual
El ejercicio tuvo varios ejes temáticos: el primero, fue el problema de la dimensión urbana y el condicionamiento que implicaba el trabajo en áreas de gran tamaño y complejidad y con un gran compromiso con las infraestructuras, lo cual constituye un fenómeno relativamente nuevo en Buenos Aires y un síntoma de metropolitanismo.
Se pusieron en discusión la forma y los mecanismos para la creación del espacio público contemporáneo en la metrópolis cuando las condiciones de producción de la arquitectura y el espacio urbano están fuertemente condicionados por las formas y técnicas del *urban development* mientras la intervención pública sufre una tremenda merma de recursos para intervenir en el espacio público de la ciudad.
La ecuación público / privado fue considerada, en este sentido, uno de los problemas esenciales en la ciudad frente a la demanda por la sociedad de un adecuado equilibrio de esta relación.

Por otro lado se analizaron los problemas del impacto y de la arquitecturización de la infraestructura, sea vial, portuaria o de transporte, como condicionadora de la calidad de vida y de la "visualidad" de la ciudad.
Otro eje conceptual del ejercicio fue el problema "técnico" de la colonización de áreas, tanto programáticamente como volumétrica y tipológicamente a fin de lograr un entorno urbano aceptable con una calidad arquitectónica concreta.
El punto de vista de la cátedra fue el de una estrecha relación entre arquitectura y espacio urbano, como garantía de la calidad final del espacio público a crearse.
Los arquitectos hemos cedido el rol de generadores de propuestas para la formación del espacio público en las ciudades a otras disciplinas como la economía, la sociología o la "planificación científica", relegándonos, muchas veces, a un papel de escenógrafos del espacio público, una vez que éste ha sido creado en sus aspectos estructurales.
La idea de la estructuración disciplinar y la adquisición de un conocimiento que permita la recuperación de ese rol, fue un punto esencial en la estrategia conceptual del ejercicio y de los conocimientos a impartir.
La capacidad de un manejo integral de la dimensión, la tipología, el sentido de la función urbana, la escala y el significado, representaron sólo algunos de los ítems que fueron parte de la discusión para lograr la comprensión de la dimensión física del espacio público y privado que conforma la "materialidad" de la ciudad.

Aspectos pedagógicos
El ejercicio se encararó como un trabajo de laboratorio colectivo para el estudio de la urbanidad contemporánea.
La discusión colectiva y en grupos, de las estrategias principales de los distintos planes y proyectos asumió el carácter de "oficina", de manera de producir un modelo de simulación de la práctica de un taller de proyectos urbanos.

Se elaboraró, además de los planos y una maqueta en escala conveniente, una tesis escrita acompañada de los gráficos y dibujos necesarios, entendiendo a ésta como la postura personal de cada alumno para encarar el problema. Este paso requirió una investigación crítica previa de casos y antecedentes de la cual derivaron los lineamientos teóricos y objetivos a alcanzar en el proyecto.
Las propuestas alcanzaron un alto nivel de definición arquitectónica que se expresó en maquetas y perspectivas como herramientas fundamentales de trabajo.

Temas tentativos considerados
Los siguientes fueron algunos de los temas sugeridos para la elaboración de una estrategia para el área.

- Elaboración de un proyecto integral para un Nudo de Trasbordo de Pasajeros que incluya la Nueva Estación del Ferrocarril y la Estación de Colectivos.
- Consideración de la barrera urbana que significa el trazado de las vías y de la autopista.
- Relación de la masa urbana construída de la ciudad expresada en forma particular como borde a lo largo de la Avenida del Libertador.
- Posible consideración de un área verde sobre Avenida del Libertador que continúe el área verde de escala metropolitana desde Avenida Callao hasta Retiro.
- Implicancias urbanísticas de la traza de la Avenida 9 de Julio como nudo de transferencia de transporte e infraestructura urbana.
- Carácter del acceso a la ciudad desde la autopista 9 de Julio. Puerta urbana.
- Relaciones con los edificios importantes de la zona que actúan como señaladores arquitectónicos.
- Nuevo borde sobre las vías del ferrocarril.
- Creación de espacios públicos de escala metropolitana. Naturaleza de estos espacios.
- Paseos, parques, propuestas de uso para el espacio libre no edificado. ■

• *Franjas tematizadas y parque urbano rampado*

Thematic bands and ramped urban park

Sergio Mastrantonio

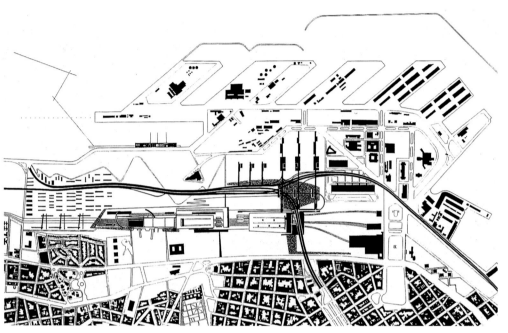

Plano de fondo y figura
Figure-ground plan

El proyecto parte de la lógica de reducir la malla de infraestructura vial. Planteando su funcionamiento subterráneo se provoca una nueva superficie topográfica que genera franjas tematizadas acompañadas por un parque urbano de forma rampada.

Las franjas se reglan por la nueva red de vías y límites del sitio. Se posibilita así una urbanización extendida horizontalmente, a la que se le superpone una gran densidad de actividades culturales, deportivas, recreativas; delimitadas éstas por construcciones de viviendas.

Los programas contemporáneos, abstractos en su dimensión y por no pertenecer a un lugar o ciudad específica, encuentran acá el sitio de máximas conexiones donde desarrollarse y gravitar de manera optimista.

Programa:

El nuevo paisaje pone en escena un movimiento en secuencias programáticas y arquitecturales en forma interrelacionada en distintos estratos acorde al reclamo metropolitano del sitio.

• **1ra. Etapa:** generación de los límites topográficos; paso subterráneo y entubamiento de vías de tren creando paradas intermedias con capacidad de estacionamientos subterráneos. Conformación del parque rampado.

• **2da. Etapa:** superposición de todas las potencialidades funcionales sobre las franjas delimitadas topográficamente, a partir de un recorrido desde Retiro hasta la Avenida Figueroa Alcorta planteando una secuencia cultural: centro de convenciones, salas de exposiciones, autocine conectado a ramal de autopista, con estacionamientos subterráneos y un microestadio, hotel y apart hotel ligados a estaciones de transferencia de trenes, micros y automóviles.

• **3ra. Etapa:** desarrollo progresivo de consolidación de viviendas de distintas tipologías frente al río. Desarrollo de actividades comerciales y llegada de aliscafos sobre el río. ∎

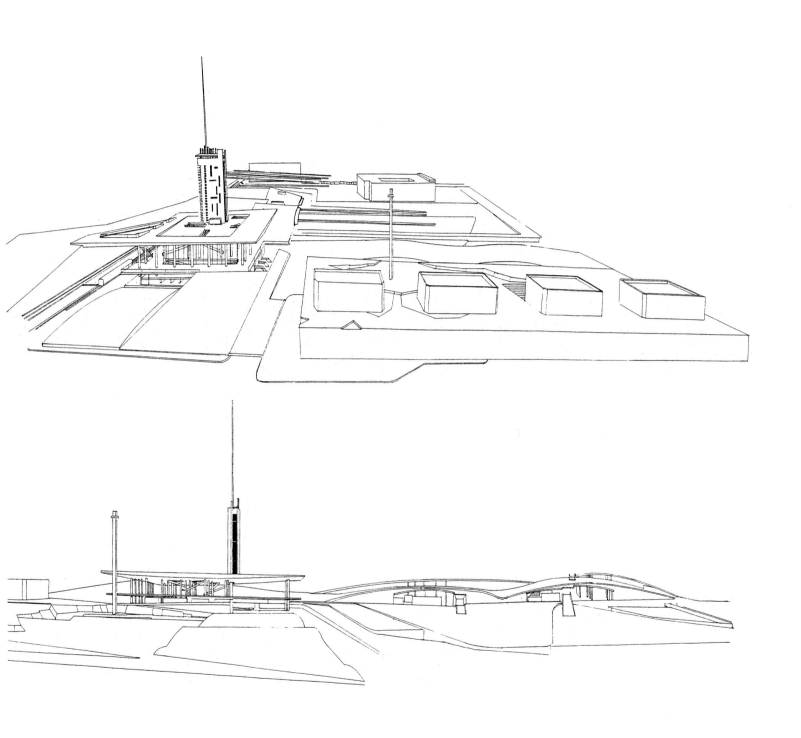

Croquis
Sketches

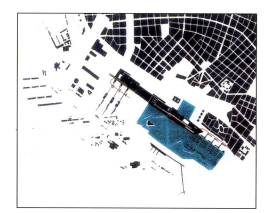 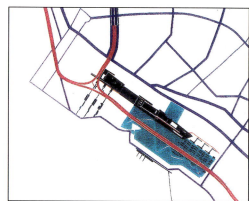

Esquemas generales
Site plan

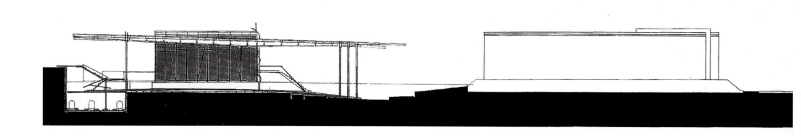

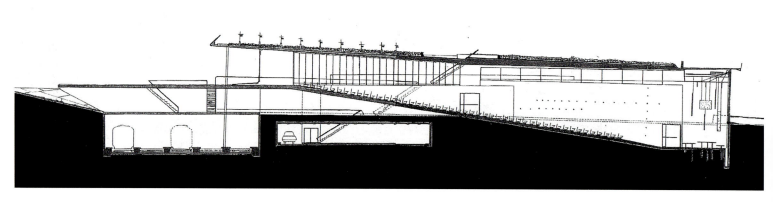

Secciones
Sections

Maqueta
Model view

• *Yuxtaposición del parque público y de la infraestructura*

Infrastucture and public park yuxtaposition

Mariana Lettieri
Roxana Marisa Papa
Andrea Fabiana Toma

Al reconocer el área de Retiro como punto de máxima concentración de relaciones, no dejamos de pensar que al mismo tiempo es una gran oportunidad que se nos brinda para reconquistar el espacio público, el derecho al verde, a nuestro río, y al encuentro masivo.

Nuestra intención es conservar la identidad del lugar, reconociendo los problemas potenciales existentes, a través de su transformación y refuncionalización, incorporando nuevas tecnologías a los servicios.

La decisión de trabajar la horizontalidad, de tomarnos más del suelo en el sector de transferencia, o de liberarlo en el gran parque, no significa para nosotros "rechazar" la trama histórica de Buenos Aires, sino, ante el borde consolidado de Avenida del Libertador, respetar el cierre natural de la ciudad, permitiéndole una mejor relación con el río.

Una gran plaza a escala metropolitana conecta el tránsito peatonal con los servicios de transporte público (colectivos de corta, media y larga distancia; taxis; monorriel), y en un subsuelo se encuentra un *parking* que alberga aproximadamente 2400 automóviles. Como remate de la plaza, emerge un edificio multifuncional (estación de ferrocarril con sus oficinas, oficinas permanentes y temporarias con sus estacionamientos; terminal de subte; parada del monorriel, y edificio de comunicaciones) con la posibilidad de servir a distintos usos gracias a su flexibilidad. ■

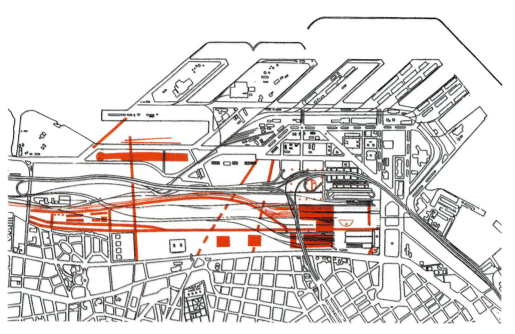

Plano síntesis
Diagramatic plan

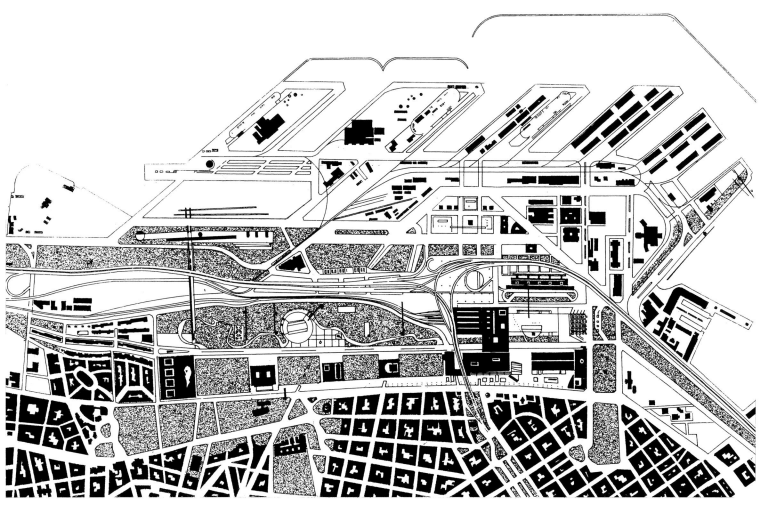

Arriba: fondo y figura con expansión de la zona portuaria.
Abajo: planta general.

Above: figure-ground plan showing the expansion over the harbor area.
Below: site plan.

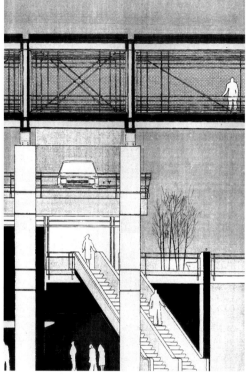

Sección y elevación, Estación de Transferencia
Section and front elevation of the transfer station

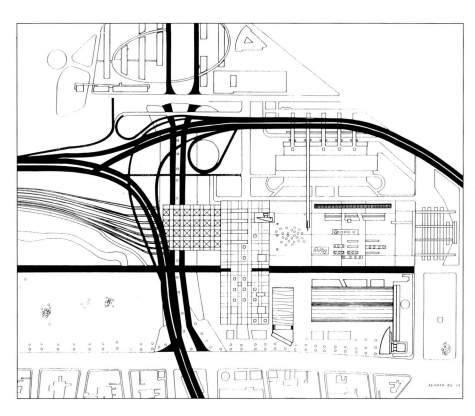

Planta de techos con trazado de autopista
Roof plan with highway

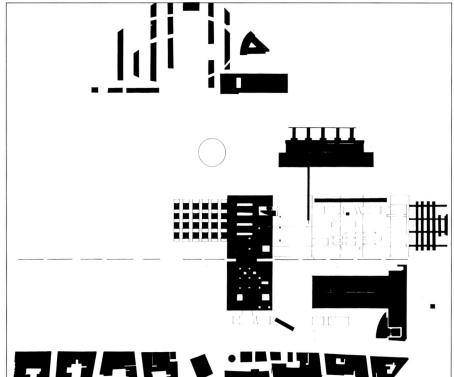

Plano de fondo y figura
Figure -ground plan

Laura Majernik
Sandra Walczak

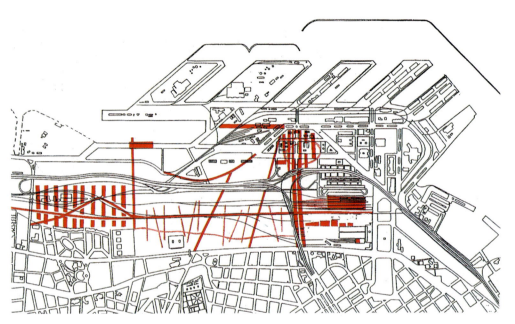

Plano síntesis
Diagramatic plan

La línea del ferrocarril y el trazado de la autopista crearon una barrera urbana que dividió la ciudad en dos zonas prácticamente desvinculadas entre sí.

La propuesta intenta reunificar estas zonas prolongando la Avenida 9 de Julio. Este cruce está diseñado para crear un nuevo paisaje urbano, en el cual convergen situaciones tales como el cruce del boulevard, los andenes, la gran altura de un gran techo, el monorriel, la autopista, culminando en la Avenida Rafael Obligado.

Creamos un gran estacionamiento debajo del nudo de la autopista para dar una solución al problema de tránsito y responder a un programa de necesidades de la ciudad.

Para destrabar el nudo Libertador-Figueroa Alcorta, se propone la prolongación de Callao, Pueyrredón y Tagle hasta Rafael Obligado y Madero, las cuales pasarían por debajo del terraplén ferroviario y se conectarían con la zona portuaria, recuperando la conexión con el río. ■

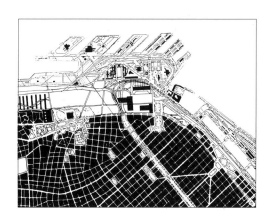

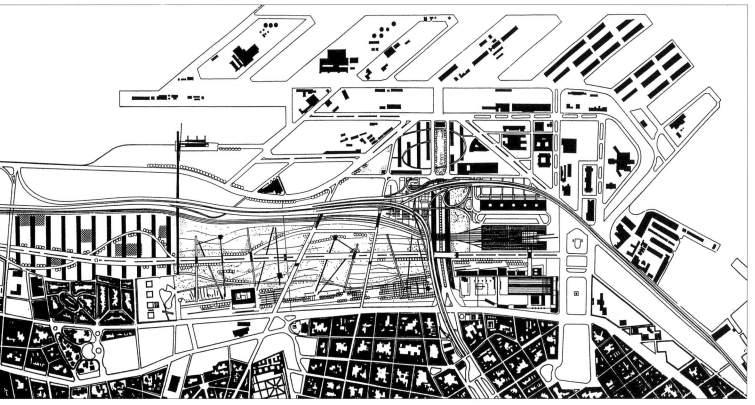

Plano de fondo y figura
Figure-ground plan

Fondo y figura del sistema del tránsito vehicular
Figure-ground plan of the motor transit system

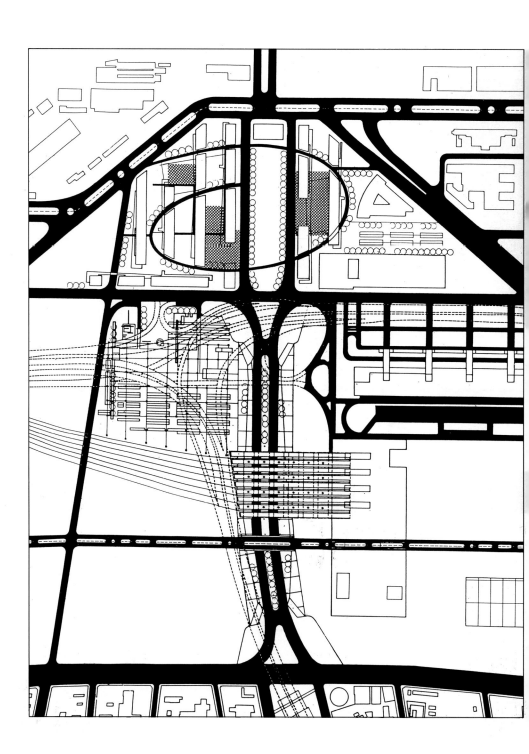

Maqueta
Model view

Sección
Section

Dino Bruzzone
Paula Hagen
Fernando Rafaniello

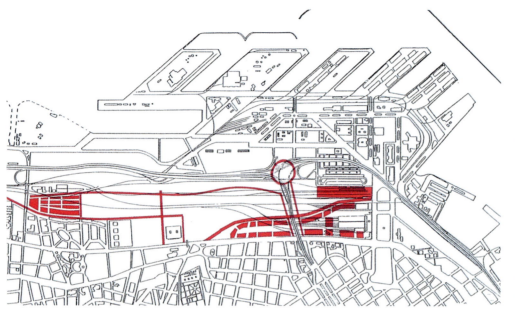

Plano síntesis
Diagramatic plan

El proyecto retoma los lineamientos del Master
Plan generados por el Municipio
y la CANAC, que responden a un estudio de
factibilidad realizado oportunamente.

La Avenida del Libertador es actualmente una
barrera contundente para la integración de la
ciudad con el área de Retiro. La creación de un
nuevo frente urbano del otro lado de
Libertador, permite incorporar dicha avenida
"dentro" de la trama urbana, salvando la
fractura urbana existente.

En el espacio generado entre la nueva Avenida
y Av. del Libertador, se resuelve una nueva
tipología de manzana, en cuyo interior se
conforman espacios verdes y peatonales,
culminando en una gran área pública de
exhibiciones culturales al aire libre, donde la
vieja estación del Ferrocarril Mitre se
refuncionaliza como nuevo centro de
exposiciones.

El área de transportes se materializa con un
gran hall, a escala metropolitana, que conecta la
nueva estación de ferrocarriles, con la de
subterráneos y ómnibus. Es el intercambiador
urbano en el nuevo hall de la ciudad.

"La Puerta" de la ciudad se centraliza en el
nudo de Autopista, que ocupa una gran
extensión de terreno, el cual aprovechamos
para la creación de un gran estacionamiento
unido a la ciudad por un puente que prolonga
la Avenida 9 de Julio sobre las vías del
ferrocarril. Se intenta así ofrecer una solución
no sólo a los problemas de estacionamiento
de la ciudad de Buenos Aires, sino potenciar
espacios remanentes que generan la
infraestructura urbana. ■

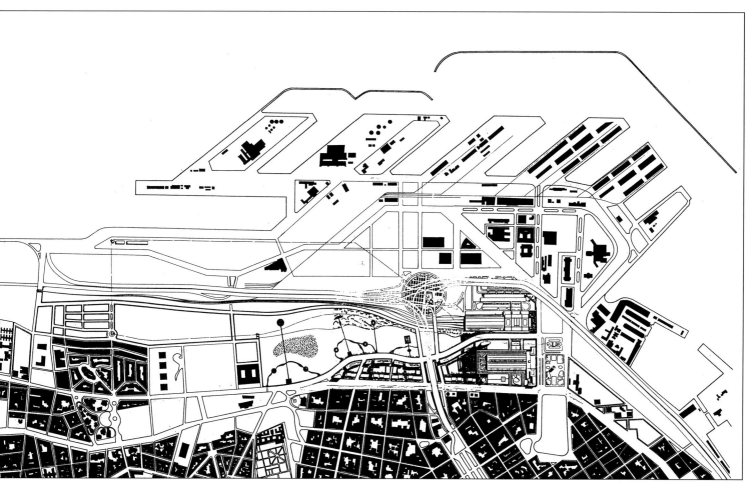

Planta general
Site plan

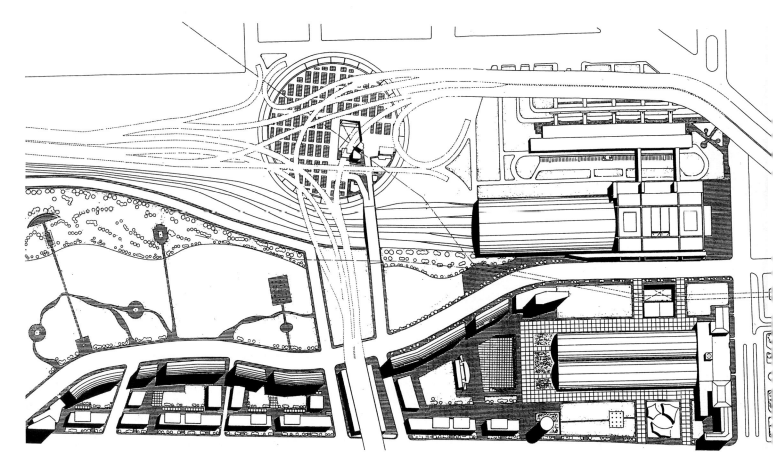

Planta del nudo de autopistas
Plan of the highway's node

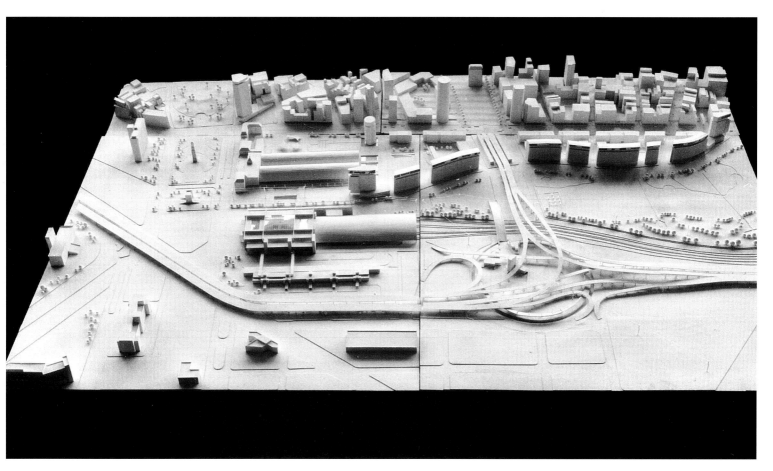

Maqueta
Model view

• *Sectorización según distintas actividades*

Sectorization according to different activities

Rita Malerba
Alejandra Mestre
Inés Quiroga

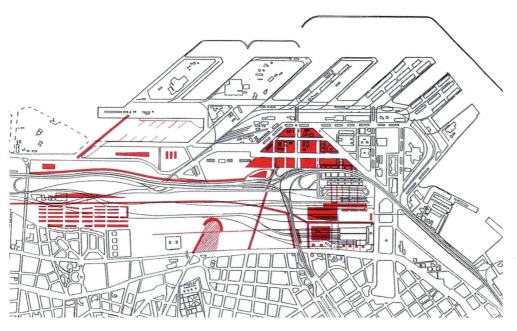

Plano síntesis
Diagramatic plan

Frente a la realidad urbana de la ciudad y del sitio, se tomó partido por concentrar los elementos de la infraestructura de transporte en una cabecera más densificada que concentre todos los medios y el sistema de estacionamientos urbanos constituyendo un centro de intercambio de transporte urbano. Se liberan así, nuevas zonas verdes que constituyen puntos de encuentro masivos y se revitaliza el puerto con la creación de sectores de actividades recreativas y deportivas. De esta manera, intentamos diluir la barrera urbana creada por la autopista y las vías del ferrocarril.

El planteo para la zona, parte de la división en tres sectores claramente diferenciados.
a. El área delimitada por la Avenida del Libertador, la autopista y la Plaza Británica. Este sector, a su vez, está integrado por otros tres. El primero conformado por torres de viviendas frente a las torres existentes de la Avenida del Libertador.
En el segundo sector se encuentran la estación Mitre, que reciclada funciona como centro de exposiciones, y un centro de convenciones. Por último, el tercer sector tiene un programa funcional más complejo. Incluye la estación de trenes de corta y larga distancia, terminal de micros, terminal de colectivos, estación de subterráneos y un área para estacionamiento. Existe también una gran plaza que puede considerarse como el atrio de todo el complejo.
b. El área verde: este sector se relaciona con el sistema de parques de la ciudad. Alberga, entre otros, el Edificio de la Música, considerando así una actividad faltante en esta área. Un anfiteatro al aire libre, ubicado a continuación de la barranca de Plaza Francia, constituye un posible punto de encuentro masivo para la realización de espectáculos públicos.
c. Se densifica la zona de Barrio Parque con la extensión de un nuevo barrio de viviendas, que cuenta con un complejo barrial cultural y comercial.

Estos tres sectores se encuentran vinculados a través de un boulevard que conecta la avenida Ramos Mejía con Salguero. ∎

Planta general
Site plan

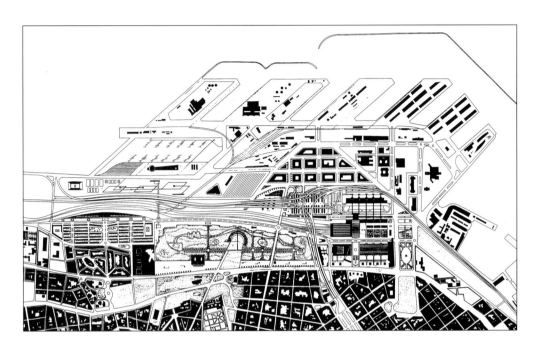

Planta de sector
Sector plan

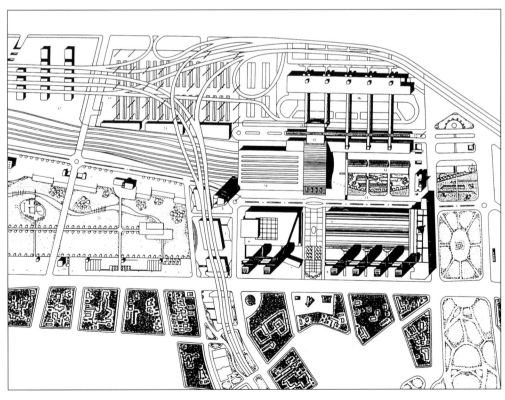

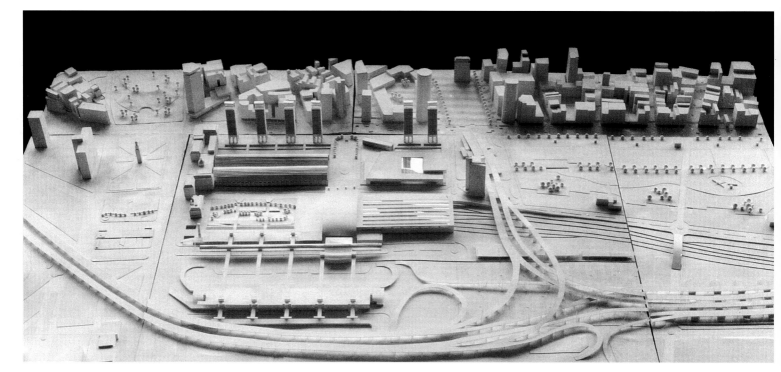

Maqueta
Model view

Perspectivas del interior remodelado de la Estación Mitre
Perspectives of the interior of the transformed Mitre Station

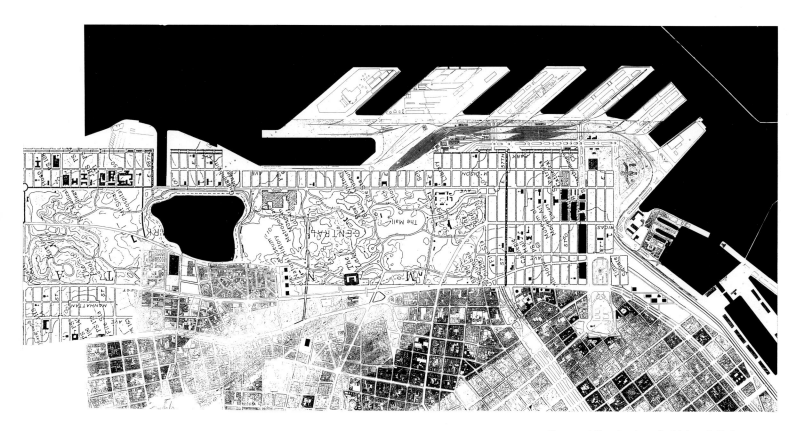

Superposición a igual escala del área de Retiro
y el Central Park de New York

*Same scale overlapping of the Retiro Railway area and
New York's Central Park*

Martín Fernández-Prado

• El Taller de Boston en la GSD
Prof. Rodolfo Machado

The studio at Boston/GSD
Prof. Rodolfo Machado

Curso de Diseño Urbano. Graduated School of Design
Universidad de Harvard, febrero / mayo de 1995
Desarrollo de la Estación Ferroviaria de Retiro y el área adyacente
al Puerto Nuevo. Buenos Aires, Argentina

El curso tuvo como objetivo proponer una intervención urbana en un sitio de excepcionales características ubicado en la ciudad de Buenos Aires. El área de intervención que cubre una gran superficie (alrededor de 90 hectáreas), está ubicado próximo a una prestigiosa área residencial y comercial de gran valor económico ligada a la historia de la ciudad. Se ubica a los pies de una barranca densamente construída. El lugar, ocupado hoy por una parrilla de vías ferrroviarias, es lugar privilegiado entre el río, la malla de la ciudad y el puerto. Tiene una gigantesca escala y, como es corriente en los terrenos pampeanos, es básicamente plano. Nunca antes ha sido construído (la estación de Retiro, propia del siglo XIX, con sus vías e instalaciones ferroviarias, son sus ocupantes originales). Representa una de las pocas oportunidades restantes de la ciudad para contribuir a su desarrollo urbanístico contemporáneo y futuro.

Los alumnos generaron tres Planos Maestros trabajando en equipos (alrededor de 3 semanas), para luego identificar sitios estratégicos a desarrollar.
Durante el receso se viajó a Buenos Aires para visitar el sitio y tener entrevistas con autoridades públicas y privadas, interesadas en desarrollar el área. En forma adicional a las correcciones acostumbradas, se realizó un jurado en la Facultad de Arquitectura y Urbanismo de la Universidad de Buenos Aires, con el apoyo de profesores relacionados con el tema.

El curso se desarrolló bajo el siguiente marco conceptual:

En estos días, prevalecen ciertas presunciones, que inclusive están de moda, que se refieren a la cultura del proyecto urbano.

- Se presume que porque el milenio está terminado, también lo está la llamada "ciudad tradicional" (tal vez nos gustaría argumentar sobre la posibilidad que tiene la ciudad tradicional de ser reinterpretada, reestructurada en su tamaño, etc.). Esta problemática es utilizada para justificar insatisfacciones personales o para satisfacer una estética personal.

- Se presume que porque han habido cambios programáticos en la metrópolis, estos nuevos programas ya no pueden ser incorporados en las estructuras urbanas heredadas (siendo la mayoría, con grilla ortogonal, tradicionalmente ordenada, y con una estructura urbana de jerarquías), o en los edificios urbanos. Además se asume que la grilla urbana como estructurador geométrico ya no es representante de "nuestro tiempo", y por lo tanto, debería ser cambiada por otras geometrías.

- También se ha considerado, que el mundo es único y global, que la igualación cultural reinará para siempre, que las diferencias culturales ya no existen o no interesan para nada. En algunos casos se cree que la especificidad cultural es cosa del pasado (ésto en realidad elimina al "otro", y debería interpretarse como la mayor estrategia de colonización).

El curso se desarrollará contra este campo ideológico, cuestionando seriamente aquellas presunciones infantiles. Inclusive, asumiremos que la invención arquitectónica es necesaria, que como siempre lo "sin precedente" puede ser concebido y diseñado y que el arquitecto es cultural y profesionalmente responsable. En otro nivel, también asumiremos que la urbanidad de Buenos Aires, su cultura urbana y su cultura construída necesitan ser reinterpretadas. ∎

R.M.

Master Plan 1:
Continuación del sistema de parques de la ciudad
Nuevo frente urbano

Master Plan 1: Extension of the city's park system. New urban front

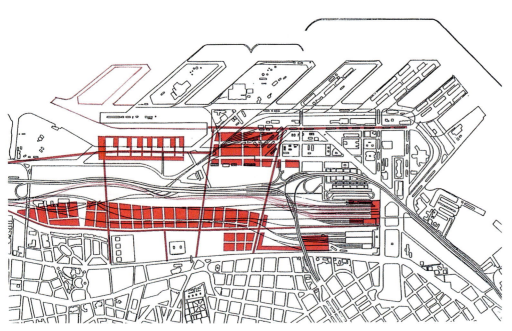

Plano síntesis
Diagramatic plan

• *Expansión del área portuaria*

Extension of the harbor area

Paolo Berca
Tracy Boaz
Martín Fernández-Prado
Dale Riedl

El describir un Master Plan para el área de Retiro, es un intento de dar una imagen y una estructura a un enorme sitio, el cual ha sido percibido desde siempre como el fin físico de la ciudad.
El sitio presenta uno de sus bordes muy urbanos: comienza en el borde noroeste en la Plaza Británica donde tres viejas estaciones de tren con imagen de la primera revolución industrial, se mezclan con una ciudad de características europeas. Esta imagen no debería perderse en el rediseño del área.

Tanto la inmensidad del sitio como la de la infraestructura recién construída -la autopista-, expresan la inconveniencia de una visión totalizadora por una parte, pero al mismo tiempo, la necesidad de algún tipo de estructuración general que convierta a esas infraestructuras en parte del conjunto urbano. Dicha estructuración se logra con un *boulevard* central que actúa como la columna vertebral de un proyecto de casi 2 kilómetros de largo. Una combinación de diferentes partes con caracteres distintos, derivados del propio programa y las condiciones del sitio, es lo que propone el Master Plan.

Tres áreas diferentes se proponen dentro del Master Plan: primero a lo largo del *boulevard* una extensión de la ciudad basada en una nueva grilla urbana; segundo, un parque lineal a ambos lados de las vías y de la autopista como corolario de un sistema de parques a escala de la ciudad paralelo al río; tercero, la renovación del área portuaria con una grilla para edificios industriales. Junto a esto se agregaría una dársena nueva y la utilización de la dársena F como un paseo público, con una estación de lanchas colectivas, como nuevo medio de transporte entre puntos estratégicos cercanos.

Maqueta, vista hacia el sur
Model looking south

Maqueta
Model view

Maqueta, vista hacia el oeste
Model looking west

El principio del *boulevard* es el resultado de la nueva ubicación de la estación de tren. A lo. largo de éste, una serie de eventos suceden: un área de centro de convenciones y museo, un parque urbano, edificios de oficinas y finalmente un área residencial como expansión del Barrio Parque. El *boulevard* continúa paralelo a las vías del ferrocarril elevadas, hasta desembocar a la altura del Paseo de la Infanta. Las avenidas Callao, Pueyrredón y Tagle, cortan diagonalmente el *boulevard* atravensado el sitio, y comunicando el nuevo desarrollo con la zona portuaria y la dársena F.

Comentario

Este *master* tiene sus mayores virtudes desde una macroescala. La prolongación del sistema de parques de Palermo llegando hasta la estación de micros, la relación del *boulevard* estructurador del plan como continuación de una avenida paralela a los arcos del ferrocarril, el crecimiento del puerto con una nueva dársena y con un acceso independiente desde la autopista, la desafectación al puerto de la dársena F, con la nueva función de puerto de lanchas colectivas que unen distintos puntos de la costa, y la creación de un nuevo frente de la ciudad paralelo a las vías del ferrocarril, son "jugadas" estratégicas para relacionar el sitio a toda la ciudad. ■

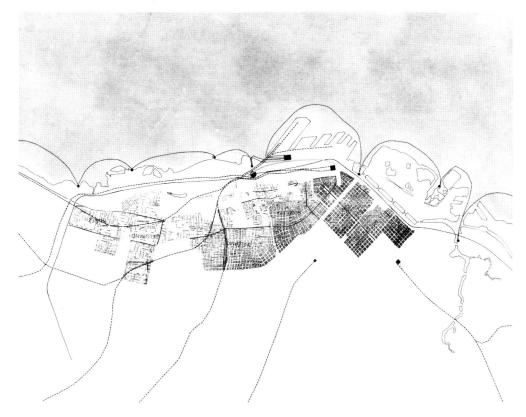

Arriba: Puertos para lanchas colectivas, diagrama de circulación fluvial y ferroviaria
Abajo: Costanera Norte de Buenos Aires

Above: Boat Station and scheme of fluvial and railway circulation
Below: "Costanera Norte" of Buenos Aires

Martín Fernández-Prado

Perspectiva
Perspective view

Martín Fernández-Prado

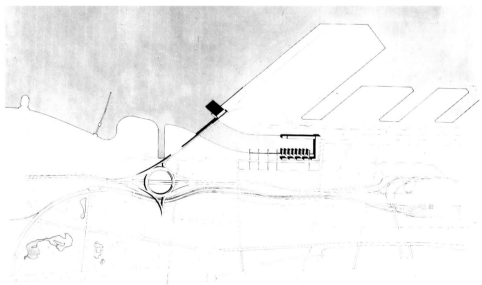

Planta Dársena "F" con crecimiento previsto
Dock F, plan with previewed growth

Martín Fernández-Prado

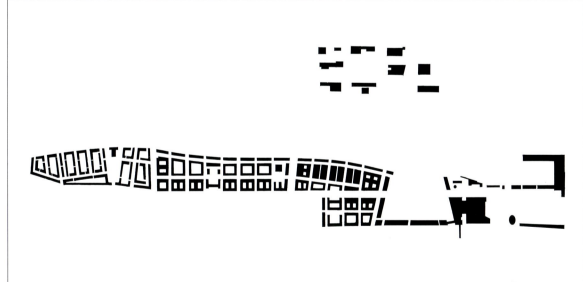

Arriba: continuación del sistema
de parque urbano
Abajo: plano de fondo y figura

*Above: continuity of the system of urban
park*
Below: figure-ground plan

• Desarrollo de un sector: Parque urbano y puerta de acceso a la ciudad . Valorización de la arquitectura

Development of a sector: Urban park and access door to the city. Architecture appraisal.

Paolo Berca

Parque urbano y puerta de acceso a la ciudad
Urban park and door to the city

El problema

Esta parte del Master Plan está asociada con el parque urbano.
Es el inicio o el fin -dependiendo por donde se entre- de un parque lineal que contiene las infraestructuras -autopista y vías del ferrocarril- del área.
El parque tiene una posición particular dentro del Master Plan. Enmarca la entrada a la ciudad y conecta dos partes diferentes del proyecto: un sector de edificios de oficinas y un área pública definida por un centro de convenciones, hoteles y algunos museos. El problema del sitio que ha sido tomado es la creación de un nuevo acceso a la ciudad desde la autopista en la intersección con la Avenida del Libertador.

Los objetivos

La percepción de un "lugar" desde la autopista es lo que define las características del parque. Este está concebido como una apertura con carácter propio en el sistema de parques lineales con el propósito de integrarlo a la ciudad.
En la definición del acceso o "puerta" se trató de definir temas arquitectónicos específicos tales como "la esquina", el espacio del bajo autopista, una recova a lo largo del *boulevard,* y la coronación de los edificios como un intento de reinterpretar el fenómeno de la modernidad en Buenos Aires.

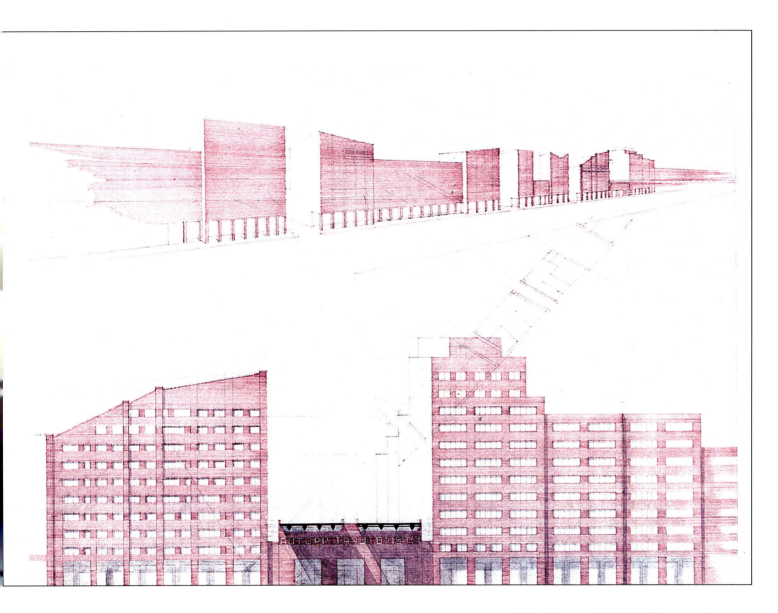

Puertas de acceso a la ciudad, vista y perspectivas
Doors to the city, front view and perspectives

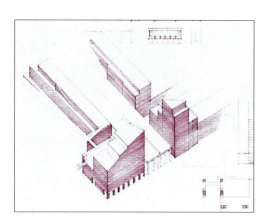

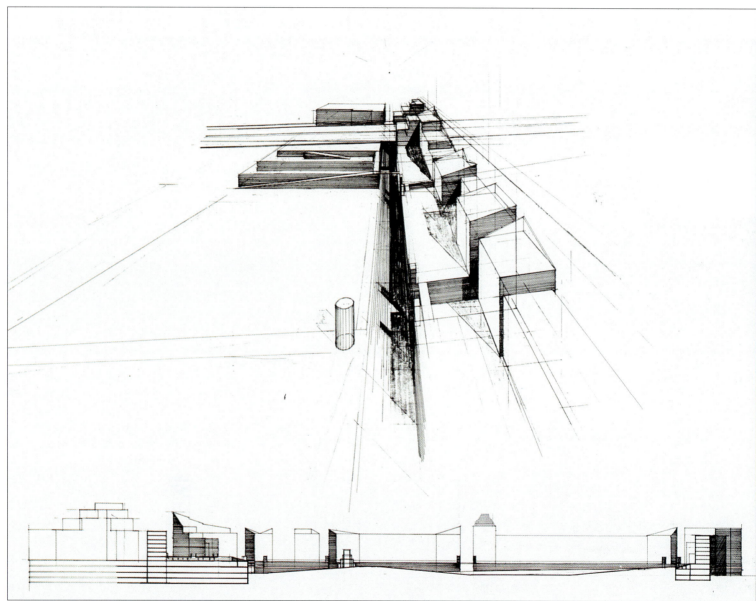

Axonométrica del acceso a la ciudad
Axonometric view of the access to the city

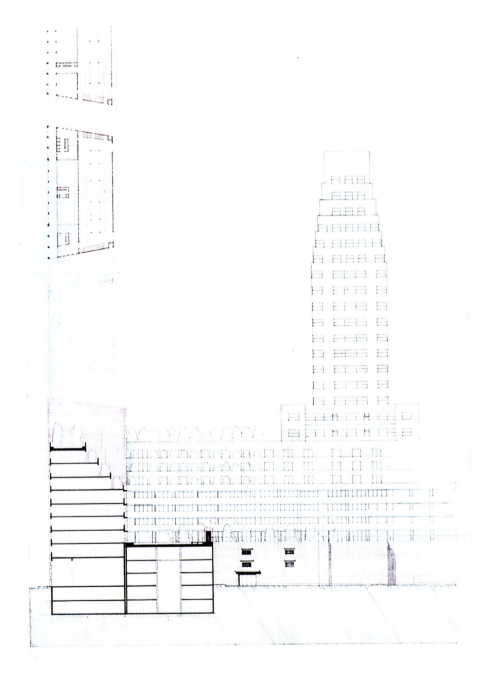

El parque y los edificios

Desde una óptica más cercana, el parque se revela como un sistema de rampas que une espacios verdes a diferentes niveles, incluyendo el nivel de la autopista. Los edificios están alineados a lo largo del perímetro del parque. En los basamentos se ubican centros comerciales combinados con estacionamientos, y en la parte alta, oficinas, hoteles y viviendas. Una serie de torres marcan las intersecciones entre edificios.

Comentario

Desde un punto de vista urbanístico, el marcar el acceso a la ciudad con un parque urbano o con una puerta de acceso monumental, pareciera ser una idea fuerte, especialmente en relación al sistema de parques que se extiende desde la zona norte. Si bien no es cuestionable el carácter del parque, sí lo es el parque desde un punto de vista tipológico, ya que tiene características más relacionadas con un Hof Vienés, que con el típico parque urbano dentro de una trama generada por las Leyes de Indias. Es especialmente rescatable el intento de reinterpretar la arquitectura moderna adaptada a cuestiones pragmáticas. ■

Sección del parque urbano
Section of urban park

Master Plan 2:
Gran parque urbano hacia el río

Master Plan 2: New urban park along the river

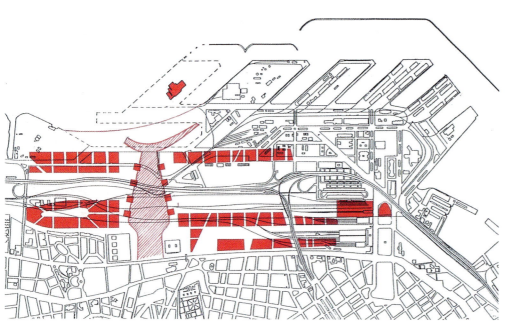

Plano síntesis
Diagramatic plan

• *Reubicación de la nueva Estación de Retiro*

Relocation of the new Retiro Railway Station

Nazneen Cooper
Stephen Lee
Marcela Cortina Rodríguez
Nicholas Stanos

La trama urbana de Buenos Aires revela a una ciudad que históricamente evolucionó como una ciudad "caminable", de gran vitalidad y vida urbana. Esta intervención no se aproxima al problema como un proyecto único, sino como una extensión de la ciudad.
El Master Plan interpreta las características morfológicas y la escala peatonal de Buenos Aires, y responde a las múltiples condiciones de su contexto inmediato: el borde de la ciudad histórica hacia el oeste, el sistema de parques de Palermo hacia el norte, la costanera hacia el este y el área de Retiro, punto de entrada a Buenos Aires hacia el sur.

La propuesta investiga cómo nuevos modos de transporte, autopistas y medios masivos de transporte coexisten con tramas urbanas tradicionales. Históricamente, ocurren peculiaridades cuando las grandes avenidas

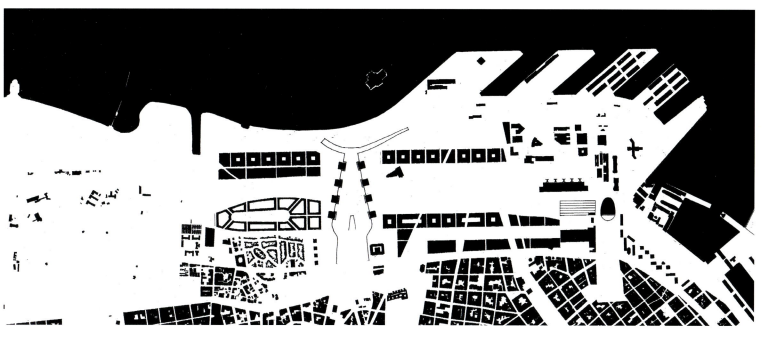

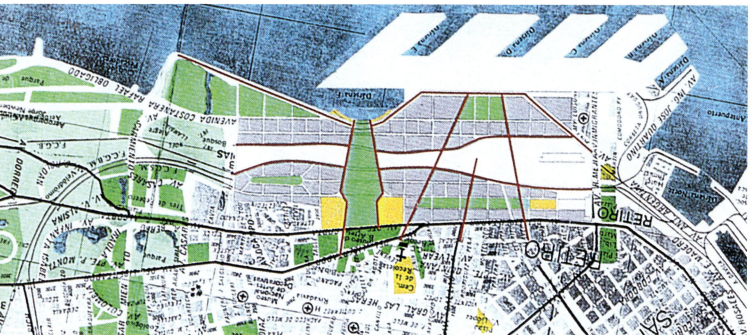

Arriba: plano de fondo y figura
Abajo: áreas verdes

Above: figure-ground plan
Below: green areas

Perspectiva hacia el río
View to the river

Nicholas Stanos

intersectan una grilla urbana de alta densidad. En la actualidad, la yuxtaposición de múltiples estratos de infraestructura, crean nuevas peculiaridades, y surgen problemas mucho más complejos.

El Master Plan se estructura básicamente con dos grandes parques de características diferentes. El primero, paralelo a las vías del ferrocarril y a la autopista, es una continuación del sistema de parques de Palermo. El segundo, es una prolongación de los parques de la Recoleta rampado por sobre las vías del Ferrocarril y de la autopista hasta la dársena F, rematando en un paseo costero. Las avenidas 9 de Julio, Pueyrredón y Callao, son extendidas hacia el sitio, terminando en una nueva avenida que corre paralela a las vías del ferrocarril y de la autopista. El Master Plan contempla áreas para los siguientes usos: oficinas en torre, áreas residenciales y de comercio a ambos lados de la autopista elevada, una extensión residencial al Barrio Parque, y la reubicación de la estación Retiro en el lado este de la Plaza San Martín.

Comentario
La estructuración del Master Plan a partir de dos grandes vacíos urbanos perpendiculares con características diferentes es una estrategia válida. Si bien uno de estos vacíos, el parque rampado, tiene problemas de escala y de factibilidad, la utilización de la dársena F como un paseo costero público, recupera la relación de la ciudad con el río. (Cabe destacar que debería considerarse como una licencia poética la desaparición de una de las dársenas para dejar como isla la usina eléctrica). También es rescatable la extensión de las calles al otro lado de la autopista, traspasando los límites preestablecidos del área para definir nuevos límites. ■

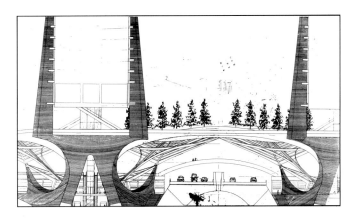

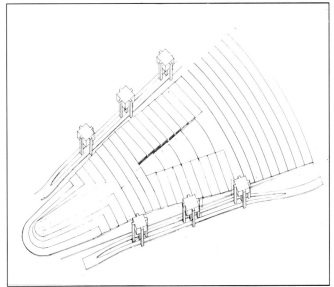

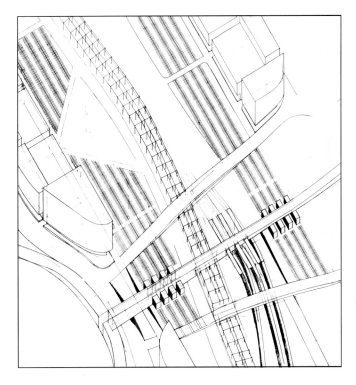

Parque urbano hacia el río, sección y axonométrica
Urban park looking to the river, section and axonometric

Nicholas Stanos

Parque urbano hacia el río, perspectiva
Urban park looking to the river, perspective view

Nazneen Cooper

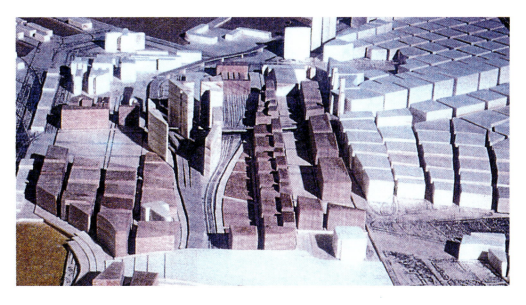

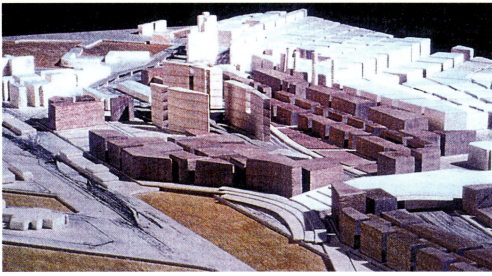

Maqueta
Model view

Nazneen Cooper

• *Reorganización de la Plaza San Martín con un nuevo frente urbano*

Reorganization of Plaza San Martín with a new urban front

Marcela Cortina-Rodríguez

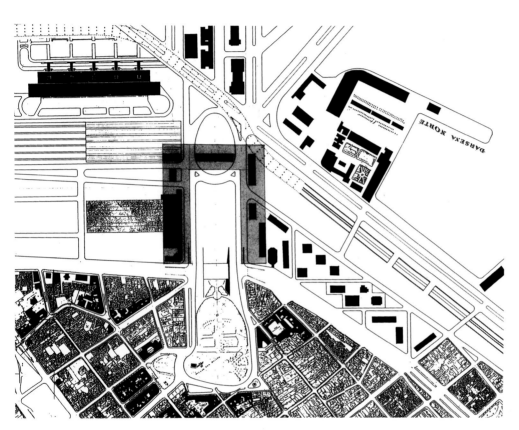

Plano de fondo y figura
Figure-ground plan

El problema

El área de intervención dentro del Master Plan 2 va desde la Plaza San Martín hasta el borde del Puerto, y desde Catalinas hasta la actual estación Retiro.

En relación a este proyecto es necesario considerar cuatro temas principales: **primero**, el sitio no tiene límites precisos; **segundo**, la reubicación de la estación de tren; **tercero**, el gran problema de los colectivos debido al elevado grado de desorganización del tráfico, ya que éstos actúan como un límite entre la estación y la plaza y **cuarto**, la sucesión de plazas sin orden ni usos específicos.

Objetivos

El objetivo del proyecto es el de crear un espacio urbano tangible, redefiniendo la forma de las plazas (definiendo sus bordes y sus calles), ubicando la nueva estación de trenes de manera de crear un frente urbano hacia la ciudad, y reubicando los colectivos, liberando así a las calles de la actual congestión. De esta manera se responde a los dos ejes principales del espacio.

Para reforzar la idea de que Buenos Aires es una ciudad posible de recorrer a pie, y el hecho concreto de que la gente camina desde diferentes partes de la ciudad, cruzando Plaza San Martín hasta la Nueva Estación Retiro, se propone continuar a la Plaza San Martín por sobre la Avenida del Libertador, resolviendo de esta manera el problema de la conexión.

Otro objetivo de la propuesta es el de conectar el área de Catalinas (la ciudad) con la Dársena Norte (el agua). La idea para lograr este objetivo fue la de deprimir la autopista en esta área y conectarla con puentes peatonales. De esta forma, el sitio fue transformado de manera funcional y formal en una unidad con carácter específico e identidad.

Los edificios

Vale la pena destacar la posición estratégica de la Nueva Estación, ya que termina siendo el único edificio que "mira" a la ciudad.

El edificio propuesto combinará los diferentes tipos de transportes del área, (estación de tren, terminal de colectivos, estación de subte, más oficinas y comercios). Cada una de estas funciones cumplirá sus objetivos en distintos niveles.

El edificio responde a estos problemas mencionados anteriormente, pero también responde a la escala urbana de la calle y a la escala del peatón, al crear una recova con comercio; ya escala de la ciudad, al crear un nuevo frente con un volumen elevado de oficinas.

Conclusión

Para terminar, creo que es importante, enfatizar el hecho de mantener en la escala pequeña, los objetivos generales del Master Plan. Primero, la idea de conectar espacios verdes salvando la

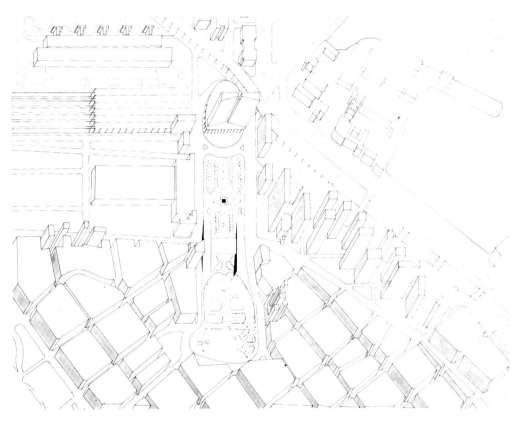

Axonométrica
Axonometric

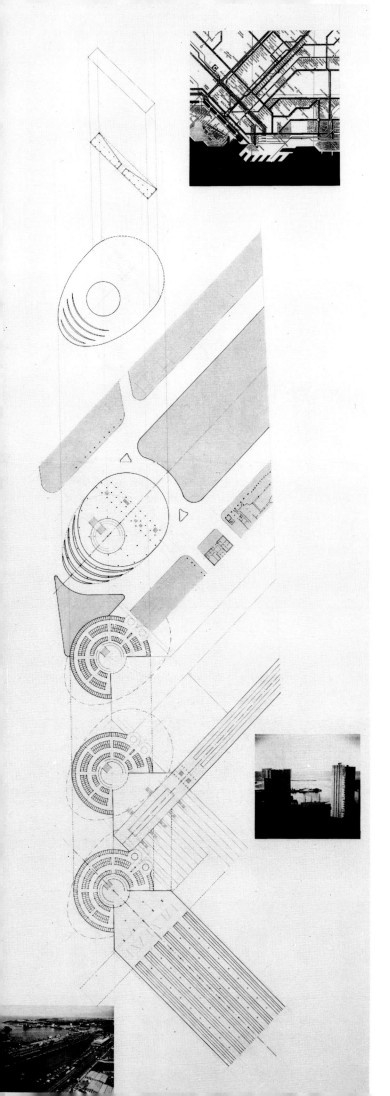

Avenida del Libertador. La idea del Master Plan no visto como un proyecto con una imagen específica ya que responde a diferentes usos y necesidades. Y finalmente la tan mentada conexión del río con la ciudad.

Comentario

Este trabajo es interesante desde una óptica actual y otra histórica. El intento de resolución de los problemas de los colectivos articulados en una estación de transferencia junto con la nueva ubicación para la nueva estación de trenes, utilizando el bajo autopista para el estacionamiento de las unidades, es una aproximación realista para resolver los problemas de transporte terrestre en el área. Pero el proyecto pasa a tener gran interés cuando estos intentos de reorganización vial se articulan con una reorganización física del área, previendo la relación peatonal de la Plaza Britania con la Plaza San Martín y completando el espacio con una serie de edificios de oficinas. Esta nueva organización física tiene muchos puntos de contacto con la propuesta del Plan Regulador y de reforma de la Capital Federal, bajo la intendencia del Dr. Carlos Noel en el año 1925. En este período se proponía un nuevo frente urbano con la ubicación de la Facultad de Ciencias Exactas limitando hacia el este de la Plaza Britania y como remate de la avenida de acceso de la avenida costera, el Ministerio de Marina. La actitud de conformar un recinto urbano con carácter propio, pero al mismo tiempo considere el problema vial, es lo que hace a esta propuesta de gran interés. ■

Plantas de la Estación de Transferencia
Transfer station plans

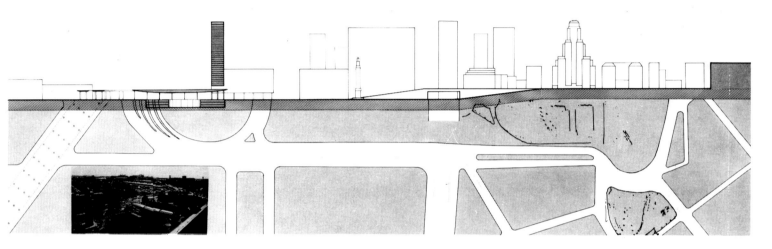

Sección de la Plaza San Martín y la Estación de
Transferencia

Section of Plaza San Martín and transfer station

Master Plan 3:
Parque articulador entre la ciudad y el nuevo proyecto

Master Plan 3: Articulating park between the city and the new project

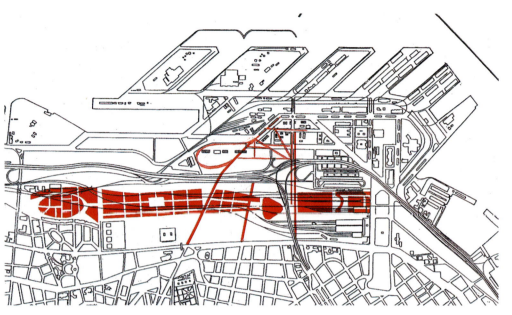

Plano síntesis
Diagramatic plan

• *Relación con el área portuaria continuando la Avenida 9 de Julio*

Relation with the Harbor area by extending 9 de Julio Avenue.

Thomas Berge Andersen
Yi-Jen Huang
Philip F. Membreno

Al desarrollar una estrategia inicial completa para el sitio, tuvimos dos preocupaciones principales. La primera fue la de marcar el borde de la ciudad enfatizando su importancia. La segunda, fue la de proveer un gran espacio verde público para la ciudad. Ambos objetivos fueron alcanzados al crear un parque lineal que corre a lo largo del sitio paralelo a la Avenida del Libertador. Al liberar esta zona de edificación, la percepción del borde de la ciudad se refuerza. El parque también actúa como mediador entre la ciudad existente y nuestra intervención

Desde este punto de partida, establecimos el diseño de la infraestructura para el nuevo proyecto. Primero continuamos tres de las avenidas principales -9 de Julio, Callao y Pueyrredón- que corren este-oeste cruzando la Avenida del Libertador hacia nuestro sitio. Una vez dentro de nuestro proyecto, estas avenidas se conectan con un nuevo sistema de avenidas paralelas que corren norte-sur. Una de estas avenidas, la 9 de Julio, atraviesa el proyecto hasta la zona portuaria. También conectamos el sistema de subterráneos que llega a Retiro con una línea que corre en sentido este-oeste.

El nuevo proyecto se divide en cuatro zonas: el parque lineal, el nuevo tejido urbano, el nuevo barrio parque y la zona portuaria.
El parque lineal está compuesto por una serie de pequeños parques nuevos y preexistentes con una temática relacionada con los distritos adyacentes o con hitos característicos de la zona.
El nuevo tejido urbano es un "mix" de tejido residencial y comercial similar al existente en la

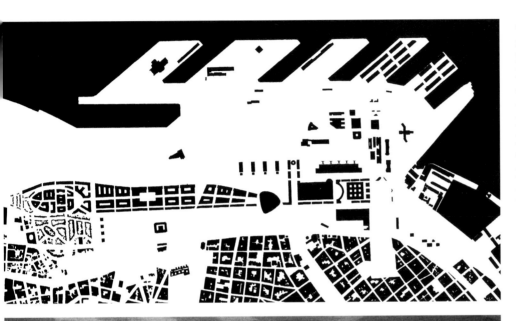

ciudad de Buenos Aires. También se enfatiza el nuevo borde urbano frente al parque al elevar las alturas de los edificios sobre este sector. El nuevo Barrio Parque es una prolongación del barrio parque existente con el cual comparte un parque situado entre ambos barrios. El área portuaria se desarrollará como un parque industrial con características propias de este tipo de lugares. A pesar que el área portuaria está separada de la ciudad por el nudo de la autopista, proponemos un cruce a través de este sector, de manera de crear un sitio con características únicas en la terminación de la Avenida 9 de Julio. En esta área se desarrollarán tres proyectos principales: una nueva estación de tren y un mercado público; una calle peatonal que conecta a la ciudad con la zona portuaria y un centro de convenciones.

Comentario

La estrategia adoptada de estructurar el proyecto con un parque en sentido norte-sur, que separa al proyecto del borde histórico de la ciudad, y un eje peatonal en sentido este-oeste, es correcta si bien no queda muy en claro esta última axialidad, ya que no relaciona al proyecto con el área portuaria de manera clara, ni está bien definido el remate de la Avenida 9 de Julio.

Los nuevos edificios monumentales como el Mercado o el Centro de Convenciones estructuran bien el proyecto y lo relacionan con la ciudad.

El circuito generado al unir las avenidas Presidente Ramón Castillo y Pueyrredón es interesante, no así la relación del área portuaria con la Avenida Callao. ∎

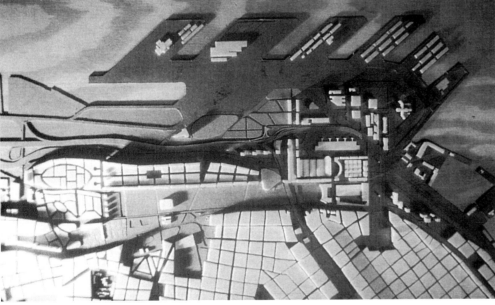

Arriba: plano de fondo y figura
Abajo: maqueta general

Above: figure-ground plan
Below: model view

Thomas Berge Andersen

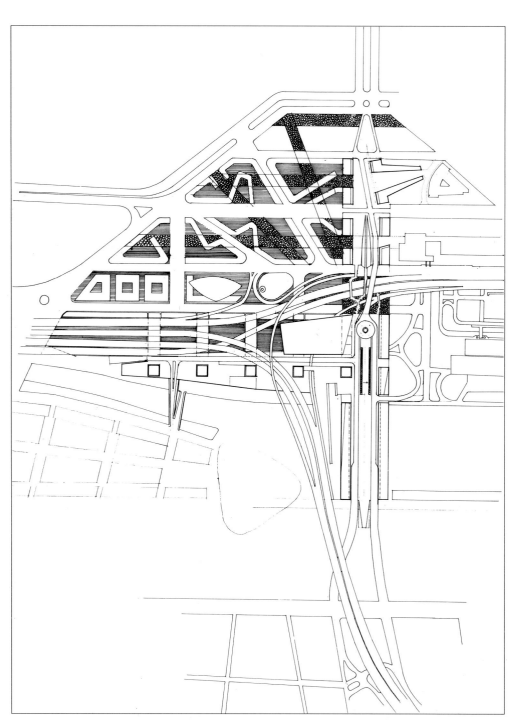

El problema

El problema a resolver en este sector es también un problema a escala de la ciudad: la relación con el río. El proyecto trata de establecer una conexión de la ciudad con el puerto y el río.

Los objetivos

La espina que estructura el proyecto pasa por sobre las vías y la autopista completando la Avenida 9 de Julio.

El desarrollo en su totalidad trata de maximizar el uso de los espacios residuales dejados por las autopistas.

Hay seis bandas con diferentes programas: industrias livianas, oficinas, estacionamientos, servicios para camiones y autos, y un parque.

Los edificios

La parte de la espina más cerca a la ciudad tiene un programa de comercio y oficinas públicas en los pisos inferiores, y viviendas en los superiores. El centro de la espina está ocupada por un nuevo centro de transporte, de subtes, estacionamientos, colectivos y un tren elevado. La parte de la espina más cercana al puerto está ocupada por compañías navieras, autoridades del puerto y una corte para asuntos marinos. Los pisos inferiores tienen restaurantes, cafés y negocios de servicios en general.

Planta
Plan

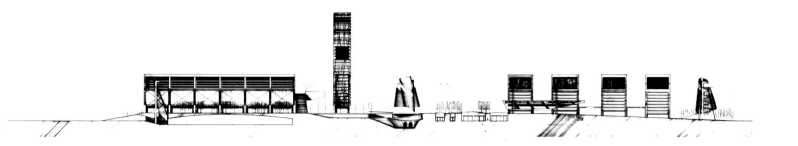

En el final de la espina se encuentra una torre a la cual se le proyectan imágenes desde su interior.

Las torres de oficinas crean una puerta de entrada y de salida de la ciudad, y al mismo tiempo dándole a Buenos Aires una imagen reconocible desde el río.

Comentario

La propuesta para el sector es acertada en cuanto a lo referido a la integración de la zona portuaria como parte del paisaje de la ciudad. Así también lo es la utilización de las torres como signo de acceso a la ciudad y como símbolo desde el río, análogo a la *cité* de oficinas propuesto por Le Corbusier en el plan del '37. Si bien es interesante la reinterpretación tipológica tanto en las tiras de uso mixto en la zona portuaria como en el sector de la espina más cercano a la ciudad, la propuesta peca de ser excesivamente gráfica. ■

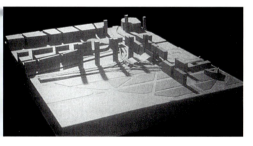

Maqueta
Model view

Arriba: corte-vista
Derecha: perspectiva

Above: section-ground view
Right: perspective

Plano síntesis
Diagramatic plan

• *Reorganización del área recuperando la Estación original*

Reorganization of the area recovering the original Station

Felix Nathaniel Fuster

El problema

- El proyecto surgió como una variante de otro esquema, el cual fue derivando en otra propuesta.
- Considero que el Master Plan debe ofrecer una aproximación más realista y económica al problema.
- Es necesario revalorizar la importancia histórica y arquitectónica de los edificios de la estación Retiro.

Objetivos

- El proyecto sugiere mantener la vieja estación Retiro como la puerta de entrada a Buenos Aires de transporte ferroviario. Considero que la estación puede mantener su uso actual si media algún tipo de inversión económica para expandir y modernizar sus instalaciones.
- Para lograr ésto, el Master Plan mantiene la traza de las vías en el mismo área que ocupa en la actualidad. Esta aproximación permitiría un mejor desarrollo hacia el lado este del sitio, ya que sería más fácil afrontar el obstáculo de la autopista en forma aislada que hacerlo con la autopista y las vías del ferrocarril en forma combinada.
- Al reconfigurar la trama urbana del área y utilizando técnicas de paisajismo, las vías del ferrocarril se integran al entorno existente. El proyecto genera una pendiente suave, que se opone a la barranca de la ciudad, creando un teatro natural que mira el atractivo urbano. Por lo tanto, se crea un parque lineal entre las vías y el borde actual de la ciudad.

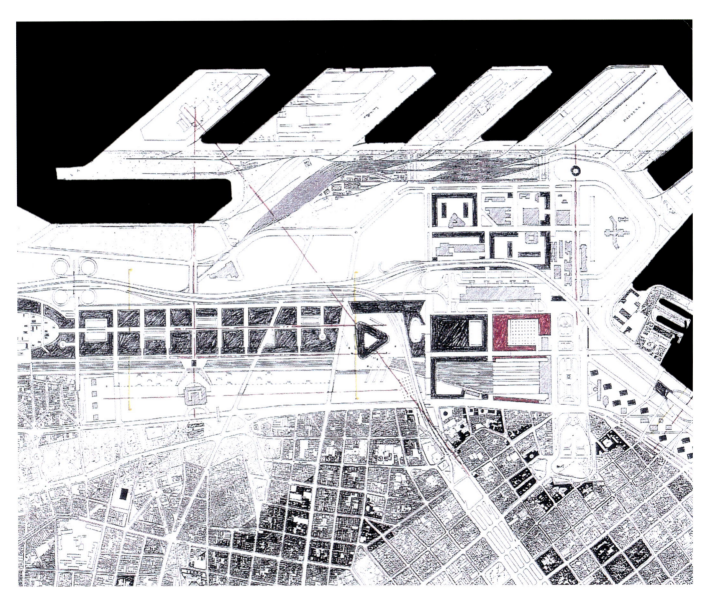

Plano de fondo y figura
Figure-ground plan

Los edificios

- Cerca de la estación Retiro se propone un conjunto de edificios cívicos de manera de reconocer su importancia como remate de la Avenida 9 de Julio. Un Centro de Convenciones y un Hotel internacional serán las estructuras predominantes del área.
- A lo largo del parque lineal se propone zonas de vivienda, las cuales tendrán sus propias plazas comunitarias, recova comercial y estacionamiento en el primer nivel.
En conclusión, el esquema propone una nueva alternativa al plan oficial, el que sugería la construcción de una nueva estación de tren, cambiando el uso de la estación existente. Este Master Plan explora la idea de que no es necesario correr las vías del ferrocarril para liberar tierras en vista a futuros desarrollos urbanos.

Comentario

La gran virtud de este Master Plan es su rebeldía al cuestionar -casi en forma intuitiva, ya que no se contaron con los informes de las consultoras que avalaron la creación de una nueva estación de tren- el Master Plan oficial. Si bien esta actitud puede ser criticada por muy osada, fue avalada por el comentario de varios urbanistas locales.
La resolución de la estrategia adoptada -con algunos puntos en común con el plan para Chicago de Daniel Burnham- es precisa y abarca desde el problema inmobiliario, pasando por la resolución de un parque industrial en la zona portuaria hasta la relación de Catalinas con la Dársena Norte. ∎

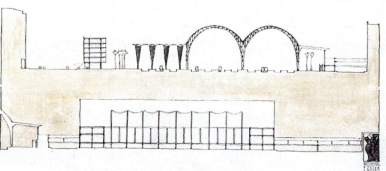

Perspectiva interior y secciones de la Estación de Retiro
Perspective of the interior space and sections, Retiro Station

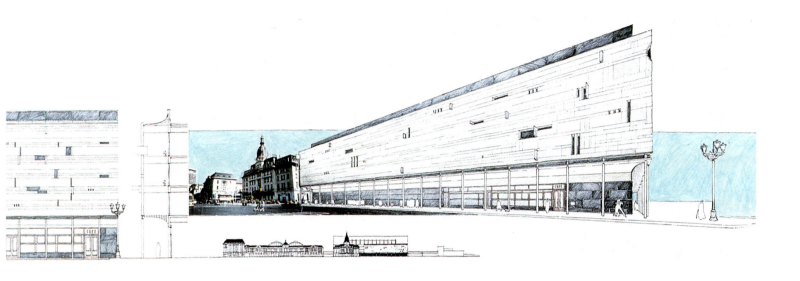

Perspectiva exterior
Perspective view of exterior

Seminario de investigación proyectual

The seminar on projectual research

*El Seminario fue realizado en el verano 94/95
por los docentes de la cátedra de arquitectura 5
de la UBA, taller Arq. Varas,
con la colaboración de un grupo de alumnos.*

Equipo Seminario de Investigación Proyectual:

Profesor Titular:
    Arq. Alberto Varas
Profesores Adjuntos:
    Arqs. Claudio Ferrari, Daniel Becker
Docentes:
    Marina Villelabeitia
    Carolina Tramutola
    Gustavo Acosta
    Marina Gallia
Asistentes alumnos:
    Javier García
    Roxana Papa
    Andrea Toma
    Laura Majernik
    Mariana Lettieri
    Sandra Walczak
    Rita Malerba
    Paula Hagen
    Paula Morelli
    Lucio Stuer

Desarticulación y escala monumental: el proyecto de las periferias interiores

En décadas recientes, una preocupación constante de arquitectos y urbanistas ha sido el tema de la "terminación" de las ciudades. Esto ha sucedido especialmente en las ciudades europeas, cuyos cascos históricos estaban fuertemente consolidados y cuyas áreas centrales habían sido objeto, en los últimos años, de intervenciones urbanas para su mejoramiento.

Frente a la realidad de las áreas centrales de la ciudad, caracterizadas por su densidad y su consolidación espacial y por las expansiones desordenadas y sin estructuración que conforman su cinturón externo, la dicotomía entre las áreas centrales y periféricas ha asumido, particularmente en las ciudades latinoamericanas, un carácter dramático y de difícil solución. Pero éste no es un fenómeno estático. El caso de Buenos Aires revela, además, la profundidad con la que la periferización ha penetrado en las áreas centrales creando barreras urbanísticas y espacios de accesibilidad nula con un entorno de bajísima urbanidad.

El desarrollo de procesos metropolitanos que implican una relación intensa de movimiento y servicios entre áreas centrales y periféricas, y la enorme potencialidad urbana de estos fragmentos, condiciona intensamente esta relación.

Buenos Aires ha iniciado un proceso necesario e inevitable de transformación de sus infraestructuras, que abre una nueva escala de fragmentos urbanos monumentales en áreas de centralidad. Las grandes piezas congeladas pasan a demandar una nueva inserción urbana articulada con las necesidades de un proceso de transformación metropolitano intenso. Este proceso implica una forma nueva de ocupación del espacio y nuevos condicionantes para el proyecto urbano.

La arquitectura de la metrópolis en tranformación pone en evidencia otros ítems. Arquitectura del transporte y de la red vial vistos como generadores de espacio público, arquitectura de los sistemas de transporte, reciclaje de usos, nuevo tratamiento del parque urbano de escala metropolitana. Estas periferias interiores son parte esencial del desafío del nuevo espacio público de la metrópolis contemporánea y a la vez, su cantera urbana. ■

Maqueta, Proyecto Buenos Aires 2000
Model view, Buenos Aires 2000 Project

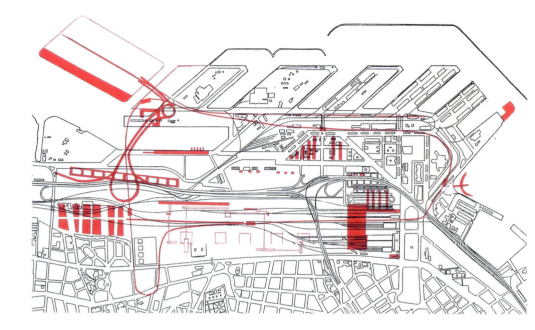

Plano síntesis
Proyecto Buenos Aires 2000

Diagramatic plan
Buenos Aires 2000 project

Maqueta general
Proyecto Buenos Aires 2000

Model view
Buenos Aires 2000 project

Proyecto Buenos Aires 2000

Buenos Aires 2000 project

• *Retiro: sintaxis proyectuales de un nodo de infraestructura*

Retiro: projectual syntax of an infrastructure's node

1. Antecedentes

Uno de los objetivos iniciales de la investigación ha sido el de crear un conocimiento (un ángulo inédito para ver los nuevos problemas urbanos de Buenos Aires) distinto de los existentes al momento de iniciarse este trabajo, en marzo de 1993. Por este motivo el trabajo está concebido sólo como una contribución al progreso de un futuro proyecto o futuros proyectos en éste y en otros sectores urbanos de la ciudad de Buenos Aires. Este conocimiento debía contribuir a poner en evidencia problemas que deberán resolverse en las futuras intervenciones urbanas, que finalmente se realizarán para dar forma al lugar. Los objetivos generales que justificaron la elección de este primer área de estudio para los fines propuestos pueden encontrarse en el marco de referencia de la introducción de este libro en la sección dedicada a los "nuevos condicionantes del espacio urbano metropolitano". A ellos nos remitimos para mayor abundamiento sobre este tema.

En la etapa en que se inició este estudio no existían proyectos completos o específicos para todo el área, excepto proyectos arquitectónicos particulares, algunos construídos y otros no. Algunos de ellos son: la Estación Terminal de Omnibus de media y larga distancia, la prolongación de la Avenida 9 de Julio con su correspondiente nudo distribuidor o el proyecto de reordenamiento del transporte urbano frente a las estaciones de ferrocarril de 1980. También existían los planes y proyectos "históricos" para el área, analizados en la primera parte de esta investigación.

No existían, en cambio, proyectos contemporáneos destacables desde el punto de vista urbanístico o de la infraestructura existente a excepción de las ideas preliminares que se propusieron en el concurso "20 ideas para Buenos Aires".

En ese contexto se agregó luego, en 1994, el proyecto de racionalización ferroviaria realizado por la CANAC que contenía un proyecto de transformación de las parrillas ferroviarias y un plan urbano para el área desafectada al uso ferroviario como consecuencia de ese plan. Luego, a fines de ese mismo año, se produjo la evaluación crítica de este plan realizada por la Comisión de Urbanistas de la SCA que constituyó una puesta al día conceptual de los problemas que surgían como consecuencia del plan oficial y que, a criterio de la comisión, habían quedado desatendidos.

En este contexto se realizó en el año académico de 1993 un primer taller en la FADU sin tener en cuenta, ya que a la sazón no existía, ninguna modificación de la parrilla ferroviaria existente. El mismo año y con un criterio más experimental en lo arquitectónico, se realizó el Taller Proyectual Experimental en la SCA y la FADU con la participación del arquitecto Jorge Silvetti de la GSD de Harvard. Finalmente, entre abril de 1994 y mayo de 1995 se realizaron dos Talleres, uno en la FADU y otro en la GSD de Harvard siguiendo los lineamientos de la nueva información surgida en ese lapso.

De los resultados de estos talleres se da cuenta por separado.

Durante los meses de diciembre, enero y marzo de 1995 se elaboró el modelo final correspondiente a la sección argentina cuyas características y conclusiones se definen más adelante.

Más recientemente, en marzo de 1996, la SCA llamó a concurso de ideas para el área.

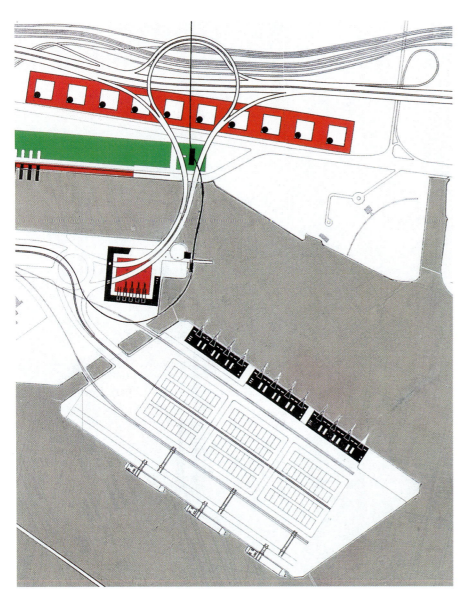

Propuesta para la Dársena "F" y la isla de contenedores
Proyecto Buenos Aires 2000

Proposal for the dock F and the containers island
Buenos Aires 2000 project

2. Alcances de la aproximación realizada

El objetivo de la investigación no se superpuso
con ninguno de los pasos referidos en el punto
anterior, ni tampoco con el concurso de ideas
llamado por la MCBA, FFAA y la SCA. Se
complementa con este último y, eventualmente,
apuntó a proveer a los concursantes de un
material de reflexión en relación al cual evaluar
propuestas ya que, habiendo tomado estado
público con anterioridad al mismo, dejó
claramente sentada su diferencia con un
proyecto específico para el área, poniendo en
claro su carácter exclusivamente proyectual-
analítico más que propositivo. Por otro lado los
límites de actuación, en el caso de la
investigación, fueron fijados de acuerdo a
parámetros que son distintos de los que se
fijaron, por ejemplo, para el Concurso de Ideas.
En este sentido el problema de áreas del Puerto
Nuevo y de zonas actualmente ocupadas por
depósitos de contenedores, que ha quedado
fuera del alcance de las propuestas que puedan
hacerse en el Concurso de Ideas, sí forman
parte de las aproximaciones conceptuales del
Primer Modelo de Retiro que propone
"Buenos Aires 2000". Y también, otras
preocupaciones más amplias de carácter
analítico, que no tienen por qué formar parte
de unas bases de concurso como resultado de
las cuales se esperan ideas-soluciones más que
ideas-reflexiones.
De esta manera el objetivo de la investigación

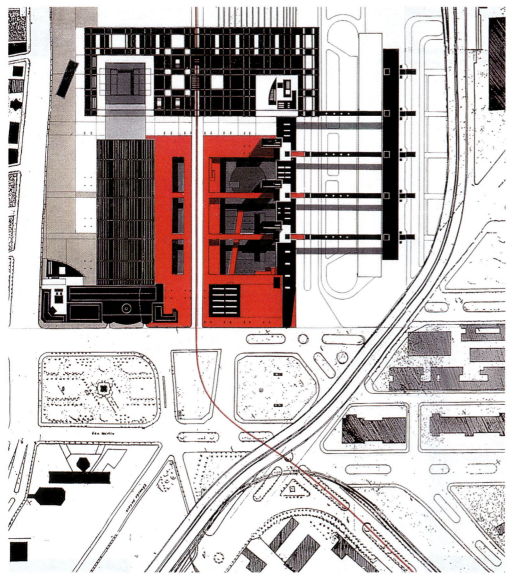

Nudo de trasbordo y plaza pública
Proyecto Buenos Aires 2000

Transfer station and public square
Buenos Aires 2000 project

queda claramente delimitado como "herramienta proyectual-conceptual" previa a la ejecución de un proyecto. En este sentido, el trabajo se emparenta con el mecanismo de las "ideas" que fueron motivo de concursos urbanos en Madrid y Buenos Aires en la década del 80 pero se diferencia, en cambio, en cuanto forma parte de un proceso más avanzado y puesto ya en marcha para un área urbana determinada sobre la que existen antecedentes importantes. También se diferencia por la posibilidad de una mayor profundidad en el acercamiento debido a la multiplicidad de acciones proyectuales que ya se han gestado sobre el área. Y principalmente, se diferencia por el carácter ya resolutivo de la actual instancia.

3. Análisis del Primer Modelo de Retiro

Lo que denominamos "Primer Modelo" se compone de los siguientes elementos: Cuatro láminas que ilustran la estrategia urbana de la propuesta en plantas en escala 1:5000 y 1:2500, un modelo volumétrico realizado en material plástico de alto impacto y madera, pintados a escala 1:2500, una serie de fotografías del modelo y un texto.

La documentación es una "expresión técnica" de las reflexiones que componen la base conceptual de la estrategia elaborada y que se exponen a continuación. ∎

• *Periferias interiores: un fragmento de dimensión colosal*

Internal peripheries: fragments of colossal dimension

Plano general
Proyecto Buenos Aires 2000

Site plan
Buenos Aires 2000 project

Como primera aproximación conceptual, y para analizar la relación de la masa de la ciudad construída con el fragmento urbano de Retiro, se pone en crisis la idea abarcativa de un posible "ensanche" decimonónico, mediante un crecimiento del tejido de la trama original de la ciudad, que es la que ha dominado la mayor parte de las propuestas de ocupación de fragmentos de este tipo en el pasado en Buenos Aires y en otras ciudades del mundo (Barcelona, Viena, Madrid). Se entiende que esta opción correspondió a una etapa distinta del desarrollo de la ciudad que es la de la consolidación de su tejido residencial y fase final de su primera expansión metropolitana. En cambio, se observa que el área es un fragmento monumental que ha conservado su carácter de "vacío" urbano, como consecuencia de su periferización central debido al carácter "fijo" de las infraestructuras urbanas fundacionales y como tal ha sufrido un proceso de transformación característico de tales infraestructuras en áreas centrales metropolitanas cuya obsolescencia se ha vuelto evidente. Se presenta así una posibilidad de intervención "en gran escala" que no puede soslayarse y que no hubiera sido posible dentro del tejido compacto y ya consolidado de la "ciudad histórica", que ha evolucionado de manera distinta.

La problemática de este fragmento de ciudad es distinta y única por su condición de proximidad al área central y por su "dimensión colosal." Pero también lo es por su carácter de agregado al trazado original ya que abarca zonas de relleno incorporadas tardíamente a la ciudad. La experiencia de las metrópolis en cuanto al manejo de las "cosas grandes", en general, ha sido traumática por sus consecuencias en el escenario urbano. Las intervenciones de gran escala han traído problemas de adaptación a la escala del contexto y de creación de espacios residuales indeseables, fuera de control y de uso. Basta recordar, en Buenos Aires, el caso de las grandes autopistas en la década del 70 o la obturación histórica del frente fluvial con la construcción de las infraestructuras portuarias y ferroviarias, que hemos tratado en la primera parte de este libro.

Por lo dicho, la colonización del área no se realiza apelando básicamente a los tejidos sino a "piezas" o grupos de piezas que se encuentran entre sí en una relación dada, más que por la continuidad de la trama, por su contacto con grandes eventos (el río, las dársenas, las vistas largas, los grandes edificios existentes) o por su relación con la infraestructura (el ferrocarril, el puerto, los nuevos medios de transporte, la estructura vial). Esto no impide pensar que piezas o placas de tejido "insulares" pueden formar parte de la modalidad de ocupación del sitio como elementos válidos de una gama de recursos urbanos.

El rol de la Infraestructura

Se le ha asignado un papel protagónico a los problemas de la infraestructura y al rol de la arquitectura en relación a los problemas que ésta plantea. El Nudo de Transbordo de pasajeros, el nudo de intercambio de la Avenida 9 de Julio, el Puerto con los problemas de carga y descarga, los depósitos de contenedores y el

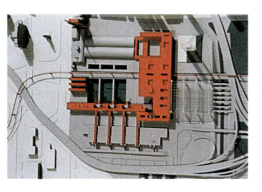

Nodo de Transbordo
Proyecto Buenos Aires 2000

Trasfer station
Buenos Aires 2000 project

ferrocarril son puntos salientes de la estrategia. En este sentido la infraestructura pasa a ser protagónica en la solución formal, funcional y simbólica del problema. No puede considerarse sólo un factor de disturbio que deba ser "eliminado u ocultado". Deben utilizarse las técnicas adecuadas del proyecto urbano y arquitectónico para resolver la convivencia de los distintos elementos que la estructuran. La ciudad ya no puede tener zonas vedadas. El espectáculo del puerto en actividad con una tecnología "limpia" (puerto de Barcelona, Génova, etc.), los medios de transporte de alta tecnología, silenciosos, el intercambio de pasajeros como punto de alta fricción urbana para la información, el aprovisionamiento, o la educación, son alternativas para la concepción del rol urbano de las infraestructuras que coexisten con su rol funcional específico.

La transformación del Puerto

Dentro de las consideraciones sobre las infraestructuras, el puerto tiene un papel principal, en especial debido a su ocupación de grandes extensiones de tierras costeras. El modelo propuesto no considera al puerto como "actividad sucia". Contrariamente propone su integración paisajística y funcional con la ciudad como una parte más del frente fluvial. Propone además, una transformación tecnológica que permita refuncionalizar el movimiento de contenedores. A este fin se propone la creación de una "isla de contenedores" como ampliación del Puerto Nuevo que permita, por un lado, mayor eficacia funcional portuaria, pero además, la recuperación de las tierras internas de la ciudad que actualmente

ocupan estos depósitos. El principio aplicado para el desarrollo del puerto es:"crecimiento del puerto de la costa para afuera, recuperación de tierras en lo interno para la ciudad".

A continuación, nos referiremos a tres puntos sobre el problema de la continuidad urbana en el fragmento en cuestión, como principio de integración e identidad del espacio metropolitano en relación y como complementación de la teoría del "borde", característica de la yuxtaposición de tejidos.

Continuidad del Paseo Costanero Avenida Rafael Obligado

En consonancia con lo anterior se propone la continuidad de la Avenida Rafael Obligado (Costanera Norte) lo cual se vería complementado por el traslado de las areneras de la Dársena F a la isla de contenedores, recuperándose un amplio frente sobre el río para fines recreactivos y para la continuidad de la Avenida Costanera Norte. La idea de rematar esta costanera en el extremo de una de las dársenas próximas a Dársena Norte, está vinculada con una vocación de continuidad del borde costero que surge del Plan de Noel Forestier de 1925 y cuya huella aún es posible recuperar.

Las grandes vías de circulación y especialmente las avenidas costaneras, como es el caso de la Avenida Rafael Obligado, pueden ser un importante factor de estructuración urbana y de identidad y un poderoso elemento de mejora del paisaje urbano si son tratadas con las técnicas del urbanismo y como elementos de diseño de gran tamaño que interaccionan

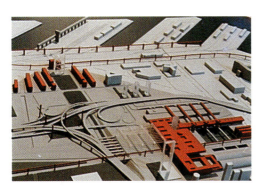

Cruce de la Autopista Arturo U. Illia,
Proyecto Buenos Aires 2000

Crossing at Arturo U. Illia highway,
Buenos Aires 2000 project

con otras grandes piezas monumentales dando continuidad a la lectura de la ciudad. Esta gran avenida al lado del río es además un paseo histórico clásico de la ciudad.

Continuidad del Parque Urbano ¿Qué parque?

La inserción del parque dentro de la estrategia está referido al sistema de parques de la ciudad y, particularmente, a su continuidad. Es una manera de relacionar una parte con otra. Pero también, se agrega una nueva noción del espacio abierto en la ciudad que no es estático, que ocupa los intersticios de los focos metropolitanos y que es, en sí mismo, objeto de tratamiento. La dimensión real de las grandes piezas de infraestructura se relacionan con el vacío de una forma particular.

El "cruce". El problema de la accesibilidad transversal

Las infraestructuras que han producido procesos de periferización centrales, también han constituido barreras urbanas que generan la necesidad de cruces para la recuperación del dominio intercomunicacional y la eficacia en la accesibilidad de los fragmentos metropolitanos. Este cruce debe evitar las subzonas grises. El problema del cruce es típico de las áreas no colonizadas como consecuencia de este problema de periferización. En este contexto, el puente, el túnel o la plataforma para salvar el obstáculo al cruce es un recurso urbanístico de gran valor paisajístico. El cruce apoyado por la Plaza de la Luz y por un tratamiento arquitectónico adecuado se convierte en un evento urbano señalizador de la nueva realidad urbana y de su complejidad.

Un modelo de colonización de áreas metropolitanas nuevas

En los terrenos que se ganan a los actuales depósitos de contenedores y a las areneras que pasan a la nueva "isla de contenedores" se abre la posibilidad de incorporar puntualmente barrios de antepuerto (barceloneta/barrios holandeses/arquitectura del "pier"), pequeñas placas de tejido insular, con usos mixtos residenciales y laborales pero con tipologías arquitectónicas que evaden la trama tradicional y responden mayormente a su posicionamiento en relación a la ciudad (*skyline,* punto de llegada, creación de bordes, etc.).

Las nuevas tipologías arquitectónicas

Los usos requeridos y posibles en los grandes nudos, como lo es el de trasbordo de pasajeros, generan edificios de nueva escala, que permiten un funcionamiento de acuerdo a las necesidades de cientos de miles de personas que pasan por día. Allí puede albergarse la nueva estación de ferrocarril, la interconexión con los otros medios de transporte, y otros usos conexos, el aprovisionamiento, la cultura, la espera, el esparcimiento, los procesos de información y educación. Los grandes contenedores permiten una flexibilidad de uso y una adaptabilidad que posibilita tanto económica como funcionalmente asumir las condiciones de indeterminación de uso. Pero lo que resulta más característico de estas tipologías arquitectónicas es su carácter de cubierta de un permanente movimiento de personas y cosas. Surge así una ingeniería del movimiento como base de la determinación de la arquitectura.

Infraestructuras e interacción recíproca,
Proyecto Buenos Aires 2000

Infrastructures and reciprocal interaction,
Buenos Aires 2000 project

La escala del espacio público y el problema de la densidad

La dimensión de la escena urbana pública ha cambiado. Las demandas de los equipamientos urbanos y los espacios abiertos para el esparcimiento, la cultura o el consumo, las redes de la infraestructura adaptadas al movimiento de miles de personas imponen la tónica del carácter arquitectónico y del sentido de lugar allí donde deban ser resueltas.

La escala de la Plaza Nudo de Trasbordo, en parte plaza seca, en parte plaza verde, con sus puentes de conexión con la Estación Terminal de Omnibus y con su conexión con la Nueva Estación de Subterráneos ejemplifica la escala de un nuevo tipo de espacio público contemporáneo.

En las áreas centrales la densidad está estrechamente ligada al carácter del espacio público contemporáneo. Su adecuada distribución en esas áreas es un factor decisivo en cuanto a su posibilidad de mantenimiento, buen uso, accesibilidad y protección.

La idea del modelo es la de crear "puntos de densidad" alta, más que "áreas extensas" de densidad uniforme permitiendo la convivencia de distintos niveles de densidad.

Las tecnologías del transporte y el automóvil

En el modelo presentado se sugiere la posibilidad de incorporar otras tecnologías de transporte que complementen las existentes: trenes elevados de media o corta distancia vinculados a nudos de transferencia de transporte público o privado sobre la Avenida General Paz.

También están sugeridas la creación de áreas de estacionamiento en el gran nudo vial que se genera en el cruce de Avenida 9 de Julio donde también se crea un intercambiador de transporte privado a público.

Luz y sombra en la ciudad de alta densidad

La luz artificial otorga al escenario nocturno metropolitano una fuente de orientación y reconocimiento que resalta su carácter metropolitano. La Plaza de la Luz es una "construcción de luz" que convierte al nudo de transferencia de transporte en un hito luminoso.

Edificios contenedores e identidad del espacio público

Para referirse al reto que la cada vez mayor cantidad de contenedores indeterminados o neutros tales como centros de reuniones, centros comerciales, piezas de infraestructura, o nudos de intercambio, estacionamiento, etc. implica como presencia urbana y como sostén del espacio público o como inserción en él, el modelo recurre a la idea de la creación de "escenarios urbanos múltiples" que interactúan sobre las redes de infraestructura de movimiento y que conforman en el conjunto un *collage* metropolitano de partes relativamente autónomas y resueltas en sí mismas.

El espacio público resulta así hasta cierto punto intersticial, pero también está representado por "placas" de escenario público que compiten con la de los escenarios privados o semipúblicos. Ya no es más "fondo", sino "parte" (el Parque Activo).

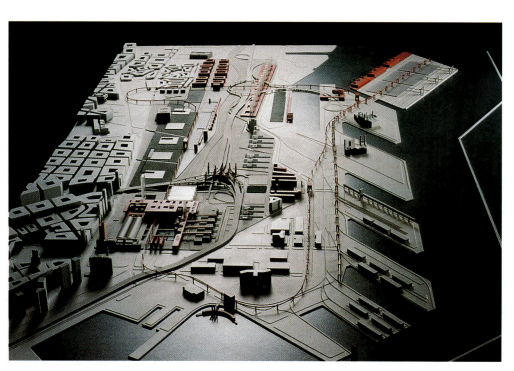

Maqueta,
Proyecto Buenos Aires 2000

Model view,
Buenos Aires 2000 project

La relación con los monumentos del urbanismo preexistente

Un punto sobre el que se ha puesto particular atención es el de la relación del modelo con los monumentos urbanos preexistentes: la Avenida del Libertador, el puerto, los grandes edificios, las grandes piezas de infraestructura, la estación Retiro del ferrocarril que son usados como elementos de referencia para la propuesta de intervención.

Modelos de gestión público/privado

El conjunto del modelo urbano-arquitectónico se basa en una concepción de la gestión urbana en la que la acción privada se conduce guiada por dentro del marco del interés público que fija los parámetros de actuación que permitan salvaguardar la naturaleza de lo público. ■

• Aspectos del procedimiento que se recogen de la propuesta elaborada

Procedural aspects arising from the proposal

Los pasos seguidos para la elaboración de la propuesta realizada exceden, quizás, el marco de una mera acumulación de procedimientos que podrán solaparse con los de la proyectación urbana y arquitectónica o con las técnicas de la programación urbana y arquitectónica utilizadas para la planificación urbana clásica. Se trata de observar a través de la documentación producida y de los textos que la acompañan, la capacidad de reproducción de una "forma de pensamiento proyectual sobre la ciudad", cuya aplicación sea trasladable a una amplia gama de problemas urbanos de base proyectual que hoy se dirimen, principalmente en otros campos.

El análisis de aspectos operativos de la investigación también podrá proporcionar argumentos a la estructuración de un pensamiento proyectual específico capaz de contribuir, desde su propio punto de vista, a la fijación de los límites de los campos de las distintas formas del conocimiento sobre la ciudad.

Por tratarse las cuestiones que enfoca esta investigación de unas que por su novedad y complejidad no tienen antecedentes, se ha recurrido a formas de trabajo que no figuran entre los modelos tradicionales.

El desarrollo metropolitano de las ciudades y los cambios que este desarrollo trae aparejado en la arquitectura, son parte de un proceso cambiante en el que la definición del rol de la arquitectura y las formas que asume el espacio urbano concreto, ocupan un lugar principal. La aproximación que se propone tiende a considerar las posibles respuestas que, adaptadas a las condiciones culturales, tecnológicas y económicas de la sociedad, permitan hacer una evaluación de la naturaleza de ese espacio urbano metropolitano en su mismo idioma, es decir, el del espacio físico, sin que ésto signifique desconocer sus otras dimensiones.

El método de investigación tradicional que históricamente fue característico de la investigación científica y que, luego, fue aplicado a las ciencias sociales, constituye un cuerpo metodológico propio de estas disciplinas; cuya aplicación a los problemas de la creación de objetos, sean éstos arquitectónicos o urbanos, no ha resultado eficaz. Se ha desdibujado al ser aplicado al urbanismo y a la arquitectura, convirtiéndose en un mecanismo hipotético-deductivo que asume una forma "literaria" de expresión sobre el conocimiento de lo urbano. Así se ha visto privado de un contenido específico acerca del mundo físico.

Sin embargo el método tradicional de las ciencias ha sido aplicado, por extensión, a algunas investigaciones sobre tecnologías de la construcción y en desarrollos de aspectos puntuales de la actividad proyectual (asoleamiento, formas de energías no tradicionales, estudios tipológicos, etc.). Pero éste no ha sido el objeto de nuestro trabajo. La forma "artesanal" o "pragmática" de producir objetos arquitectónicos o proyectos urbanos no alcanza, la mayor parte de las veces, la capacidad de ser, en forma autoconsciente, portadora de nuevos conocimientos, de manera que su producción a través del proceso proyectual, un proceso de ideación creativa, sólo puede derivarse de una actitud investigativa previa asumida conscientemente. De otra forma se tratará de un proyecto que, bien o mal, magistralmente o mediocremente, representará una solución específica a un problema planteado.

De esta diferenciación entre "objeto artesanal o pragmático", "proyecto" e "investigación proyectual", debemos partir para interpretar los contenidos de la propuesta elaborada. La investigación proyectual así definida, es un instrumento intermedio que facilita los procesos de mediación con la realidad y con los distintos actores de una actividad tan compleja como la proyectación del espacio urbano.

■

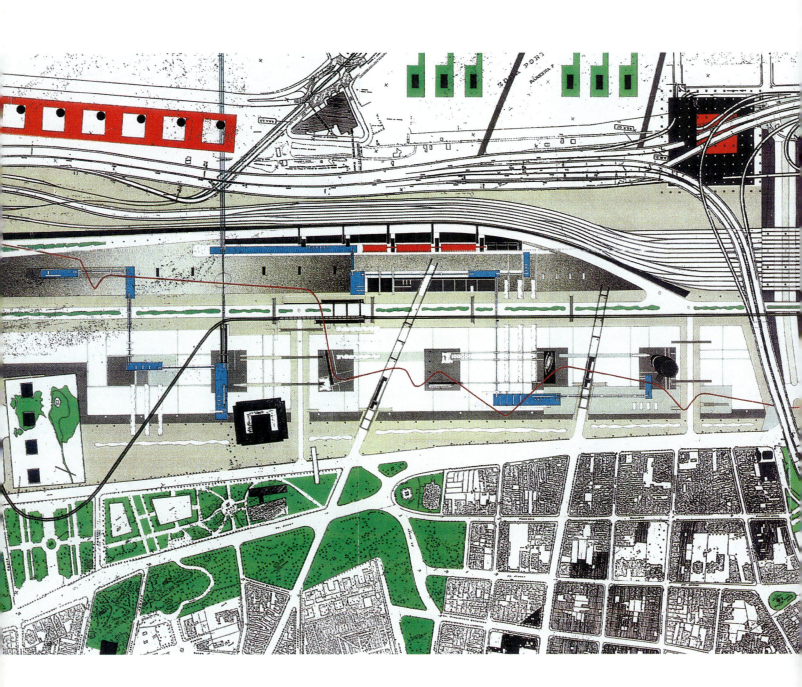

Parque urbano metropolitano,
Proyecto Buenos Aires 2000

Metropolitan urban park,
Buenos Aires 2000 project

Addenda 1996

Addenda 1996

Concurso Nacional de Ideas Urbanísticas para el Area Retiro

National Competition of Urbanistic Ideas for Retiro Area

Los proyectos que se publican a continuación son los que fueron presentados por los estudios asociados Baudizzone/Lestard/Varas de Buenos Aires y Machado/Silvetti Assoc. de Boston al Concurso Nacional de Ideas Urbanísticas para el Area de Retiro, llamado por la Sociedad Central de Arquitectos de Buenos Aires, Ferrocarriles Argentinos y la Municipalidad de la Ciudad de Buenos Aires en mayo de 1996.

Los proyectos fueron entregados el 14 de agosto de ese año y el fallo del Concurso se conoció dos meses más tarde.

Uno de los proyectos presentados al concurso obtuvo el Primer Premio por unanimidad del Jurado.

El Jurado estuvo constituído por cinco miembros titulares, siendo su presidente el Jefe de Gobierno de la Ciudad Autónoma de Buenos Aires, el Dr. Fernando de la Rúa. El fallo del Concurso coincidió con una importante etapa en la historia política de la ciudad, ya que contemporáneamente con su adjudicación, la ciudad adquirió un nuevo status político a través de un gobierno autónomo.

Actuaron como miembros del Jurado, además del Dr. de la Rúa, los arquitectos Roberto Frangella, Roberto Converti, Rodolfo Gassó y Jorge Giménez Salice.

La asesoría para el llamado a concurso y para la ejecución de las bases del mismo estuvo a cargo de tres destacados urbanistas locales, la arqta. Odilia Suárez, el arq. Heriberto Allende y el arq. Carlos Lebrero.

Las bases del concurso privilegiaron el rol protagónico del espacio público y del nudo de infraestructura de transportes, como los dos aspectos predominantes a los que deberían referirse las ideas a someter al concurso.

Se presentaron 49 proyectos, incluyendo trabajos de arquitectos españoles, y de los Estados Unidos de Norteamérica asociados con arquitectos argentinos.

El Jurado otorgó tres Premios y tres Menciones Honoríficas. ■

Proyecto enviado al Concurso Nacional de Ideas Urbanísticas para el Area de Retiro. S.C.A., agosto 1996

Project sent to the National Competition of Urbanistic Ideas for Retiro Area S.C.A., August 1996

Autores:
Machado and Silvetti Associates

Consultores:
Baudizzone / Lestard / Varas,

Asociados:
Claudio Ferrari
Daniel Becker

Equipo de Diseño
    Nader Tehrani
    Marcela Cortina Rodríguez

Colaboradores:
    Dario Albanese
    Mario D'Artista
    Timothy Dumbleton
    David Lee
    Mark Pasnik
    Gary Rohrbacher
    Pablo Savid Buteler
    Elena Serio
    Theodore Touloukian

Este proyecto se basa en las siguientes premisas:

1. La *ciudad* tal como la entendemos hoy, con su característica cuadrícula y tipologías edilicias (y con el carácter y la urbanidad específica que éstas producen) *acaba* en la Avenida del Libertador General San Martín, al pie de la barranca. Frente a ella yacen los antiguos pantanos, los restos de infraestructura ferroviaria del siglo XIX a punto de ser desplazados, el siempre importante Puerto de Buenos Aires, el Río de la Plata. Este *nuevo sitio*, de configuración tan distinta a la de la ciudad, requiere para su correcto desarrollo una *arquitectura urbana diferente.* En otras palabras: no hay en él cabida para un urbanismo de manzanas.

2. La *ciudad enfrenta* el sitio, tomado en su extensión total, desde Salguero hasta Ramos Mejía, con *tres diferentes condiciones urbanas*, a saber:
a. Desde Ramos Mejía hasta Callao/Schiaffino la ciudad presenta su denso y *tradicional tejido urbano.*

b. Desde Callao/Schiaffino hasta Austria, el sitio es enfrentado por un *parque contínuo* que comienza al tope de la barranca, en el Monumento que corona Plaza Francia y baja y se expande hacia el río, sin haber podido aún llegar a él.
c. Desde Austria hasta Salguero la ciudad presenta una *condición anómala*, no típica de Buenos Aires, el Barrio Parque, denso y casi suburbano en su imaginería.
Estas tres diversas condiciones urbanas aportan legibilidad y variedad a la estructura urbana de Buenos Aires. Creemos que es útil *reflejarlas en el nuevo desarrollo.*

3. También creemos que las conexiones visuales desde la *ciudad* al *sitio* (y viceversa) son valiosas porque ayudan a integrar las dos realidades diferentes, la ciudad vieja y los distritos nuevos que se extenderán a su pie.

Machado and Silvetti

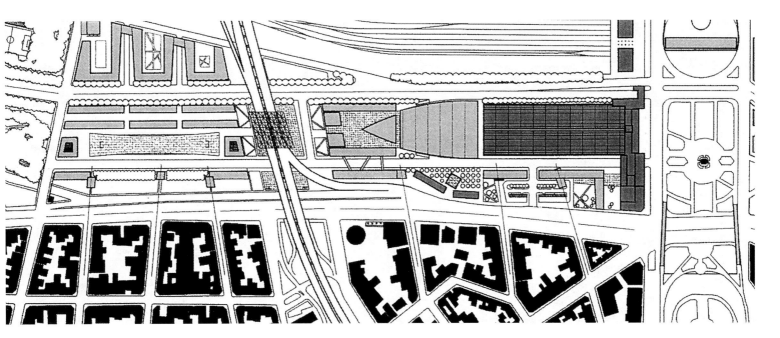

Planta general
General plan

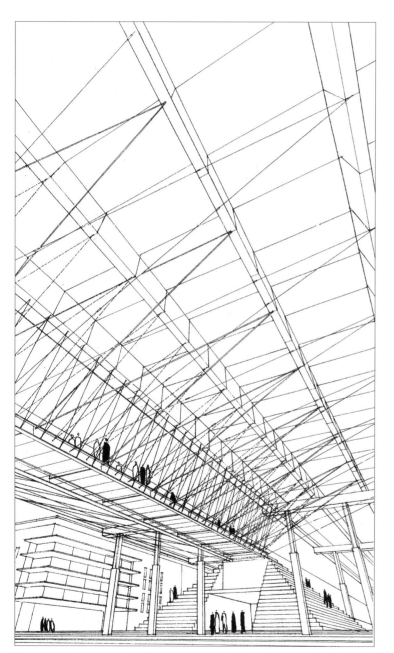

Puente peatonal bajo el viaducto de Avenida 9 de Julio
Pedestrian bridge under the 9 de Julio Avenue viaduct

Auditorio y centro de convenciones
Auditorium and convention center

Plaza del sector residencial y torre de oficinas
Residential square with office tower behind

Vista desde el centro de convenciones hacia el hall de exhibiciones
View of the exhibition hall from the convention center

Proyecto enviado al Concurso Nacional de Ideas Urbanísticas para el Area de Retiro. S.C.A., agosto 1996

Project sent to the National Competition of Urbanistic Ideas for Retiro Area S.C.A., August 1996

Primer Premio
First award

Autores:
Baudizzone, Lestard, Varas, arqs.

Consultores:
Machado and Silvetti Associates,

Asociados:
Claudio Ferrari
Daniel Becker

Colaboradores:
  Brígida Squassi
  Carolina Tramutola
  Marina Villelabeitia
  Claudia Feferbaum
  Julián Varas
  Natalia Penaccini
  Daniel Low

Procesamiento de imágenes:
  Pablo San Martín / Pablo Wolf

Maqueta:
  Ernesto Liceda Sosa / Rodolfo Nieves
  Colaboradores:
  Claudia Femia / Letizia Comandi

Fotografía:
  Alejandro Leveratto

Asesores de Ingeniería:
  Ferroviaria:
  Ing. Miguel de Sarro
  Vial:
  Ing. Alvarez Morales
  Infraestructura de Serv.:
  Ene-I Ingeniería - Ing. Inglese
  Portuaria:
  Ings. Abal / Lara / Olivera
  Planificación del Transporte:
  Lic. Carmen Polo
  Ingeniería de Subterráneos:
  Ing. Clemente
  Diseño de Paisaje:
  Arq. Salvatori

Buenos Aires ha llegado a una fase de su desarrollo urbano altamente complejo con oportunidades para la generación de nuevos espacios públicos y privados destinados a mejorar la calidad de vida y la eficacia del rol metropolitano.

El estancamiento de la ciudad durante décadas ha hecho que una gran parte de sus infraestructuras se encuentren hoy obsoletas. Mientras que la residencia -en manos de capitales privados- mantuvo un ritmo de actualización, el espacio público y las infraestructuras -dependiendo de grandes inversiones y complejas resoluciones- quedaron demoradas.

El reciclaje de las grandes infraestructuras y los vacíos urbanos que se derivan de ello permiten recuperar la dimensión monumental de la ciudad y del espacio público.

La mejora de la calidad de vida en la metrópoli contemporánea, que es también un objetivo principal del Proyecto, está ligada tanto a la calidad de su espacio residencial, como a la calidad del espacio destinado al esparcimiento, al movimiento y a los traslados.

Buenos Aires inaugura de esta manera la problemática de una nueva escala de fragmentos urbanos monumentales en áreas de centralidad.

Estrategias fundantes

Sobre estas grandes líneas la propuesta presentada propone las siguientes estrategias fundantes:

Consideración de las relaciones funcionales y estratégicas con el entorno.

El tratamiento de la dimensión monumental del fragmento a escala de la ciudad.

Una estructuración urbana FLEXIBLE con un acotamiento de sus parámetros espaciales, capaz de absorber los cambios implícitos en una gestión público-privada de la ciudad.

El espacio público como protagonista de la estructuración espacial del área y de la identidad de los fragmentos.

El rol de las infraestructuras como estructuradoras del nudo.

La utilización del concepto de "contenedores urbanos" como tipología flexible para usos residenciales (torres) u otros, polifuncionales como los destinados a usos comerciales, recreativos u hotelería (basamentos y torres).

Oposición de fragmentos identificables e integrados en sí frente a la masa y al borde construído de la ciudad existente.

Una lógica de llenos y vacíos flexible y mesurada como factor de equilibrio entre la masa urbana construída y el suelo urbano libre para usos recreativos (densidad regulada).

Creación de entornos protegidos para la residencia de gran calidad ambiental.

Respeto de la calidad del patrimonio urbano que se salvaguarda impidiendo su contaminación con soluciones "hiperfuncionales".

En las demandas del Nudo de Transportes, priorización de los sistemas de transporte no contaminantes ni visual ni ambientalmente y del confort del peatón (cubierto de la intemperie).

Reconsideración de la red vial como espacio público paisajístico frente a la "vialidad funcional".

Identidad de las partes y fragmentos significativos como base del ordenamiento a escala monumental de la "visualidad de la metrópolis".

Mecanismos de gestíon, etapas y fases de desarrollo quse consideren la "visualidad" de cada etapa completa y su factibilidad económico-financiera.

El Nudo de Trasbordo y el cruce de la Av. 9 de Julio

The transfer node and the 9 de Julio Avenue crossing

Primera etapa: Complejo Espacial Avenida del Libertador General San Martín

First stage: Libertador General San Martín Avenue spatial complex

Maqueta

Model

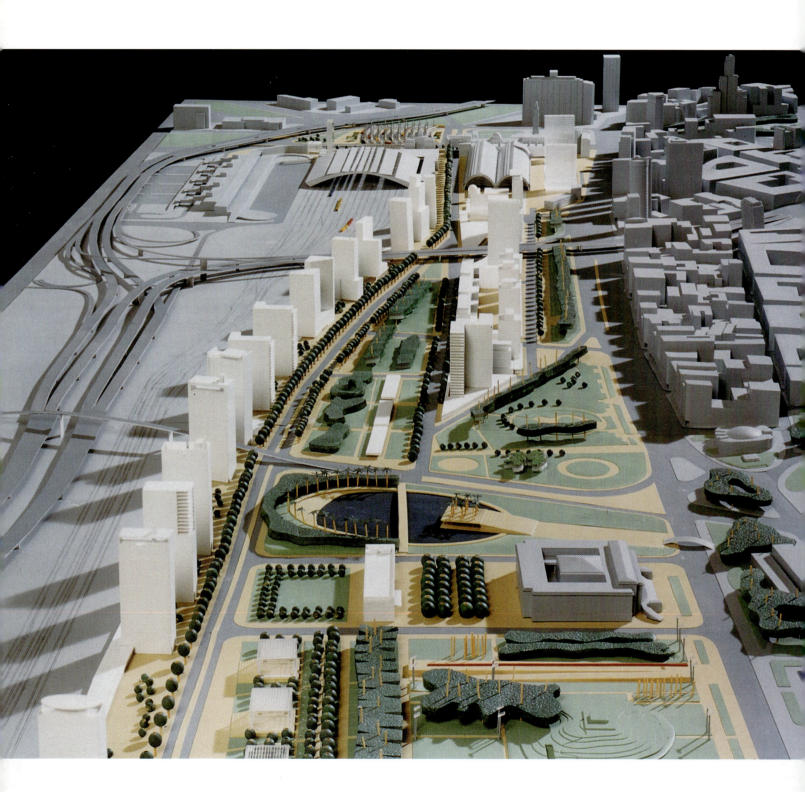

Buenos Aires **Metrópolis**

English Translation

An experimental research on public space patterns during the intensive metropolitan processes

Buenos Aires 1997

**Research Team
Buenos Aires 2000**

Cover: "Cosas de antes"
Oil on canvas, Antonio Seguí
Buenos Aires, 1986

© Copyright 1997
Alberto Varas
Jorge Silvetti

Published by:
Harvard University
Graduate School of Design
Cambridge, Massachusetts, USA

Palermo University
Urbanism and Metropolitan Architecture Laboratory
Buenos Aires, Argentina

University of Buenos Aires
Facultad de Arquitectura, Diseño y Urbanismo
Buenos Aires, Argentina

Pictures:
Alejandro Leveratto
Daniel Karp
Gustavo Sosa Pinilla
Fredy Massad
Unless otherwise noted on specific credits.

Graphic Design:
Arch. Roberto García Balza
G. D. Marcela Gonzalez

First Edition: March 1997
ISBN 950-9575-73-9

Librería Técnica CP67 S.A.- Universidad de Palermo
Florida 683, local 18.
(1375) Buenos Aires, Argentina.
Tel. 314-6303 - Fax (54-1) 314-7135

This edition has been generously funded by the
University of Palermo (Arg.) and the Graduate School of
Design at Harvard University.

In Buenos Aires:

**University of Buenos Aires
University of Palermo**

Alberto Varas
*Co-Director of the Project
Studio Professor, UBA*

**Claudio Ferrari
Daniel Becker**
Associate Researchers

**Marina Villelabeitia
Carolina Tramutola
Claudia Feferbaum**
Assistant Researchers

In Boston:

Harvard University GSD

Jorge Silvetti
Co-Director of the Project

Rodolfo Machado
Studio Professor

Peter Rowe
Researcher

Acknowledgments

Preliminary Note

I would like to thank my assistants: architects Carolina Tramutola, Claudia Feferbaum, and Marina Villelabeitia, and also my collaborators in research and teaching activities: architects Claudio Ferrari and Daniel Becker. They have worked hard on the systematization of the data and images, and have also been my interlocutors since the beginning of this project nearly three years ago. They have also collaborated at the University of Buenos Aires teaching in its workshops and at the University of Palermo researching in the Laboratory of Metropolitan Architecture and Urbanism.

I would also like to acknowledge the Graduate School of Design at Harvard University for its support of this research program and the generous contribution made by the University of Palermo to publish this book. I extend my appreciation to the painter Antonio Segui for allowing reproduction of the painting on the cover page and the photographers Alejandro Leveratto, Daniel Karp, and Gustavo Sosa Pinilla, the publishing companies, authors, and photographers who let us reproduce the images and documents that play an important role in this book, and especially to Ignacio Gutiérrez Saldivar for his aid in reproducing the paintings of Leonie Matthis, to Hugo Salama and Justo Solsona for the Avenida de Mayo drawings, to Claudio Williams for the images of his father's works and to Mark Pasnik for the revision of the English traslation.

Finally, I wish to thank all the students of the different courses at the University of Buenos Aires and at the GSD who made a great effort to carry out the urban projects that enabled the thorough analysis of the urban and architectural challenges characteristic of the areas examined.

This book is the result of research on architecture and urbanism that I started in 1993, together with Jorge Silvetti, present chairman of the Graduate School of Design at Harvard University. The purpose of this research is directed neither toward urban planning, nor toward a global quantitative idea of urban problems. On the contrary, it focuses on urbanism from the point of view of its final result: the already-built city, architecture, and public space.

This type of urbanism is obviously the responsibility of architects and urban designers, although in order to make such projects come true, they must face the limits imposed by their cultural and social environments. But the main idea of this research is that, despite the difficulties of present city development and in the production of architecture (caused, in this particular case, by the crisis of its specific knowledge and consequently of its social prestige), architecture and urbanism are still the two disciplines that may best construe the number of symbolic, functional, and technological requirements requested by metropolitan society for the creation of its artificial habitat.
Under the same historical circumstances, this has been the function of both disciplines in the past. Therefore, we think that architecture and urbanism will not tend to disappear or merge with other disciplines as predicted by some, but, on the contrary, they will play an increasingly prominent role in the near future.

The capacity of architecture and urbanism to suggest ideas should be preserved. Both are based on a specific understanding of urban phenomena in spatial terms and in the development of new ideas and proposals, that do not simply amount to the conditions of other areas of knowledge: quantitative analysis, the demands of which are often contradicted by the actors of urban life or the specific visions of disciplines that focus on the urban realm. Even when the vision of the city through public space and architecture might align, under certain circumstances, with a global quantitative vision, this research deals only with the former.

The difference between both approaches is essential; architectural proposals and urban projects add up to something that did not exist before: a new spatial quality to the analysis and interpretation of urban problems, iconographical hypotheses of the possible or future events that deal with *the projectual dimension of urban problems*. In contrast, other alternatives can only refer to "the strict rearrangement or interpretation of existing events," with no support other than scientific data. And although these should not be rejected *in toto*, they are not enough for the interpretation of urban phenomena or for the correct decision-making in architecture and in fields relating to public space.

This research and book, which are the results of an attraction to a city like Buenos Aires, intend to contribute to this idea so as to open the way for those who are in charge of making decisions about the city or who are interested in its problems and architecture.

November 1996

Introduction

The "Buenos Aires 2000" Program

In order to make decisions
in societies so complex like the present ones
...we must handle a series of sophisticated concepts.
They do not exist in the audiovisual
means of communication
but as ghosts or dead quotations.

Beatriz Sarlo,
"Escenas de la vida posmoderna"
Chapter 5, page 193.

Despite its extraordinary liveliness and glamour as a city, Buenos Aires never succeeded in finding a consistent way to take in the transformation processes necessary to keep urbanity alive and, at the same time, to face the important changes brought about by a new stage of the metropolitan development that gives rise to other requirements. These changes should be performed taking into account the diversity of democratic life, a *sine qua non* condition of living in the contemporary city and preserving the extraordinary patrimonial value of the city. This does not mean we should have a museum-like city, already finished, unable to absorb the new transformations of contemporary culture and its inhabitants' different ways of living. However, this item of preserving the valuable urban patrimony and at the same time accepting necessary changes in the city can be found in the present discussion about contemporary public space. It is an item discussed by citizens, governments, architects, and urbanists, but which has yet to become visible in Buenos Aires, through examples of action in the urban realm or architectural production with a certain continuity that would allow us to gain experience and become more aware of the correct method, of solving urban problems.

The public expresses a longing for a continuity of the existing urban shapes and a desire to recover a bucolic relationship with nature inside the city, by resisting new urban interventions as a last resort to counteract the agoraphobia born out of a non-planned city, a city without an aim, and also as a sign of lack of confidence towards the unforeseen and forced past urban actions. This is the way in which such rejection is shown as the only existing expression on the part of citizens to defend their rights over the city. Officials, in turn, do not rely on urban techniques and on architecture to provide ideas and solutions, because they feel that this might limit their ability to act over the city.

To sum up, difficult relationships have cropped up between the participants in urban life and those responsible for the creation of the actual physical environment. New ways should be found to make them clearer. The analysis of the phenomena described above shows the need to create a knowledge and valuation frame for events of human life and a common and actual base for the treatment of urban topics that would result in concrete forms of interventions in the city's public space: an architecture of public space that may be visible and real, that can meet the requirements of a society in transformation, and give the public a new confidence in the instruments of the urban project and architecture.

In such a context, **Buenos Aires 2000** is an academic research program designed to contribute to the enlargement of this discussion from the vantage points of architecture and urbanism. ■

Researching on architecture

In our universities, it is unusual for architecture and urban design to be regarded as disciplines in which "research" can be admitted. In general, they are considered to be factual disciplines, based only on creation and artistic intuition, focusing only on the solving of problems that may arise in the project and in the technology of building construction, or centering on the historic and social interpretation of architectural and urban phenomena. The "corpus" of both disciplines is often associated with that of engineering and social sciences, or with the development of specific technologies so as to include it into the academic frames that have traditionally referred to scientific knowledge for building the body of its own discipline.

It has not been clearly admitted that the project is a method to get to know a reality that carries a high degree of information and complexity. The project is regarded only as a final product showing the proposed architectural work, but not as a text or a knowledge-based process that incorporates information about the culture, social relationships, technology, artistic creation, or architectural production as an autonomous discipline. Therefore, one of the most interesting research areas with great influence over the quality of living standards in the contemporary world tends to be disregarded. This refers to the creation of the artificial world, the already-built world, which is an inherent characteristic of architecture and which is based on the project, its methods, meanings, and technologies. We are talking about projectual research as an essential instrument for a self-conscious production, both cultural and technical.

This research procedure gives rise to instruments that constitute a new basis for reviewing attitudes on the architectural project and to contributing to the making of our cities. It must provide information and a framework for analysis about them, taking into account that the procedures for their interpretation are nowadays facing technical and cultural complexities, as seen in the relationships between projectual activity and political power and also in the democratic requirements of society as a whole. This complex fabric is expanding everyday and, therefore, other kinds of approaches should be addressed.

The project as built thought

The expression of ideas and of a projectual knowledge about the built world, cities, and architecture has an outstanding background regarding the form of projectual ideas not deemed to be applied only as an instrument of building work. Distant extremes such as Nolli's Rome Plan and its reinterpretation by the Cornell Group of Colin Rowe, the first urban representations of Le Corbusier's Ville Radieuse,

or the studios presented by Peter Eisenman at the GSD are a few such examples. Therefore, we can see that architectural research dates back to the proposals made by classic authors such as Piranesi and Ledoux, or to the utopian avant-garde researchers as Williams or Le Corbusier. This way of thinking still occurs even at a time in which the capacity of language to be prescriptive about form has diminished and in which the growth of metropolitan processes has made the research on projectual processes much more necessary and different.

The research tradition of the School of Buenos Aires

Buenos Aires has not been separated from these processes. Between 1978 and 1982, much research has been done at CAYC's Architectural Lab [1] and at the Escuelita[2] on ideas related to projectual research. However, these particular cases, were more strongly related to linguistic problems. Since 1983, this work has been made in the successive experimental workshops organized at the Graduate School of the University of Buenos Aires and in some of its architectural studios.[3]

Several competitions for ideas have occurred in some of the largest urban areas of Buenos Aires, such as Madero Harbor or Retiro. As a previous stage to their actual building, the projects have been set forth as an intermediate step to show an image before the final public space is worked out. Therefore, these competitions have become a projectual research on specified topics that are flexible regarding the corresponding programs instead of finished projects.

Projectual research: why?

How can we better distinguish between projectual research and the instruments from other stages of the architectural and urban project? And how can we better specify its goals?

To go a little deeper into these subjects, we must admit that architectural theory and practice imply a certain body of knowledge likely to be applied to the *understanding* and *production* of the artificial world that is not reflected *in the same way* in any other disciplines. That difference explains and defines the quality of this research method. The shape and characteristics of real architectural and urban space are the primary factors in this way of thinking about the city and architecture:

dimension, materiality, communication, and permeability are only a few of them. These ideas may be ambiguous or not clear enough if they are removed from their spatial context. Hence, the instruments of this research method can only be those which represent such space, elements that interpret and represent architecture in its different scales: drawings, designs, models, videos, etc.

The central hypothesis of projectual research is that the body of knowledge embedded in architectural production and in the built city has, on the one hand, an analytical phase that shows urban phenomena as a literary and pre-projectual text, while on the other hand, it has a projectual phase closely related to the project phenomena. These are the ones which, through its procedures, incorporate wider information about the different concepts developed into architectural urban projects in all the different stages of the highly complex designs. In this important phase, there appears a new or different architectural knowledge that is not found in other expressions of the architectural text. This expression shows itself rather than explains itself, which is a pre-architectural concept.

We should clarify the above mentioned idea so as to state what we consider to be the differences between **architectural theory**, **projectual research**, and **projectual experimentalism**. Although the first two both favor the interpretation and the content of the projects without a pragmatic and factual practice, the first is prescriptive and inclusive in relation to production, whereas the second is experimental, operative, and specific; it tries only to incorporate new concepts into the already existing ones. Projectual experimentalism is closer to professional activity; it is a link between pure projectual research and the creation of prototypical proposals in the already-existing reality.

Therefore, researching in architecture means producing projectual texts as a kind of material thought that gives new information to the production of professional projects. It deals with the creation of an intermediate layer or link between pre-projectual texts and the final professional project to be built.

Form and meaning

The case of Rome under Pope Sixtus V is a good example of how a new kind of thought about urban space and architecture could reflect Baroque ideas by altering the classical scale and meaning of Rome. Research on and evaluation of these transformations, that include not only the architectural role in different processes (such as the rebuilding of Santa María Maggiore or the two churches of Carlo Rainaldi in the Piazza del Popolo), but also the bravado shown by the obelisk movement and the ideological purpose of the new urban ideas, is an interesting chapter in urban design research that we owe to Edmund N. Bacon.

But there are other good examples of conceptual power in thinking about the city expressed through urban ideas: Paris by Haussmann, modern Barcelona, or Buenos Aires at the beginning of the century. In these urban structures, we can read texts that even being contradictory among them, they are, at the same time, of a great value to the comprehension of contemporary city.

The main goal of this research does not comprise a historical analysis of the most important structures that show the urban concepts; its purpose is to apply this point of view in the city of Buenos Aires according to projectual research procedures. It is very interesting to see how, during different stages of the development of urban concepts taking place in different parts of the world, the city, under varied circumstances, has acquired the characteristics of a projectual text as though in its own time there were the techniques used to interpret other texts such as the Nolli Plan, the proposals made by Amancio Williams, Le Corbusier's drawings, or the infographs of Agrest/Gandelsonas. In order to see in Buenos Aires the metropolitan processes that are taking place and that seem to dissolve in a number of difficulties and lack of structures, the interpretative technologies used so far seem to be insufficient.

The main difference between the old patterns and the case of the present city of Buenos Aires is the transformation of the new city into a metropolis and the number of difficulties and the new character implied by this transformation. For this reason, this research does not result in projects or meta-projects, as for example, in some of the modernist cases. On the contrary, it results in projectual patterns that cannot be used as final projects, but as intermediate stages to discuss the urban shapes that result from a decision-making system. Generally, this system does not account for the spatial variables, the concrete architectural structures, or the concrete public

spaces that finally result from those decisions. This is, in fact, the aim of the Buenos Aires 2000 project.

Projectual research in architecture shows the contents of unexpressed levels included in the final project and offers other alternatives to solve those problems that have more than one interpretation. This is well embodied in the traditional mechanism of the competition of ideas that may be considered one form of projectual research. This procedure gives the client the possibility to consider a range of solutions that better survey the problems, and helping to find the differences between concepts and ways of thinking clearly explained in each of the proposals. The opening, re-interpretation, and creation of new ideas are the challenges suggested by this way of thinking. ∎

---

(1) The CAYC Architectural Lab and the Escuelita were two pedagogical experiences parallel to the official academic world of Buenos Aires in the 1970s. Many professors who had been excluded from the University of Buenos Aires during the military regime joined to take part in this research. They only had an intellectual goal and developed an important part of the most advanced knowledge of that time on architecture and on specific topics about the production of the architectural project and the city. Among others, the professors that worked at the Escuelita were: Justo Solsona, Ernesto Katzenstein, Rafael Viñoly, and Antonio Diaz; in addition, Clorindo Testa, Alberto Varas, Jorge Goldemberg, and Miguel Baudizzone gave courses at the CAYC Architectural Lab.

(2) Jorge Sarquis organized the seminars at the Poiesis Center of the University of Buenos Aires. Apart from his articles and books on architectural creativity and on projectual research, he is possibly the researcher who has most clearly referred to the philosophical aspects of this research procedure.

(3) Poiesis Seminar Group: Pío Torroja, M. Corvalán, G. Dieguez, Juan Frigerio, L. Gilardi, R. Torras (UBA).

The new conditions of metropolitan urban space

Theoretical frame of Buenos Aires 2000

The analysis of some phenomena and ideas prevailing in the present urban culture has led us to think they might become the new conditions of the metropolitan urban space of Buenos Aires by the end of the millennium. In

some way, these phenomena constitute the reference material used to reach our goal and, in part, the theoretical frame of the Buenos Aires 2000 Research Project. These elements will convey the qualities and shapes of future public space as an answer to its different requirements. This research also includes a few points of view on contemporary urbanism that constitute the frame upon which the new projectual ideas were based.

- The urban idea of the Buenos Aires 2000 Project lies in the spatial and architectural outline of the city, especially in the shape and character of contemporary public space. This vision does not try to ignore any other points of view on this topic. Most historical and modern studies of the city consider the shape of public space and architecture as the main elements to determine the identity of cities. Such studies reject other scientific frameworks that analyze urbanism strictly from a sociological, quantitative, or functional point of view. We consider that spatial, architectural, and urban facts bring out the essence of urban events. Therefore, we can give the urban and architectural project a self-propositional value as a final synthesis of urban knowledge.

- The difference between a fragmentary or unified idea of the city, which has been regarded many times as irreconcilable, will be included in this work as urban project and strategic planning concepts respectively, supplementary elements that contain both visions. The urban project refers specifically to the urban-architectural characteristics of urban pieces likely to be identified within the limits of an urban sector that allows a specific intervention. As governing factors, the second includes: analysis of the city role, large urban infrastructures, variety of structures, harbors, airports, general services, and functions that exceed the scope of one fragment due to a more complex origin of its determination.

- Buenos Aires is undergoing a metropolitan process which implies the necessary transformation, completion, and technical updating of its obsolete urban infrastructures, and a process of moving and colonizing its central peripheries. The most outstanding examples of this transformation process can be found in the provision of basic services, railway systems, harbors, road structures, fluvial, maritime, and air means of transport, and also in other central nodes with an important lack of urbanization caused by processes of internal peripheralization. In the recent past, the intensive completion of residential grids was one of the main characteristics of urban development (the population of the jurisdictional area of Buenos Aires grew demographically only up to 1947). Nowadays, the obsolete infrastructures and complexity of their relationships with the "Gran Buenos Aires," constitute the most outstanding characteristics of the current situation.

- Under these circumstances, the problem of *mobilization* of passengers and loads within the city, the underground system, the surface transportation system, the different speed rates and their *technology,* together with their impact on crossroads and transference hubs, are topics that need to be discussed once again, taking into account they will occupy an important part of the citizens' daily experience. These *transport transference centers* will give rise to an architecture and an urban space with characteristics that will modify the nature of public space in the more populated areas.

- The idea of the city as an *artificial product* and its relationship with *nature* are analyzed acknowledging, on the one hand, the impossibility of purely reproducing the latter within the city and, on the other hand, the idea that the only actual possibility of such incorporation is made feasible by creating an urban landscape in which nature can be represented as a virtual phenomenon. The large classical parks of Buenos Aires created at the end of the last century preserve the romantic characteristics that prompted them: a desire for natural mimesis. The outline of parks and classical contemplative gardens no longer corresponds either to the idea of different use or to the shape and concept of the contemporary open space and park. In regards to this topic, Buenos Aires needs a deep review and a new discussion of leisure and topics of green areas. This review can be obtained through a change, redesign, and reassignment of the different uses in the present system of green areas for public use. Therefore, we could also find a solution to traffic jams on highways and to the effect of the peripheral leisure syndrome in a metropolis of large dimensions like Buenos Aires.

- The new cultural, commercial, and leisure facilities accommodate different uses and locations of activities in the city that alter static structures usually found under other economic, cultural, and physical moments of the city. These structures have led, consequently, to a disregard for the urban patrimony.

- During the above mentioned period, many changes in housing conditions and in the use of urban space took place, giving rise to many different transformations in categories of architecture and of public space.

- This context gives rise to a discussion of proposals and to a design of public space that will not merely be regarded as the byproduct of private actions. These opportunities are a consequence of *use transformation, of liberalization of urban areas* for public and private uses in strategic zones of the city and, to a lesser extent, of the requirements to preserve the patrimony of abandoned areas. This process results from a reduction in space necessities due to technological alterations or renewals, or from the contingent relocation of large infrastructural pieces. The poor housing conditions in central areas is also included in this mobilization process (Barracas, Villa 31, San Telmo, "conventillos"). From an architectural and urban point of view, the problem of the colossal in architecture crops up: the scale problem and treatment of large structures, the big in the city.

- The main hypothesis of the Buenos Aires 2000 Project regards the metropolitan public space as the main participant in these transformations, a new space with other functional requirements, a representative space that generates a new scale for the city. This space must be well prepared to contain a new democratic and civic behavior and to immediately regulate the new contemporary metropolis of Buenos Aires with its emerging spatial characteristics. ∎

1. Paradigmatic moments in the architecture of the city and in the shape of public space

The notes and comments included in this research do not follow a thorough chronological order regarding the historical development of Buenos Aires, as it has been already set forth by various authors elsewhere.[1] The different stages of public space and architectural evolution of the city described herein have been compiled from original documents so as to provide the background necessary to understand the development of different shapes in the urban structure of the city during the structural steps of its creation. This material, apart from giving a better understanding of the origins of present urban forms, provided a basic context for developing the particular studios in Boston and Buenos Aires.

However, the compiled material that initiated this book became a strategic issue when reaching the concepts that defined the structure and theoretical frame of this work. It shows the methods used to analyze urban events and the past and present roles of architecture: as structured elements of a thorough text about the city and its physical evolution. The notes and comments about plans or works included in this chapter, as well as architecture and selected images, as a whole represent a methodological and conceptual approach, different from the one included in other research on Buenos Aires that has been published and disseminated in recent years.

We would like to point out some of the studies that deal with the city of Buenos Aires from their own points of view and with different aims: "Plans and Codes for Buenos Aires" by O. Suárez; "Buenos Aires, Historical Evolution" by Ramón Gutiérrez; "Buenos Aires: An Alternative Urban Strategy" by the

Group of Researchers of the University of Buenos Aires; and "Plural Foundation."

The purpose of the research conducted by Odilia Suárez was to become a base for the discussion of the urban planning code. It states that a supposed ability of codes, together with a global plan and a "sound scientific characteristic of the knowledge about the urban process in evolution," shall allow such codes to regulate those processes by themselves. It is a point of view that, by not taking into account the mechanisms of human transactions, fails to grasp the variable processes of metropolitan interaction as well as the role of actual public space and urban architecture as main participants in a real idea of public space. In this scheme, architecture is postponed to a detail stage of development with little influence on a primary determination of urbanization processes.

The research study by Ramón Gutiérrez deals with a historiographic work that contains different data and points of view, some of which are very interesting as an interpretative point of view about the historical phenomena of our city; but according to our beliefs, they are influenced by a strong political bias. This is clearly evidenced in the analysis of the most recent stages of the city's modern development. The essay explains, in a chronological and lineal order, all the city's physical stages of design according to conditioning social-political events or through the classification of the political-ideological points of view of the authors regarding plans and projects. Therefore, the research is clearly affected by a biased interpretation of the architectural and urban phenomena, that at the same time denies a self-aware perspective of architecture and urbanism. The comments on the third part of the above mentioned studies are enlarged in another part of this research.[2] ∎

(1) Suárez O., "Planes y Códigos para Buenos Aires," Ediciones Previas: EUDEBA 1994.
Gutiérrez R., "Buenos Aires: Historical Evolution." Fondo Editorial Escala, Argentina, 1992.
Baudizzone, Erbin, Lestard, Varas / Cuneo Schlaen: Buenos Aires: "Una estrategia urbana alternativa, publishing company: Editorial Fundación Plural UBA, 1985.

(2) See, in this first part, the section: Intense metropolitanism and fragmentation.

Foundation traces

The abstract condition of the origin

From the very beginning, the city of Buenos Aires has been influenced by the condition of its site. The selection of this site was the consequence of two visions. The first is a mythical one that considers a two-fold city located between two deserts: the "pampa" and the river. As Borges very well described it:

...Buenos Aires can only be defined in terms of its river. On one side, the infinite river of a desert color. On the other side, definite and voracious, the desert with the same river color.[1]

This original vision, without any kind of limits and without any references other than the mythical continuity of the two deserts, is the scenery of the first two human efforts to survive in this place. It represents the experience gained by conquerors and chronicles their struggle to overcome the conditions that limited such insertion. The situation is described by Ulrico Schmidl, historian of the conquest, in its Crónicas de Viaje:[2]

The settlement took place within a fort, rather than a city, around which an earth wall was set up as high as a man standing with a sword in hand. This wall was three feet wide. What they set up in one day, fell down the following day...

The other vision refers to a strategic command of a port-door city, to the conquest of a vast territory and, at the same time, a way out of the New World Treasures. From a political point of view, it has a geographical strategic position over the Atlantic towards the interior of the continent.

The coexistence of these two *reality visions* will condition the city's development in its territory. Therefore it will be conditioned by its two axial references: the unlimited growth towards the internal part of the grid as a foundation line, and the other, taking centuries to become consolidated, the artificialization of the banks – the contact point between the river and the pampa, between the river banks and the continent.

The squared city

From the very beginning, Spanish colonization brought about an idea that would allow the order and settlement of cities across a wide scale and under different geographical conditions. This fact catalyzed a city pattern that was spread throughout all territories under Spanish influence, even where there were already-built cities, they were modified according to the new pattern. The original idea of those cities was determined by a simple and continuous reticular outline that allowed, together with the military or religious buildings, the spatial identification and systemic regulations of the new territories set forth by this model of land subdivision regulations. This abstract pattern based upon the outlines set forth by the "Leyes de Indias" will define the whole American urban experience.

The original design for Buenos Aires had an eccentric characteristic in relation to the square, pursuant to the terms and conditions stated by the corresponding regulations for coastal cities. The settlement was defined by the limit of the slope towards the river over a plateau which would not limit the growth over the pampa. This was the essential element according to which the city was later developed. This foundation, as in all the other colonial cities, was carried out according to the terms and conditions set forth by the Leyes de Indias. This code ruled the relationship

between the urban nucleus and the surrounding rural area. But the main rule of this legislation referred to the fixing of a grid as a background for the city outline, based upon the old colonial foundation pattern of the Roman Empire for military or civil camps.

This pattern was applied in many Latin America cities during the Spanish conquest. The city "Santísima Trinidad de Santa María de los Buenos Aires" was founded pursuant to the legislation that set forth its creation, "...proximity to water, fields of good building material, productive pieces of land, good winds...," and the outline of the city set forth by the code:

Plaza Mayor: rectangular form, length of one and a half measure of width. The four main streets originated in the square.

Public Buildings: Casa Real, Cabildo, Customs. They were all located between the Plaza Mayor and the church. Streets were wide in cold places, narrow in hot places (Buenos Aires: 11 varas = 9,53 meters).

Blocks ("manzanas"): divided into plots or "suertes" (blocks = 150 varas; plots = 70 varas). As with many other cities, the original city of Buenos Aires developed its theoretical design according to city-region planning and regulated the urban and rural land use according to the Leyes de Indias. Provisions stated by the law included the following: when making the site plan, spread squares, streets, and lots in a straight line, beginning at Plaza Mayor and planning streets and main roads as from that place, leaving an open radial zone so that the city could be enlarged pursuant to its growth.

The Plaza Mayor's role

The Plaza Mayor was built as an organizing monument of the political and religious power and of the social and community life. Despite the different changes, it kept its autonomous character as a monumental piece in the city. This square was the scene for and witness to the successive contradictions brought about by the city-river relationship. The subsequent settlements along the river banks of the central area turned this area into a Mediterranean space. ■

Growing modernity and Haussmannization

- *Artificialization of the fluvial front*
The "Aduana Nueva" building by Taylor and the new infrastructure

An artificial destiny

From the very beginning, Buenos Aires depended on a natural bank which was adverse to the city-river relationship and the building of a harbor. The Jesuit Cayetano Cattaneo wrote in 1729:

I cannot understand why the first conquerors of this piece of land chose this place to found Buenos Aires and build a harbor, unless it was made to be protected from European enemies.

In 1725, the fort was finished with an uncertain and useless purpose. In 1755 the first wharf over the coast in the Catalinas area (present Paraguay Street) was built, a stone construction two blocks long and ten meters wide. In 1770 more that fifty harbor projects were presented. In 1771 the first dock design was made by the Engineer Francisco Cardozo. In 1857, the first important buildings from an infrastructural point of view were built over the coast: the Aduana Nueva building by Taylor and the railway station, both creating a group that still shows the spirit of centrality of the city as an instrument of power and unity.

The disembarking ritual continued to be made in the open river through external buoys bringing the passengers in boats, carts, and carriers on a muddy surface. In one traveler's account:

The passengers, who were usually soaked in their carts seemed to be criminals about to leave this world rather than travelers arriving in an important capital city.

The Aduana Nueva building (which implied the destruction of the fort), together with the passengers' wharf, adapted naturally to the geography giving rise to a monument perfectly incorporated to the spatial situation of the Plaza de Mayo Square relative to the river.

The physical transformation of the colony into a "big village" was quickly modified after 1776. In 1810, thanks to the availability and movement of economic resources produced by the new wealth and the new harbor and customs activities, the equipment, infrastructure, and building area could be enlarged. As a result, the first urban transformations took place: the Alameda, the Plaza de Toros, the Paseo de la Costa, and the "bajo" near the fort. When the May Revolution took place in 1810, Buenos Aires was given a monopoly over customs duties. This constituted the essential element of its position up to the nineteenth century. The city played two roles: it was one of the main harbors for fishing vessels in the Riachuelo, and the primary harbor for disembarking and anchoring with external buoys in front of the city. Likewise, the ports of Ensenada and San Isidro continued working. The docks, dikes, and wharfs designed by Giannini, Bevans, and others give evidence of the importance and the systems under which Creoles and English commercial corporations competed at that time.

The main present urban transformations are the following: enlargement of the center towards Mayo Square, creation of the south neighborhood, extension of the suburbs up to Miserere headquarters (Once Square), building of Constitución and Retiro stations, construction of the Aduana Nueva building (1854-1859) and the passenger's wharf (1855). Until 1850, common means of transport were still the ones used in colonial times: carts, carriages, and roads without any kind of maintenance. The harbor activities and the need to export technology and capital led to the creation of the railway system as a supplementary element, reducing therefore the freight costs and allowing time control. This railway system fanned out from Buenos Aires towards the interior in order to centrally connect the harbor with the rest of the country.

The trace of the railway system in the city's urban design became an element of great impact, not only for the rails and railway ditches but also for the buildings, railway operating yards, warehouses, etc. The main urban transformations that took place during this period were the building of the Buenos Aires harbor in 1886, the north dock in 1898, the west and central railways in 1857, and the first tramways in 1863.

Utopías

The traumatic relationship between the city and its coast enabled different utopian projects to colonize the water desert not only with pieces of infrastructure but also with fragments of cities over the water. What hidden legacy brought about these visions of expansion out from the coast, when there was an unlimited desert to be conquered? Perhaps the water has never represented a limit and everything has been in an effort to define a gateway. Under these hidden legacies, the city developed as a continuous and unlimited attempt to expand towards the river, while the harbor appears as the main element in the urban structure. There are a few examples of these visions. In 1824, Guillermo Mickelejohn brought in the project of an ideal city over the river made up of fifty-four blocks autonomous from the existing city. At the same time, during the Rivadavia government, Bevans and Catelín submitted ideal designs for filling processes on the coast together with harbor and city projects. Later on, in 1850, Sarmiento imagined his "Argirópolis" capital city of the United States of the Río de la Plata on Martín García Island. The concurrent idea of gaining ground is also included in the city expansion project by Martín Berraondo of 1875.

The "Aduana Nueva" building by Taylor

Designed by Eduardo Taylor in 1854, the Aduana Nueva building was oriented to replace the Buenos Aires customs building that had existed since 1783, located between present Belgrano and Defensa Streets. This agency levied taxes on import and export products during a blossoming period of foreign trade in our country. Under this circumstance, the new building acquired a strong symbolic characteristic in a city that was trying to leave the "big village" image behind, so as to get involved in the modern process by adapting its infrastructures.

The building was placed behind the fort (present Colón Square), which had to be demolished. It was developed in two sectors: a semicircular one that functioned as a warehouse and an orthogonal area where the supplementary storehouses were placed.

One of the most interesting aspects of this building is its exploitation of the topographical conditions of the Buenos Aires coast. Taylor used the slope and placed one of the buildings almost over the water and another on the top of the slope. Both buildings were connected through a system of tunnels and ramps that reached a semi-underground patio linking the buildings with the old fort. The five-floor facade over the river, was semicircular with an arcade in the new colonial style, but at the same time with an undeniable English influence. On its ground floor there was a gallery surrounding the plan and leading to the wood wharf that went into the water. The other facade above the slope overlooked the railway operating yard, taking profit from the pit of the old demolished fort. The customs building was connected with the fort cellars (used as offices) through this patio (present museum at the Casa Rosada). From an urban point of view, the semicircular facade became the Mayo Square facade over the river.

Therefore, the construction of the Aduana Nueva building was the first attempt to carry out a project with a functional importance, taking into account the city's embankments. In this sense, it established the beginning of the process of becoming an artificial river bank. This process significantly influenced the city's development that continues even today. The monumental character of the building, the big semicircular facade, and the wharf over the Río de la Plata give evidence to its contribution to the first development of a coastal skyline, giving Buenos Aires an image over the river for the travelers who arrived by ship, the only means of transport available at that time.

It may also be considered as one of the first attempts to find a solution to the way the city meets the river through a great architectural piece and a significant urban conception. Engineers, politicians, and inhabitants of Buenos Aires were well aware of this difficult relationship between the river and its shore (difficult hydrological conditions, the shallow bed of the river and the scarce colonization of the border). They took notice of the necessity to reinforce the border of the city from a functional and symbolic point of view. When Puerto Madero was built in 1884, the customs building was demolished up to the first floor; the railway operating yard, galleries of offices, and ground floor of the semicircle ended up below Colón Square. These sections were found after the first excavations made in 1942.

The harbor

The consolidation of the liberal economic pattern based mainly on the export of land products that was structurally dependent upon the British economy played an important role in building the Buenos Aires harbor. This vision can be found in Madero's project.

Unforeseen events and quick technological changes gave evidence that as soon as they were finished, the works turned out to be insufficient. As a consequence of this, Puerto Nuevo was built twenty years later (1911). The strategic position of the harbor in the central area gave a symbolic value to the district from an urban point of view, as it was placed very near Mayo Square. The harbor location also determined the convergence of transport systems, disconnecting the central area of the city from the river, and creating a number of architectural barriers due to the railway design and the infrastructural works that have affected the city's urban structure up to the present.

The street and the square: pre-modern public space

The pattern of European cities in the nineteenth century that influenced Buenos Aires as well as those from the second half of this century, both show a public space characterized by empty spaces: squares, streets, and places, meaningfully cut off from the inside of the closed historical grid of the city. Therefore, these urban spaces are given a highly significant role by the surrounding architecture. In this dialectic between building and empty space, the monument is the building that hierarchically occupies the empty area, whether it be through its volumetric presence or through its frontal plane, that is to say, a public facade.

Open space is thus regarded as an interior place defined by the buildings. This open space that creates the landscape within the city does not belong to the open space that opposes the already-built city in the artificial-nature relationship as discussed previously in terms of modernism; instead, it belongs to the urban space artificially defined by architecture in the urban space-architecture relationship, as seen in classical architecture.

The parks, drives, streets and squares that characterize the treatment of large urban spaces are therefore regarded as articulated urban pieces within the unified concept of the city. The square and street function as organizers and classifiers for the grid and are projected as collective spaces where social rituals and the public representation are considered to be preserved. The systematization of this way of thinking about the city and its public spaces constitute the base of the French concept as it was taught in the Ecole des Beaux Arts in Paris at the beginning of the nineteenth century. An

important part of the urban structure and space in Buenos Aires, with its streets, squares, boulevards, and urban parks, follows this way of thinking. Some of these characteristics of the neoclassical structure of the city of Buenos Aires are analyzed in the next piece of this research. ■

---

(1) See Jorge F. Liernur and Graciela Silvestri, "El Umbral de la Metrópolis," publishing company: "Sudamericana," 1993. For more information about the construction of the Buenos Aires harbor, see chapter "La ciudad y el río" by Graciela Silvestri.

(2) For more information about architecture in this period, see: *Arquitectura del Estado de Buenos Aires* (1853-1862, Instituto de Arte Americano, FADU, 1965).

• *The process of monumentalization of the grid*
Buenos Aires, neoclassical city

This period corresponds to the urban processes that occurred between 1880 and 1930. It is a historic period that left a very visible legacy on the physical structure of the city that presently is a prevailing part of the metropolitan fragments. During this period, urban ideas and architecture strongly contributed to the identity of public space in Buenos Aires. The concentration of new activities in the central area engendered new modern projects that would define the city's shape. These actions began during the government of Mayor Torcuato de Alvear. The main urban transformations appear in public spaces: streets, avenues, squares, and parks. These created a new urban landscape under a strong French influence that would alter the initial Hispanic vision, changing the city's scale and the domestic way of living in the city. The urban planning of this period is concentrated on the central area, confirming its hegemonic character.

One of the most outstanding operations can be seen along Mayo Avenue through an attempt to homogenize the construction of buildings along the avenue by the creation of landscaped sidewalks as an extension of bars and by the creation of new programs: hotels, offices, big stores, and cafeterias. Therefore, the street is consolidated as an active space and as an element of communication between such streets, squares, and public parks. New expansion projects for avenues such as Corrientes,

Córdoba, Santa Fe, Belgrano, Independencia, San Juan, Paseo Colón, Leandro Alem, and Florida (the street par excellence) were projected as answers to the new urban scale. Squares, parks, and monuments were developed based upon French landscapes: the Jardín Botánico, the restoration of the Tres de Febrero Park, the Zoo, Retiro Park, Congreso Square, Miserere Square, and Constitución Square. The city was regarded from that moment as having a steady global aesthetic and a dynamic point of view that expresses its constant changes.

During this period, there was an important development of the great system of public parks in the city and other buildings of urban importance. The buildings with their squares and frontal neoclassical facades, the public park system, and urban infrastructure are the first hints of a new vision for Buenos Aires: "a city with the level of important world capitals," and of the architectural and urban role in its image definition.

Generally, the projects belonged to foreign architects who followed the visions of the Ecole des Beaux Arts and its tradition. Many of these architects never came to Buenos Aires, such as Julio Dormal or Rene Sargeant.[1] When these buildings were constructed between 1890 and 1910, seventy percent of the population was made up of foreigners. The projects of the railway station and other infrastructural works, such as harbors or electric power plants, were given to English architects. These works were part of the first stage of development of a modern public infrastructure for the city.

The National Congress building, opposite Congreso Square is the final result of the neoclassical axis along Mayo Avenue. The project belongs to Víctor Meano, an Italian architect who won the international competition and came to Buenos Aires to direct its construction. This building, the court building designed by the engineer Maillart opposite Lavalle Square, and the central post office building are clear examples of that period, and they add variation to the extended grid. Such new institutional programs are introduced for the state based on the academic architecture of the Ecole des Beaux Arts, and they show a clear intention to build up a new urban monumentality that replaces the image of the colonial city.

Mayo Avenue is a big urban development, very similar to the one developed by Baron d'Haussmann in Paris. It gives evidence of the 1890s political vision to transform Buenos Aires into an international capital. After twenty years, the important public buildings still remained. The opening of the diagonals based on French tradition and the obelisk construction are clear examples of this period. These buildings evince the close relationship that existed at that time between politics, architecture, and urbanism. By then, urbanism was regarded as a reliable and appropriate instrument to create public space and also to give meaning to the city. ■

---

(1) F. Ortiz, J.C. Mantero, R. Gutiérrez, A. Levaggi, R. Parera, "La arquitectura del liberalismo en la Argentina," publishing company: "Sudamericana," Buenos Aires.

• *The Noel/Forestier Plan and the "Costanera Sur"*

In our country there is an idea that every building with a true practical or positive value, lacks beauty. Therefore, we should get rid of such a misleading concept in order to spread the contrary idea: "Every beautiful work – that is, aesthetic – must correspond to a practical program with an immediate function.

Message of Mayor Noel to the Department of the Interior, Town Hall, Committee of Aesthetic Building, Buenos Aires, 1925.

Organic project for the urbanization of the city, 1925.

As it is clearly stated in the presentation of the plan, the situation of the City of Buenos Aires and urbanism in the first quarter of this century suffered from many important alterations that required solutions. These changes initiated the creation of the new urban plan for the city. The authors state:

Since 1850, the big groups or urban crowded centers have modified the sense of the previous programs, according to industrial development, means of transport evolution, improvement of the social living conditions, and other factors that characterize our time. The same monumental cities such as Paris, Vienna, or London, have seen their walls demolished due to the importance and extension of the new neighborhoods that were annexed to its own activities. Big and new drillings have destroyed the old solid walls that did not comply with the

new requirements of the modern movement, in such a way that the problem of the capital cities transformation of our century also implies a complete change in the planning of its designs.(1)

There is a clear progressive and at the same time traditional academic vision that emerged from the purposes and analysis of the city that, in turn, gave rise to the Noel/Forestier Plan. By the end of the century, the city was regarded from an aesthetic analysis as an open stage likely to be resolved by means of important urban operations on its shape and from a monumental concept of urbanism.

The urban planning concept is developed according to ideas related to consolidation and centrality, and to the emerging vision of metropolitan growth that implies the definition of new scales and qualities of public space, such as the need to face new infrastructure keeping the harmony of a city structure that is still regarded as an ideal unit. The plan conveys the implicit vision of a city built according to permanent changes that are expressed in its configuration, a macrocephalous city with exceeding congestion that coexists inside the initial order of the unique city. Evident in the plan is the beginning of the urban vision that exceeds the static characteristics of previous stages of development.

Heterogeneous spaces of the city are treated as unique entities, as a "new urbanism." Opening and expansion operations are projected in order to integrate the open areas. First, urban legislation sets forth an important investment in public buildings that do not exceed the urban limits of the city. The first attempts are made to control housing conditions and urban equipment on a higher scale, an issue that previously had not been supported by governmental policies. This new urban concept would imply certain changes in the urban grid, which would have to adapt itself to allow a new urban cohabitation incorporating different experiences and architectural styles marking the future development of the city. The close relationship established by the plan between architecture and the urban problems to be solved is made up of building proposals for eight key areas of the city:

1- *The reconquest of the river.* It is based mainly on the construction of the Great Costanera Avenue from Puerto Nuevo up to the city limit and the creation of riverside parks, gardens, and terraced neighborhoods

that run parallel to the avenue. There is also a proposal to construct some works able to architecturalize such a proposal: the continuation of parks opposite the Casa de Gobierno; the transformation of Retiro and San Martín Squares into one; and the Casa de Gobierno modification.

2- *Completion of North, South, and Santa Fe Avenues, construction of other national buildings – the Town Hall building and the Commerce and Industrial building.* It refers to the finishing of the diagonals as the main goal to put an end to the city's monumental design, especially the south diagonal, which was less consolidated at that moment. There is a proposal to carry out this operation by finishing the south diagonal in a square that contains the town hall.

3- *Embellishment of the south neighborhood, the traditional neighborhood.* It refers to the creation of a series of buildings that improve the neighborhood's urban quality: the School of Fine Arts, Architecture, and Sculpture Museum; the School of Philosophy and Literature; the National Historic Museum; the National Music Conservatory. There is also a proposal to restore squares and country houses with a historical urban value.

4- *Mayo or Del Gobierno Square.* It states the method to enhance the group formed by the Mayo Square, Governmental Departments, the Cabildo, and other central buildings, such as the Civic and Governmental Urban Center. The authors of the plan state that "in this way the Casa de Gobierno, surrounded by the Governmental Departments, will on the one hand improve the relationships between these buildings, and on the other hand will relate them into a high aesthetic concept in charge of stressing the *monumental phase of the city as the Republic Capital.*"

5- *Regulations for Congreso Square, Paseo Colón, and some other squares.* It gives a strong architectural definition to one of the most decorative squares of the city. The patterns adopted are the big "cour" of the Louvre in Paris, the Palais Royal, or the old square of Salamanca.

6- *Neighborhoods for the working people, parks and a sport stadium, suburban embellishments.* It deals with issues of a social interest from the public and hygienic points of view. For these social areas, the use of the picturesque style is kept.

7- *The Poorhouse.* It relocates the asylum because of what is considered to be an inappropriate location and establishes the building as the Natural History Museum.

8- *The railway viaducts.* There is a growing concern to give an aesthetic architecture to the infrastructural pieces that surround the city. According to the plan, the viaduct that presently crosses Alvear Avenue shall be the object of an ornamental design, giving a monumental entrance to the city through its northern boundary. Both viaducts, hidden by an architectural rule, shall give rise to a group composition in the intermediate space.

Apart from the strategic points set forth, the plan includes topics grouped as general studies and particular urban projects. In the first group we find the historical background that gave physiognomy to the present city, a study of the populations, means of transport and building regulations to be applied by zones to the construction within the existing grid. There are also some important alternatives concerning open areas, parks, and gardens, most of them designed by J.N. Forestier.

For the particular projects of each sector, many alternatives are suggested and analyzed, all of which have an important landscape development within the monumental key implicit in the vision of the plan. Some of the most important projects are the Riverside Avenue, the Retiro Esplanade, the Congreso Square, Constitution Square, Mayo Square, the North/South Avenue, the Town Hall, Italia Square, Once Square, and the Centenario Park.
Other proposed projects are part of a third category including to as hospital buildings, general supply of the city, incinerator furnace, general services, as well as the variety of public parks and gardens, and a system of avenues that will link important urban spaces.

The plan attempted to present a new vision for the city by establishing a new frame for the relationship of the city's parts. It combined opening and widening operations for streets and avenues that tried to integrate all the open areas, parks, and gardens with the monumental areas and the already-built city, creating in its imagination a city with a unique identity. The plan was the first project to give architecture and public buildings the role of an actual base for establishing a new tangible public space that would represent the city. The 1930s were socially characterized by

problematic cultural mixtures. Beatriz Sarlo defines this period of time in her book "Borges, un escritor en las orillas":

…in the cultural crossings of the big modern city, (this is the pattern Buenos Aires tried to follow in the first decades of this century) all meetings seem to be possible. The heterogeneous principle defines culture. The open social character of the urban space makes the different situations become extremely evident, and there, the limits between the private and the public are built and rebuilt continuously.

There is where the social mixture sets forth the conditions of such crossing and produces illusion, or the actual possibility of sudden rises and falls…

…The street is the place, among others, where different social groups struggle for their symbolic place. Architecture, urbanism, and painting correct and imagine a new city…

This conception of a place defines the heartbeat of a city which appears cosmopolitan and assumes its stylish eclecticism in these cultural crossings. The Noel/Forestier Plan is, from this point of view, the beginning of the end in its pre-modern view of the city, giving way to a new accelerated and diffused urbanity. ∎

---

(1) Town Hall, Committee of Aesthetic Building: "Organic Project for the Urbanization of the Town Hall," Peuser Workshops, Buenos Aires, 1925, Message to the Department of the Interior.

Buenos Aires Metrópolis

From an uneventful modernity to the metropolitan outburst

Everything looks so big, everything is extraordinary. I felt admiration living in the city, I was in Babylon which keeps its plain shape in the middle of its rough energy and of its almost brutal wealth.

Eduardo Mallea: "Historia de una pasión Argentina," Chapter II, La metropolis, 1937.

The history of cities shows the extent to which the character and shape of public space have

been closely related to urban form and to its symbolic capacity to represent society at that time. This line of continuity and breaking may be followed through four factors that summarize the historical structure of the city: first, **the site** as the geographical and natural reference that conditions the settlement; second **its geometry** as the expression of the greater or lesser extent of foundation abstraction; third, **the monument** as the expression of public identity, of the singular and of the symbolic characteristics of a site; and finally, **the residence** as the expression of private space and of the built mass that gives shape to urban form.

Despite the important differences that we can find between distant cities in terms of time or geographical conditions (such as Jaipur and Brasilia or Pérgamo and New York), the four common elements mentioned above have affected their urban patterns in different ways, but are likely to be recognized in all of them. Therefore, it is possible to follow a certain continuity in order to analyze the urban shape of these cities. Historically speaking, almost all of them can be analyzed according to the variable differences found in those conditioning factors.

The European architectural culture at the beginning of the century – a period of time characterized by modernism which had a strong intellectual influence in Buenos Aires – was marked by an attempt to change the historical urban continuity. The main difference between modern proposals and the structure produced by the historical city was based on a number of ideas born out of new visions and self knowledge characteristic of that period of time. However, it was mainly based on the idea that the world was about to face an unprecedented transformation predicated upon a change in the continuity of history.

The new concepts that appeared for the first time in impressionist painting, in Einstein's theories, and in Russia's October Revolution, all form the intellectual frame upon which the vision of the historical city is based, as "the place which has become dark and unhealthy" (LC "Cuando Las Catedrales Eran Blancas") regarding the light and the sun as emblems of hygienism and new civilization. This is a vision that also refers to the social responsibility facing the need to improve the living conditions of people who migrated to cities and to America. Other factors that influenced this transformation were the most outstanding technological advances related to the new engineering and to the first American skyscraper (Paxton, Eiffel, and Perret in Europe and Raymond Hood in the United States of America).

Buildings became lighter and the new automobile and aeronautic industries, together with the development of elevators and the new alternatives given by glass, made possible this new vision. High-rise buildings in America and the separation of buildings from the ground enabled by the subversion of the supporting wall structure that came from classical European architecture, are both hinges of the new architecture and new vision of public space, and they open a range of unprecedented spaces and new relationships between man and architecture with ground and nature.

In Europe, Le Corbusier and a number of important people supporting the Modern Movement criticized the closed grid, the traditional square, and the "rue corridor." These modernists pointed out their lack of legitimacy as urban contemporary places, and they suggested the re-appropriation of the ground floor, and the creation of large open spaces and new monuments based on functional buildings. This first step towards a fracture of the classical but, in fact, within the same system of urban identity suggested by the historical city. The unified reading of the classical world has not been abandoned.

The recovery of the natural ground, the ground floor transparency, and the incorporation of nature as the main participant in the modern city (not in an aulic way, as it used to be in the palace, but "hygienically" to improve the inhabitants' living conditions – "less sports au pied de mason") is a philosophical and political gift given by architecture and urbanism to the social emancipation of thousands of citizens who had lived in awful housing conditions in the dark European historical city during the first industrial revolution.

The natural ground recovery and the "green" are the great patterns of democratic space in modern cities

Functional architecture opens up to this space representing modernity through a large public "perch" over the site. In this way, a crystal clear space is created that opposes the traditional urbanism of the classical Italian or French squares that, carved into the compact grid of the historical city, make up one of the most typical examples of public space in the historical city. It also opposes the neoclassicism of Haussmann's Paris, in which the frontality of architecture, the boulevard, and the square become only one thing. This space gave rise to places with a strength similar to the Education Department Square in Río de Janeiro, buildings like Pedregulho also in Río de Janeiro by Affonso Reidy, or like the UNO group in New York; it also gave rise to urban spaces that are closely related to the modern movement exemplified at the IIT by Mies in Chicago, a major paradigm of this vision of modern public space.

It is no coincidence that these modern examples are found in America. Buenos Aires never underwent this step in its development. Taking after the design of Paris at the end of the nineteenth century, it was not easy to adopt modern urban principles within a heterogeneous fabric.

The impact of European rationalism as it has been described by many authors [1] can only appear as an architectural rhetoric, epidermic most of the time, without changing the traditional and classical structure of types, plans, or concepts of many of the buildings constructed during its highest period, that follow the typological patterns before mentioned. There are some exceptions worth mentioning: small buildings by Prebisch or Vilar; the duplex of Sanchez Lagos; and the "Tres Sargentons" street small complex, in which new architectural types are adopted alongside the external language of the building or in the works of Kalnay, Wladimiro de Acosta, and Bonet.

In most buildings belonging to that period of time, architects chose a modern style for apartment-houses, as one more style within the existing eclecticism represented in stylish Beaux Arts works by the Kavanagh authors or the projects in the Belgrano neighborhood – that follow a Viennese style – by W. Moll, author of the SAFICO extraordinary rationalist building.

On the other hand, almost all buildings constructed during this period are included in the grid. In this way, with a few exceptions including the Kavanagh Building, the first large public space in Buenos Aires was built as late as 1962, together with construction of the National Library by Clorinto Testa. Although the Kavanagh is included in the grid, it conveys its modern spirit through its height and its presence on the San Martín Square skyline, changing therefore the scale of this traditional space. In both cases, we see the collaboration between architecture and public space in modern terms.

In order to find its own place, modern public space looks for a central empty space, a neutral space. Buenos Aires lacks this type of space, except for in its external peripheries, in the river, "the liquid pampa," and in spaces that will create internal peripheries, though they are still occupied by active infrastructures. In the case of the French or American suburbs, "les grands ensembles" or the bedroom cities, show the tragic side of modern urbanism. In Buenos Aires, the disordered suburbanization cannot create other conditions for a modern and important space, but follow the picturesque suburb of the City Beautiful or the large decentralized bedroom cities-complexes. Both exemplify the lack of urbanity of non urban places. In order to get the approval of the public and of the people responsible for urban processes, a vision of low urban density or a highly homogeneous and functional density was developed. Both were unable to recreate an interest in public life. Under this conception, the problems regarding the center-periphery relationship are not included and will be defined many decades later as problems of a heterogeneous contemporary sub-centralization capable of creating urbanity and public space for the life of its inhabitants. ■

---

(1) Borghini, Salama, Solsona, 1930-1950, "Arquitectura moderna en Buenos Aires," School of Architecture and Urbanism, UBA, 1987.

• *First modern hypothesis*
From Le Corbusier's plan to regulating plans and scientific planning

One of the most outstanding cultural events in the architectural and urban fields in Buenos Aires was Le Corbusier's trip to the city in 1929. Given that Buenos Aires was strongly influenced by French culture during the first half of the nineteenth century and has traditional shapes based upon French academic concepts – both characteristics detested by Le Corbusier – his speeches, especially on urbanism, only influenced small intellectual groups. The first ideas of the Buenos Aires plan were stated by Le Corbusier in Buenos Aires during his first visit and were later developed by Kurchan and Ferrari Hardoy. This plan projects over a "plain and soft" piece of land the new paradigms of modern urbanism. The revolutionary concept of Euclidean theory was incorporated onto the open space, turning it into an unlimited area and therefore doing away with the traditional idea of European cities based on the street and the square, a pattern that Buenos Aires had followed by that time.

The structural base of the city was not regarded as a continuous grid, but on the contrary it was considered a space of vague limits in which buildings would not determine the shape of public space. However, in spite of its radical position about urbanism, Le Corbusier knew how to apply to the Buenos Aires plan a dialectical discourse about time and spirit of place in which his ideas should be analyzed.

He presented his operations in the city as a big collage, acting in parts and based on efficient means of transport over which the suggested parts were structured. This plan was only partially accepted, but its strongest influence was evinced in the seed it left in the method of thinking and in the architecture of the Argentinian architectural avant garde movements of the 1930s and in the most important principles of modern urbanism that were later applied to the city. The most outstanding among these concepts were: functional zones, liberation of the urban ground for recreational spaces and urban parks, the role of urban functions and infrastructure for the consolidation of public space and consolidation of the contemporary image of the city. These are some of the ideas followed many decades later by the regulating plan for the City of Buenos Aires alongside almost all urban ideas of the 1960s; they did not however take into account one of the key messages of Le Corbusier's proposal, the leading role played by architecture when defining urbanism.

As from the sixties, and under the strong influence of the social sciences and scientific planning theories of the Western world during the postwar period, there was an increase in the number of regulating plans as instruments to control urban growth. These plans were associated with regional plans of a higher scale, many based on a hypothesis hard to prove in time, due to the fact it did not account for the changing character that urbanization processes would assume in the near future.

The macro scale and the reluctance to define architecture contained in the regulating plans, both undermined the spatial character of urbanism: the idea was that of a functional and efficient city, self-confident in its dispositions and in the building rules it generated, but without accounting for the spatial reality affected by the dynamic processes of an actual occupation of urban space. These processes are related to the complexities of a city's life and to the expanding metropolitan processes. ∎

• *A city without a name*
Bureaucratic urbanism. Hypertrophy of the normative abstraction and of the codes without architectural content

Not having reached its modern destiny and disregarding the new scientific planning that has struggled to incorporate a modern order into city design since the end of the 1950s (one based on quantitative rules, regulating urban plans, and regional plans hard to be proved in time) the metropolis grows up and lives without accounting for the planning disciplines and without identifying concepts of contemporary public space that can fulfill civic necessities and the need for urban enjoyment.

Moreover, the rich urban public space of the city – formed by traditional squares and streets – is threatened by an important urban intervention that disregards its nature and scale. Public life has been privatized in such a way that the only public spaces, whether good or bad, created by rules are those of the means of transport, highways, or monumental squares to be seen from abroad as monoliths, and not to be used by the public. The city is built through codes. The undesired identity of urbanism and architecture has been done away with.

The construction of public space in the city, the continuity of its urbanity without any intervention other than the one mentioned above, is now interrupted for the city's public life. Although this process began in 1966, most of the works mentioned were constructed after 1976, during the military regime. Many of the infrastructural works of the time that did not follow urban criteria left important traces in the existing city design, ill-prepared to receive these works which did not account for the existing city during construction. The collision between the colossal infrastructure (growing needs increasingly prevalent) and the beauty of small things (identity and quality of nice neighborhoods in Buenos Aires) was so brutally opposed that the population will disregard the necessity and opportunity to construct important and valuable works in the proper way.

Because the identity of public space was not clear enough, the city's image became blurred. The loss of urban identity is a process that will only start to change with democratic governments and when the city's public life is recovered. These are some of the projects and works that belong to this period and that are clear examples of this stage in the city's development:

1. Creation of CEAMSE.
2. Highway plan and urban equipment.
3. New urban planning code.
4. Project to expand the central area. ∎

• *Intense metropolitanism and fragmentation*
Revaluation of the real city and of architecture and public space's role

As with many other cities, Buenos Aires was no exception to the prevailing trend at the end of the 1960s that regarded cities as the product of a new scientific and modern concept guided by Anglo-Saxon planning and French urbanism. The sources of this scientific urbanism were traditional zoning and use segregation, leading to the creation of dead peripheries and the disregard for architectural and public space design as prevailing elements in the creation and meaning of the city.

The theoretical critiques made against this concept of the city by Rossi and the group of the "tendenza" or the Italian morpho-typological school in Europe, by Colin Rowe and Fred Koetter in *Collage City* in the United States, and by the new Spanish urbanism have clearly shown the failures of a de-architecturalized urbanism, and on the other hand the liveliness of architecturally restored cities. In South America, cities like Curitiba or Córdoba have applied urban mechanisms related to the means of transport design and the real production of architecture as the necessary elements to modify the landscape and urban quality of these cities.

Among all the plans designed for the city of Buenos Aires, only the utopian proposal made by Le Corbusier and the one presented by Noel/Forestier in 1926 because of its neoclassical influence, have a clear architectural content embodying an urbanism that only accepts the construction of cities by means of its architecture. The rest of the plans are distinguished by their lack of definition of spatial contents in their proposals and their strong quantitative bias. The most important of these plans regarding its application was the regulating plan of 1962.

Despite the non-architectural conditions of the plans designed during the last decades, a review of the architecture of this period reveals the close relationship that existed between some paradigmatic buildings and their actual and cultural conditions of settlement in the city, as well as the development of an architecture at the edge of this way of thinking, but with a weak urban insertion. Some of these cases are represented by the complexity in the interior of the grid, by the bursting in of a high-rise type exempted from the consolidated urban fabric, by the high-rise building as a modern paradigm, and by the apartment-house that set up a pattern of good architecture adapted to the grid and according to the codes. At present, the new metropolitan containers turn up as the basis for a new and flexible habitat of a programmed uncertainty and of the location for activities within the city.

After this critique made of the Modern Movement and the revaluation of the historical city together with the return to democracy, Buenos Aires was ready to resume its history within new requirements and taking into account the fact that the public space of the Modern Movement did not leave traces. During the 1980s, few real works were constructed, but there was strong intellectual activity and a return to the idea of interventions in the real city in the form of fragments, so as to fulfill the requirements of a population that was not satisfied by a general plan that was never updated or by the plans of the previous decade that were never socially confronted. The actual city is regarded through its physical dimension, center, neighborhoods, streets, and squares as an entity that needs to be cared for and requiring specific architectural proposals that do not call for a general plan (this for different reasons has been put off for several years).

From this period of time we can only point out that the visions for public space were fruitful and that its restoration fulfilled a need expressed by democratic societies. Studies also appeared on empty urban spaces as an opportunity to intervene, studies to recover the waterfront and the central city, and studies on neighborhood facilities. Some studies were implemented through a code based on the urban architectural detail of the city taking into account the real shape of each particular block over which it must be applied in order to avoid a normative abstraction.

An instrumental approach to the actual public space

In one of the comments included in the competition brief "Twenty Ideas for Buenos Aires" in 1986, we can read the following:

The modern history of urban planning actions applied to the city of Buenos Aires, from Noel/Forestier to the regulating plans, up to the important metropolitan regional plans applied to a smaller fragment of the city, show nowadays the experience of having created insufficient regulating mechanisms, disregarded by the reality of the already-built city. Therefore, a big gap cropped up between the spontaneous construction of the city ruled by changing codes throughout the years, and the vision of the hypothetically planned city. This phenomenon that is not only a characteristic of the city of Buenos Aires, but a general experience of urbanism during the last decades in different parts of the world, is the result of a contemporary kind of bureaucratic urbanism applied since the 1950s, and which has also been based on the functional dissection and on the hard critique made to the historical city, that is, the everyday and real city with its urging problems but, at the same time, with its examples of complexity, accessibility, identity and belonging, positive characteristics that in many cases, we cannot find in recent urban fragments...

Eduardo Leira, Spanish advisor to the competition, stated the following:

The concept of this operation is based on the thesis that the solutions to the city problems lie on a physical configuration that constitute, briefly, the way by means of which a series of policies, intentions, and different measures are created.

The new ideas on urbanism and its instruments, mentioned in the previous quotations and the ones that were in crisis established by practice during the previous decades, governed both the discussion on urban actions and public space in the 1980s. Although for the European way of thinking the essential idea was to finish or to consolidate the urban historical centers by means of specific or fragmented operations of a sound architectural importance as in the case of Buenos Aires, a city of a large extension and population which urban patrimony was disregarded for a long period of time, this goal seemed to be out of reach. The idea to tackle the city's problems by fragments rose as a new instrumental approach within an advanced metropolitan development capable of influencing directly the urban scenery visible for the common citizen. In the case of Buenos Aires, the internal peripheries and meaningless empty spaces carved in the large metropolitan grid appeared by then as the great challenge for the city's transformations at the end of the century and, at the same time, as the great possibility to recover its local identities. ∎

• Other urban myths, other urban landscapes
Phenomenology of a new urbanity

Many cities lack a center.
I mean: a precise geographical place distinguished by monuments, street and avenue crossings, theaters, cinemas, restaurants, cafeterias, pedestrian streets, neon signs sparkling in the liquid, bright and metallic that cover the buildings.
   Beatriz Sarlo, op. cit.

The most outstanding symptoms of the metropolitan changes in Buenos Aires are clearly evident in the decay process of its infrastructures; but in hindsight, they were already announced by the changes and new proposals of architecture, a matter sensitive to changes in the culture of cities. The modern city's development carved in the historical city fabric reveals the need for another dimension, an urban one, for its possible and contemporary development.

On the other hand, the metropolis represents the end of the unit and the traditional identity of the city. Its appearance affects the already known urban realm and the shapes acquired by modern identity, classic at the same time and eager to form a unit "other" as in the case of Brazilia or Canberra, in Rio de Janeiro or in the projects presented by Le Corbusier for

Argel. Therefore, the fragmentation idea becomes a reality that constitutes the first step to interpret the city as a mosaic and the search for new strategies to act in it. After this first step, there is a need to act over those infrastructural grids that condition this architecture of fragments. Under such conditions, fragmentary and monumental at the same time, new questions about metropolitan urban identity arise.

Problems arise from large scale irruptions as well as those related to the preservation and building of scenarios for the life of the city's inhabitants. The identity problem is also important and is conditioned by the quick changes suffered by the city economy, lack of uses and creation of new ones within the same containers, by the change of the means of transport speed, and also by the scenographic bias of metropolitan public space that develops under and the pressure of television, information spectacles, and artificial light.

This new vision that traces the city's changes can be seen through different facts and phenomena that arise in its interior, and in the flexibility of uses for example. A polo field, a large green carpet where horses run in the morning in the middle of the city, becomes at night an open theater where people can listen to a well-known tenor. Large grain warehouses, the Puerto Madero silos, will soon become lofts where people will live or work. This has also happened in abandoned factories that no longer need big surfaces for their product or that no longer manufacture those products. A city for sports over the river banks becomes a micro-city fed with optical fiber. An air base becomes a city of twenty thousand inhabitants. Fifty kilometers on the highway that used to take an hour and a half due to traffic jams, takes us now twenty-five minutes. The speed has been tripled while the time has been reduced by three. The time and speed parameters have become factors for the location of activities and their decentralization: restaurants are built below railway arches or highways; boat-repairing docks become office towers; a submarine factory becomes an industrial product fair; and we could go on quoting an endless list of examples.

How does the presence of the public define itself in this constant chess game of the contemporary metropolis? Which is the place of public space within this maremagnum of things under a quick and permanent strategic review? What is the shape of metropolitan space?

The Catalan architect Bea Goller wonders: "Is it in the abandoned spaces, or inherited from belt rings, or in the parking areas where we can find the seeds for future public spaces?" This provoking question makes us consider the major transformations that lead to a change in city life.

The time and space factors have altered completely the idea of proximity and permanence in a place, and therefore the characteristics of such place. Public space lives and dies. The symbolic ability to represent the public in a place no longer seems to be enough, but public life is dependent upon the real proximity of activities to the site, the accessibility, security, maintenance, and the relationship with the landmarks of city life. What today can be regarded as an attractive public space, one that has enhanced the surrounding urban quality, tomorrow becomes an abandoned place that spreads its decay to the surrounding area. Such a space without a destiny can no longer exist in the city.

To sum up, metropolitan space fluctuates between two extreme limits: the need of the planned empty space and the complexity of the built space where private and public concepts coexist. ∎

2. The Urban Project and technologies of the metropolitan chessboard

Situational urban action and public-private equilibrium

Due to the speed acquired by changes in cities, culture, and society over the past years, there has been a long discussion on the characteristics of the necessary instruments to intervene in cities. And, although the alternative that opposed the plan and project at the end of the seventies no longer exists in many cases, including Buenos Aires, the concern for these instruments seems to be more important than the ideas to be applied. At the same time that academic discussions on inappropriate instruments take place, Buenos Aires lacks clear urban policies for its growth and ideas to develop the city now and in the near future.

It is true that, on the one hand, there has been a fluctuation between an implicit new-liberal "no plan" (that is to say, between a freedom fully conditioned by market laws and guided by generic rules) and on the other hand, a nostalgic desire to restore an inclusive plan with extremely fixed conditions that disregard the economic trends and the real processes of change in the city. This latter vision is linked with a past period of time in which the chronology of urban processes was slower, the government influence on public buildings was stronger, and private activity did not play an important role in public space. In both cases the presence of architecture is overlooked, either because the proposals are made only by private institutions without any kind of control or general reference, or because the plan does not account for the physical reality.

Today, private activity takes a more active part in the creation of public space, but only under certain profitable conditions. And although we run the risk of converting all public space into a public show-space evolving into a Walt Disney show or an all fast-food plaza due to the present demands, it is also true that other characteristic and main spaces in metropolitan life have been disregarded by public authorities because they seem to be unable to put up with them. Examples of this disregard are transport transference points, airports, parking areas, train stations, highways, and almost all the spaces for civic life and citizens' leisure time. These are the spaces where the public-private relationship usually merges. In this context, and upon the development of different problems within a complex metropolis, an ideological election between fragmentary planning, global plan, strategic plan, urban code, or urban project is, in itself, a simplification of the question.

In any case, more than a selection we need the integration of each and every part of the available resource within a concept of metropolitan reality that refers to the real architectural characteristics of public and private space for each intervention. The city is mainly regarded as a spatial network in which the living and changing information of its structure requires a permanent recognition and various and flexible instruments in order to act in the city, incorporating opportunistic shapes of the public space as ordering elements by means of which the sequence of the situations that reflect the metropolitan impulse could virtually be rebuilt.

While the infrastructural processes that determine the basic relations for the creation of local urban scenes may be ruled by more regular systems such as transport planning, other interstitial interventions can have a stronger autonomy and a larger variety, linked therefore to the techniques of the urban project. This urban project is regarded as a pre-design of a concrete urban-architectural physical reality and within the frame of public-private management. However, accounting for the updating and transformation of infrastructures due to the technological advances in the means of transport (TGV, system of elevated trains, technologies in the handling and transport of loads, multiplication and transformation of fluvial systems, etc.), we can consider them to be within the mobile elements, within the scheme of urban intervention.

This is why, the idea of infrastructural architecturalization appears as an essential instrument of a local neighborhood's quality and especially of contemporary public space, because it is one of the facts that will modify and be modified by the city. The urban project of the large infrastructural pieces, together with the re-identification of the local scenes (actions carried out in neighborhoods or medium or small scale interventions in the case of Buenos Aires) appear as a first degree demand in the current metropolitan process taking place in the city. ■

---

(1) See E. Ambasz, "El muro ha muerto: que vivan los muros," CEPAU Magazine, January 1996, page 27.
On the role of building codes for the rebuilding of Berlin.

Part 2

First case study of the experimental project "Buenos Aires 2000"

The Poiesis Seminar / FADU - UBA

The colossal dimension of urban architecture

Prof. Jorge Silvetti, GSD, Boston.
Prof. Alberto Varas, FADU, Buenos Aires.

Córdoba Group: Ghilardi, Martelleto, Morini.
Buenos Aires Group: P. Torroja, M. Corvalán,
G. Dieguez, J. Frigerio, L. Gilardi, R. Torras.

The seminar consisted in an experimental projectual study to be developed in the cities of Buenos Aires and Córdoba. The topic of this seminar was "the colossal dimension of urban architecture." The final conclusions were the charge of the guest critic, Professor Jorge Silvetti. This work covered the area that spreads from Libertador Avenue up to Ramón Castillo and Costanera Rafael Obligado Avenues, and from Ramos Mejía Avenue up to Jerónimo Salguero Avenue.

In this area, we can presently find the railways and railway operating yards that merge to end up in Retiro Station. The main problem of the chosen area lies in the large urban empty spaces brought about by the obsolete infrastructures dating from the last century, that certainly need to be renewed or widened. The executive power once submitted a project for its renewal (Retiro Project) that disregarded the symbolic importance of the place. These empty spaces act as urban barriers, leaving large urban spaces completely separate from one another, even in central sectors, giving rise to the site degradation.

The aim of the seminar was to face the exercise as a collective laboratory in order to study the contemporary unit: the city made up by the complexity of the different strata of public spaces, services, and urban infrastructure that, after time, give rise to the metropolitan areas.

The program was presented by the students themselves after their critical analysis of the place. Two works were selected out of all the seminars presented, taking into account not only the best solution to the problem, but also the answer given to the "adapting" and "pertinency" concepts. We refer to the concept of adapting as the relationship between program and project, or project and site, and pertinency as the opportunity of a certain action.

One of the groups that belong to the FADU-UBA, consisting of Mauricio Corvalán, Gustavo Dieguez, Juan Frigerio, Lucas Gilardi, Rodolfo Torras and Pío Torroja, suggests the production of knowledge by inquiring into the ways in which architecture is produced and then representing that process. The other project that represents the University of Córdoba, made up by Ghilardi, Martelleto, Morini, and Morillo, brings out more suitable solutions to the urban problem submitted rather than to the reality of the peripheral metropolis. ■

The comparative studios: Buenos Aires - Boston

•The studio at Buenos Aires / FADU

FADU Studio
Universidad de Buenos Aires - 1994

Professor:
  Arch. Alberto Varas

Assistant Professors
  Arch. Daniel Becker
  Arch. Claudio Ferrari

Visiting Professors
  Arch. Jorge Silvetti
  Arch. Rodolfo Machado
  Arch. Peter Rowe
  Arch. Lauretta Vincirolli

Guest Critics
  Arch. Francisco Liernur
  Arch. Alfredo Garay
  Arch. Odilia Suárez
  Arch. Eduardo Leston

Student Works
  -S. Mastrantonio
  -M. Lettieri, R. Papa, A. Toma
  -L. Majernik, S. Walczak
  -D. Bruzzone, P. Hagen, F. Rafaniello
  -R. Malerba, A. Mestre, I. Quiroga

Architecture 5
School of Architecture, Design and Urbanism, Buenos Aires University, 1993 - 1994

Development of the Retiro Railway Station and the area next to "Puerto Nuevo," Buenos Aires.

Level: Final work of the course of studios.

Location: The area runs from Libertador Avenue up to the railway yards defined by CANAC (Canadian consultants who worked on the area). On the other side, the area runs from Ramos Mejía Avenue that surrounds the Británica square up to Salguero Street. The whole area is about 90 hectares.

The program is part of the proposal and includes a large variety of functions that are approximately estimated: from the passenger transfer hub and the new railway station, to the residences, offices, as well as commercial, cultural, and leisure areas.

Conceptual frame
The work has various thematic axes. The first is the problem of urban dimensions and the conditionings implied by working on large and complex areas under an important commitment to the infrastructure. This constitutes a relatively new phenomenon for Buenos Aires and a distinctly metropolitan symptom. The shapes and mechanisms necessary to create the contemporary public space of the metropolis will be discussed when architecture and urban space conditions of production are strongly conditioned by the shapes and techniques of the urban development, while the public intervention suffers a great reduction in the necessary resources to take part in the city's public space.

The public-private equation is, in this sense, one of the essential problems in the city, as the city requires an appropriate equilibrium for this relation. On the other hand, the following problems will be analyzed: the impact and architecture of the infrastructure of roads, means of transport, and harbors, as a condition of the life and vision for the city. Another conceptual axis of this work will be the technical problem of the colonization of areas, regarding programs, volume, and different types, so as to create a suitable urban surrounding with a real architectural quality. The central point of view refers to a close relationship between architecture and urban space, as a guarantee of the quality of the public space to be created.

Architects have transferred their role in proposals for the creation of public space in the cities to other disciplines, such as economics, sociology, or scientific planning. And therefore, they often play the role of scenographers for the public space, only after it has been structurally created. The idea of a contribution to structuring the discipline through a specific knowledge and the recovery of the role of this

kind of knowledge contained in the architectural project, is a key point in the conceptual strategy of the work. The capacity to reach an integral management of the dimension, typology, the sense of urban function, scale, and meaning, represents only some of the items that will become part of the debate to allow a better understanding of the material dimension of public and private space.

Pedagogical aspects
The work shall be conducted as a collective lab on contemporary urbanity. The collective and group discussion of the main strategies of different plans and projects will be regarded as office work, so as to produce a similar model of the practice of a studio on urban projects.

We will also create plans, models in their corresponding scales, and a written thesis including the necessary graphics and drawings. Each thesis shall be regarded as the personal position of each student facing the problem. This step shall require previous critical research on cases and background from which the theories and goals of the project will be obtained. The proposal shall be expected to reach a high degree of architectural definition that will be expressed in models and perspectives as the main working tools.

Possible topics to take into account
-Generation of a strategy for the area.
-Creation of a global project for a passenger transfer hub that includes the new railway station and coach station.
-Analysis of the urban barrier that informs the design of the railway yards and the highway.
-Relationship between the built urban areas of the city expressed in a particular way along Libertador Avenue that occupy the empty surrounding space.
-Possible analysis of a green area adjacent to Libertador Avenue that is included in the green area of a metropolitan scale from Callao Avenue up to Retiro.
-Urban influence of the design of 9 de Julio Avenue as a transport transference and urban infrastructural hub.
-Character of the entrance to the city along 9 de Julio Avenue as an urban door.
-Relationships with the important buildings of the area that act as architectural signs.
-A new border along the railways.
-Creation of public space of a metropolitan scale and the nature of these spaces.
-Drives, parks, and use proposals for the unbuilt open spaces. ■

• *Thematic bands and ramped urban park*

Sergio Mastrantonio

The project is based on the idea of reducing transport infrastructure. By means of the underground proposal, a new topographic surface appears that gives rise to thematic bands accompanied by ramped urban parks. The bands are governed by the new road networks and site limits, and therefore, they allow a horizontal urbanism, overlapped by intensive cultural, sport, and entertainment activities, that are limited by tertiary housing. The contemporary programs, due to their abstract dimension and the fact that they belong to a specific place or city, here find the place with the maximum connections to be developed.

Program
The new landscape shows a movement of programmed and architectural sequences under an interrelated shape in different layers according to the metropolitan requirement of the site.

First Stage
Creation of the topographic limits, tunneling of railways so as to create intermediate underground stops, and creation of the ramped park.

Second Stage
Overlapping of all the functional potentials over the bands, topographically limited, forming a run that goes from conventions, expositions room, and an open cinema, connecting with the highway, underground stations, and a microstadium. Creation of hotel, linked with transfer stations for trains, buses, and cars.

Third Stage
Progressive development of the housing consolidation, different topologies opposite the river. Development of commercial activities and arrival of ferries by water. ■

• *Infrastructure and public park juxtaposition*

Mariana Lettieri
Roxana Marisa Papa
Andrea Fabiana Toma

When we regard the Retiro area as the sector of maximum concentration of relations, we do not forget that at the same time it is a great opportunity to reconquer the public space, the right to green areas, to our river, and to the massive meeting. Our intention is to preserve the identity of the place by recognizing the existing potential problems, by means of its transformation, refunctionalization, and by incorporating new technologies and services. The decision to work the horizontality, to take more from the ground in the transference sector, or to liberate it in the big park, does not mean that we are rejecting the historic scheme of Buenos Aires; on the contrary, we are respecting the natural closure of the city before the consolidated border of Libertador Avenue, allowing therefore a better relationship with the river. A big square at a metropolitan scale connects pedestrian traffic with the transport services of the means of (buses, coaches, taxis, monorail), and in an underground area, there is a parking structure that holds approximately 2400 cars. As terminus to the square, there stands a multifunctional building (railway station with its offices, permanent and temporary offices with its parking areas, subway stations, monorail stops and communication buildings) with the possibility to serve to different uses thanks its flexibility. ■

• *Crossing of a transverse physical system*

Laura Majernik
Sandra Walczak

The railway and the layout of the highway became an urban barrier that divided the city into two separate zones. The proposal aims at joining these zones by extending 9 de Julio Avenue. This crossing is designed to create a new urban landscape, including the crossing of the boulevard, platforms, great height of a big roof, monorail, and highway, ending at the Rafael Obligado Avenue. An extensive parking lot is located under the highway's key point so as to solve traffic problems and fulfill the city's requirements. In order to solve the Libertador-Figueroa Alcorta traffic problems, the extension of Callao, Pueyrredón, and Tagle up to Rafael Obligado and Madero is suggested. These streets would pass below the railways and would be connected to the harbor zone, recovering its connection with the river. ■

• *Stripes of different characters parallel to Avenida del Libertador*

Dino Bruzzone
Paula Hagen
Fernando Rafaniello

The project goes back to the outline of the master plan generated by the municipality and the CANAC, that presents a study of feasibility submitted in due time. Libertador Avenue is currently a conclusive barrier for the integration of the city with the Retiro area. The creation of a new urban front on the other side of Libertador Avenue allows the incorporation of the avenue within the urban grid, preserving the existing urban break. In the space between the new avenue and Libertador, a new typology blocks of buildings is created that contains green and pedestrian spaces, ending up in a large public area of cultural exhibitions in the open area, where the old station of Mitre railway is refunctionalized as a new exposition center.

The area of transport is materialized by means of a big hall at a metropolitan scale that connects the new railway station with the underground and bus stations. It consists of the urban interchange in the new hall of the city. "The Door" of the city is centralized in the railway node that occupies a large extension of the land, from which we take profit for the creation of a large parking area joined to the city by means of a bridge that extends 9 de Julio Avenue over the railways. Therefore, a solution is offered not only to the parking problems of the city of Buenos Aires, but also to potential remaining spaces that generate the urban infrastructure. ■

• *Sectorization according to different activities*

Rita Malerba
Alejandra Mestre
Inés Quiroga

In view of the city's urban reality and of the site, it was decided to concentrate the elements of transport infrastructure in a more densified area which will concentrate all the means of transport and the urban parking lots. This will then become a center of urban transport exchange. New green areas then appear. They are meeting points for all the people and the harbor is revitalized by creating entertainment and sport areas. In this way, we try to erase urban barriers, the highway and the railways.

Descriptive specifications
The area is divided into three different sectors:

a) This first sector is made up of three other sectors. The first one has three towers on Libertador Avenue. The second sector includes a convention center and Mitre Station, turned into an exhibition center. The third sector encompasses a more complex functional program. It includes the station for long distance and commuter trains, the coach station, the bus station, the subway station and the urban parking lots. There is also a large square that acts as an atrium for all the areas.

b) The green area. This sector is related to the city's park system. It includes among other buildings the music building, thus, providing a place for this activity in this area. Beyond the slope of Francia Square there will also be an open air theater that will be a possible meeting point for attending public shows.

c) The area of the Parque neighborhood is densified by building a new housing estate, which will include a cultural and commercial center. The three sectors are connected with one another through a boulevard between Ramos Mejía Avenue and Salguero Street. ■

•*The studio at Boston / GSD*

GSD Studio
Harvard University
February – March 1995

Professor:
  Arch. Rodolfo Machado

Assistant Professor:
  Arch. Daniel Becker

Guest Professors
  Arq. Jorge Silvetti
  Arq. Alberto Varas
  Arq. J. Mendez Casariego
  Arq. Jean François Lejeune
  Arq. Peter Rowe
  Arq. Alex Krieger

Student Works
-P. Berca, T. Boaz, M. Fernandez-Prado, D. Riedl
-N. Cooper, S. Lee, M. Cortina Rodríguez, N. Stanos
-T. Berge Andersen, Y.J. Huang, Ph. Membreno
-F. N. Fuster

Urban design course
Graduated School of Design,
Harvard University
February – March 1995

Development of the Retiro Railway Station and the area next to "Puerto Nuevo," Buenos Aires.

The aim of the course was to propose an urban intervention in a place of exceptional characteristics located in the city of Buenos Aires. The intervention area covers a large surface (about 90 hectares) and is located near a prestigious residential and commercial area of an important economic value and related to the city's history. It is located at the foot of a densely-built hillock. The site, which is occupied by railways, is a privileged place between the river, the city, and the harbor. It is of gigantic scale and, like other areas of the pampas, it is mainly flat. It has never been built on before (the Retiro railway station, from the nineteenth century, with its rails and facilities, are its original constructions). This area is one of the few locations the city has for its current and future urban development.

The students made three master plans working in teams (for about 3 weeks) in order to identify the strategic sites to be developed. During the recess they travelled to Buenos Aires to visit the site and meet public and private authorities interested in developing the area. Apart from the usual corrections, a jury was set up in the University of Buenos Aires with the support of the teachers involved with the subject. The course was given bearing in mind the following concepts. Nowadays, some presumptions prevail, even fashionable ones, that refer to the culture of the urban project. Some take for granted that, as the millennium is almost finished, so is the so-called "traditional city" (perhaps we would like to discuss the possibility that the traditional city has of being reinterpreted, restructured in size). This is used to justify personal dissatisfactions or aesthetics.

It is thought that as changes in the metropolis have already been planned, these new programs cannot be incorporated in the inherited urban structures or in the urban buildings. Moreover, it is believed that the urban grid as geometric structurer no longer represents our time and therefore, it should be replaced by other geometric shapes. It has also been considered that the world is unique and global, that the cultural equality shall reign forever, that the cultural differences no longer exist or nobody

cares about them. In some cases it is believed that the cultural differences are something of the past. (This, in fact, leaves out the "other," and should be interpreted as the most important strategy of colonization.) The course was given considering this ideology and questioned those childish presumptions. We also considered that architectural invention is necessary, that as usual the "without precedent" may be thought of and designed, and that the architect is culturally and professionally responsible for that. Furthermore, it is considered that Buenos Aires' urbanism, its urban culture, and its architecture all need to be reinterpreted.

R. M.

Master Plan 1
Extension of the city's park system.
New urban front

• *Extension of the harbor area*

Paolo Berca
Tracy Boaz
Martín Fernandes-Prado
Dale Reidl

The proposal of a master plan for the Retiro area aims at trying to give an image and structure to an enormous site which has always been considered a physical limit of the city. One of the site's borders is very urban: it starts in the northeastern border in Britanica Square where three old train stations with a first-industrial-revolution look, blend with a European-like city. This image should not be lost when redesigning the area. Although the monumental size of the site and the infrastructure recently built – the highway – make it difficult to have a complete view of the area, there is a need for some kind of general program that turns those infrastructures into a part of the city. This aim is achieved by creating a central boulevard. This boulevard becomes the spine of the project, almost two kilometers long, and structures a combination of different parts with different features derived from the program and the site's conditions.

Three different areas are proposed within the master plan: first, an extension of the city along the boulevard based on a new urban grid; second, a lineal park on both sides of the railways and the highway as a part of a park system at the scale of the city and parallel to

the river; third, the renewal of the harbor area with a grid for industrial buildings. A new dock is added and dock F is used as a public promenade, with a station for commuter motorboats, a new means of transportation running between strategic points nearby. The beginning of the boulevard depends on the new location of the train station. Along the boulevard the following will be found: an area including a convention center and a museum, an urban park, office buildings, and finally a residential area as an extension of the neighborhood Barrio Parque. The boulevard goes on parallel to the elevated railways up to the Paseo de la Infanta. The avenues Callao, Pueyrredon, and Tagle cut the boulevard diagonally and go through the site connecting the new development with the harbor area and dock F.

Comment
The virtues of this master plan are at a macro scale. The extension of the Palermo park system up to the coach station, the relation of the boulevard as structurer of the plan and extension of an avenue parallel to the arches of the railway, the enlargement of the harbor with a new dock and with an independent access from the highway, the separation of dock F from the harbor, the harbor's new function as harbor for commuter motorboats that connect different points along the coast, and the creation of a new city front parallel to the railways are all strategic measures so as to relate the site with the whole city. ■

• *Development of a sector: Urban park and access door to the city. Architectural appraisal*

Paolo Berca

The Problem
This part of the master plan is related to the urban park. It is the beginning or end – this depends on from where the park is entered – of a lineal park which includes the infrastructures of the area, highway and railways. The park has a special location in the master plan. It sets the limits of the entrance to the city and connects two different parts of the project: an area of office buildings and a public area that includes a convention center, hotels, and some museums. The problem that has been kept in mind is the creation of a new access to the city from the highway in the junction with Libertador Avenue.

The aims
Perceiving a place from the highway is what

defines the features of the park. It is thought of as an opening with its own identity in the system of lineal parks with the aim of integrating it to the city. When defining the access or "door," the purpose was to define specific architectural themes such as "the corner," the space under the highway, an arcade along the boulevard and the crowning of the buildings as an attempt to reinterpret modernity in Buenos Aires.

The park and the buildings
The park shows a system of ramps that connect the green areas at different levels, including the highway level. The buildings are aligned along the park's perimeter. Commercial centers and parking lots are located on the lower part of the buildings. Office facilities, hotels, and houses are on the higher part of the buildings. A series of towers marks each intersection between the buildings.

Comment
From an urban point of view, marking the access to a city with an urban park or a monumental access door seems to be a strong idea, especially in relation to the park system that stretches from the northern zone. There are no objections as to the character of the park, yet there are objections as to the type of park for it has characteristics more related to a Viennese "hof" rather than to a typical urban park generated within the limits of the Leyes de Indias. Particularly interesting is the attempt to reinterpret modern architecture adapted to pragmatic issues. ∎

Master Plan 2
New urban park along the river

• Relocation of the new Retiro Railway Station

Nazneen Cooper
Stephen Lee
Marcela Cortina Rodríguez
Nicholas Stanos

The urban fabric of Buenos Aires reveals a city that has historically grown as a walkable and lively city. The proposed intervention does not approach the problem as a self-defined project, but as an extension of the city. The master plan interprets the morphological features and the pedestrian scale of the central area of Buenos Aires, and responds to the many conditions of its immediate context: the border of the historical city to the west, the park system of Palermo to the north, the riverside to the east,

and the Retiro area that is the entrance to Buenos Aires from the south. The proposal studies how the new means of transportation highways and mass means of transportation coexist with a traditional urban fabric. Historically, peculiarities occur when wide avenues intersect a dense urban grid. Nowadays, the juxtaposition of various infrastructural strata create new peculiarities and much more complex problems arise. The master plan is basically structured with two big parks of different characteristics. The first runs parallel to the railways and the highway; it is a continuation of the park system of Palermo. The second one, transversal, is an extension of the parks of Recoleta and includes a ramp over the railways and the highway that goes up to dock F and ends up in a riverside promenade. Avenues 9 de Julio, Pueyrredon, and Callao are extended towards the site and finish in a new avenue running parallel to the railways and the highway. The master plan includes areas for office towers, residential and commercial areas on both sides of the elevated highway, a residential extension of the neighborhood Barrio Parque and the relocation of the Retiro train station on the east side of Plaza San Martín.

Comment
The development of the master plan on the basis of two empty perpendicular urban spaces with different characteristics is a valid strategy. Although one of the empty spaces, the park with a ramp, has scale and feasibility problems, it recovers the relation of the city to the river by using dock F as a public riverside promenade. (The disappearance of one of the docks and leaving the power station as an island is considered a poetic license). It is also valid to extend the streets to the other side of the highway, thus going beyond the area's pre-established limits in order to define new urban boundaries. ∎

• Reorganization of "Plaza San Martín" with a new urban front

Marcela Cortina Rodríguez

Problem
The area of intervention, within master plan 1, runs from Plaza San Martín up to the border of the harbor, and from Catalinas to the current Retiro station. It is necessary to take into account four main issues: first, the site has no precise limits; second, the relocation of the train station; third, the serious problem of the buses due to traffic disorganization, as the buses appear as a limit between the station and

the square; finally, the succession of squares with no order or specific use.

Aims
The main objective of the project is to create a tangible urban space by redefining the shape of the squares (defining their borders and streets), locating the new train station so as to create an urban front facing the city, and relocating the buses and therefore, freeing the streets of their current congestion. This is thus an answer to the two main spatial axes. In order to reinforce the idea that Buenos Aires is a city that can be walked, and that actually people walk from different parts of the city, crossing Plaza San Martín up to the new Retiro station, it is proposed to continue the Plaza San Martín over Libertador Avenue, thus solving the problem of connection. Another objective of the proposal is to connect the Catalinas area (the city) with Dársena Norte (the water). In order to achieve this objective, the highway was depressed in this area and crossed with pedestrian bridges. In this way the site is transformed, functionally and formally, into a unit with a specific character and identity.

The buildings
It is worth mentioning the strategic position of the new station, as it ends up being the only building that faces the city. The proposed building will combine the different means of transport of the area (train station, bus station, subway station, in addition to offices and shops). Each of these shall be located on different levels. The building responds to the previously mentioned issues at the urban scale of the street, at the scale of the pedestrian by creating an arcade with shops, and finally, at the scale of the city, by creating a new front with an elevated volume of offices.

Comment
This work is interesting from a contemporary and historical point of view. Trying to solve the problem of the buses by creating a transference station with the new location of the train station and by locating the bus parking lot under the highway is a realistic approach to solve the transport problems of the area. The project becomes very interesting, however, when the traffic reorganization is done alongside a physical reorganization of the area, bearing in mind the pedestrian relation between Plaza Britanica and Plaza San Martin and by filling in the space with a series of office buildings. This new physical reorganization has many similarities with the proposal of the regulating and reform program for the federal capital, proposed during the office of Mayor

Carlos Noel in 1925. At this time a new urban front was being proposed with the location of the School of Exact Sciences to the east of Plaza Britanica and as the terminus of the access avenue of the Avenida Costanera, the Ministry of the Army. What is interesting about the proposal is its creation of an urban space with its own character but at the same time considering the traffic problem. ∎

Master Plan 3: Articulating park between the city and the new project

• *Relation with the harbor area by extending 9 de Julio Avenue*

Thomas Berge Andersen
Yi-Jen Huang
Philip F. Membreno

Two objectives were set when developing the initial strategy for the site. The first was to mark the border of the city and thus emphasize its importance. The second was to offer a large public green area for the city. Both aims were achieved by creating a lineal park running along the site parallel to Libertador Avenue. By freeing this area of buildings, the perception of the city's border is reinforced. The park also becomes a link between the existing city and our intervention. Bearing this in mind, the design of the infrastructure for the new project was established. First, three of the main avenues were extended up to our site: 9 de Julio, Callao, and Pueyrredon, all of which run from east to west and cross Libertador Avenue. In the project, these avenues join a new system of parallel avenues that run from north to south. One of these avenues, 9 de Julio, goes through the project up to the harbor area. The subway system that goes to Retiro is also connected to a line that runs from east to west. The new project is divided into four areas: the lineal park, the new urban tissue, the new neighborhood Barrio Parque, and the harbor area. The lineal park is made up of a series of new and existing small parks with a theme related to the nearby districts or landmarks of the area. The new urban tissue is a mix of residential and commercial tissue similar to the one existing in the city of Buenos Aires. The new urban border opposite the park is also emphasized by elevating the height of the buildings in this area. The new neighborhood Barrio Parque is an extension of the existing neighborhood Barrio Parque with which it shares a park located between both. The harbor area is developed as an industrial zone with features

typical of this kind of place. Although the harbor area is separated from the city by the highway's access ramps, a crossing through this area is proposed so as to create a site with unique characteristics at the end of 9 de Julio. Three main projects will be developed here: a new train station and a public market, a pedestrian precinct connecting the city with the harbor, and a convention center.

Comment

The strategy of structuring the project with a north-south park that separates the project from the historical border of the city, and an east-west pedestrian axis is correct, although this axiality does not clearly relate the project to the harbor area and the ending of 9 de Julio Avenue is not well defined. The new monumental buildings as well as the market of the convention center structure the project well and relate it to the city. The circuit created by the union of Avenue Presidente Ramón Castillo and Pueyrredon is interesting, whereas the relation between the harbor area and Callao Avenue is less so. ∎

• *Spine of connection with the river*

Thomas Berge Andersen

The problem

The problem to be solved is one which also exists at the city level, the relation with the river. The project tries to establish a connection between the city, the harbor, and the river.

The aims

The spine that structures the project goes over the railways and the highway completing 9 de Julio. The development as a whole tries to maximize the use of residual spaces left by the highways. There are three different bands with different programs: light industries, offices, parking lots, services for trucks and cars, and a park.

The buildings

The part of the spine that is closer to the city has a commercial area and public offices on the lower floors and housing on the upper ones. In the center of the spine is a new transportation and subway center, parking lot, buses, and an elevated train. The part of the spine which is closer to the harbor is occupied by shipping companies, harbor authorities, and a court for maritime matters. The lower floors have restaurants, cafés, and shops providing general services. At the end of the spine stands a tower onto which images are projected from its

interior. The office buildings create an access door to the city and at the same time give Buenos Aires an image which is noticeable from the river.

Comment

The proposal to integrate the harbor area to the landscape of the city is right. It is also correct in the use of towers as a sign of access to the city and as a symbol seen from the river, similar to the office site proposed by Le Corbusier in the plan of 1937. Despite the typological reinterpretation, both in the stripes of mixed use in the harbor zone and in the sector closer to the city, the proposal's flaw is that it is excessively graphic. ∎

• *Reorganization of the area recovering the original station*

Felix Nathaniel Fuster

Problem

The project appeared as a variation of another proposal. It it is believed that the master plan should offer a more realistic and inexpensive approach to the problem. It is necessary to value the historical and architectural importance of the buildings of the Retiro station.

Aims

The project suggests keeping the old Retiro railway station as the entrance door to Buenos Aires for the trains. It is believed that the station can maintain its current use if economic investment is made to extend and modernize facilities. In order to achieve this, the master plan keeps the railways in the same area they now occupy. This approach allows us to make a better development of the east part of the site. It is simpler to tackle the problem of the highway, rather than dealing with both the highway and the railways. By redefining the urban fabric of the area and by using landscaping techniques, the railways are integrated with the existing surroundings. A slight slope opposite the city's hillock is proposed so as to create a natural theater that faces the attractive urban border. Therefore, a lineal park is created between the railways and the current border of the city.

Buildings

Near the Retiro station, a group of civic buildings is suggested. In this way its importance as terminus of 9 de Julio Avenue is acknowledged. A convention center and an international hotel will be the main structures of the area. Along the lineal park, housing areas are proposed. These areas will have their own common squares, commercial arcades, and parking lots on the first level. Therefore, this plan suggests a new alternative to the official plan that suggested the construction of a new train station and changing the use of the current station. This master plan explores the idea that it is not necessary to move the railway so as to free the grounds for future urban developments.

Comment

The virtue of this master plan is its rebelliousness for questioning the official master plan. This rebelliousness is almost based on intuition as the reports from the consultancies that supported the creation of a new train station were not taken into account. Although this attitude may be considered very bold, many local urbanists/urbanologists supported the proposal. The resolution of the adopted strategy – in some aspects similar to Daniel Burnham's plan for Chicago – is precise and deals not only with the housing problem but also considers an industrial area for the harbor zone and it even relates Catalinas to Darsena Norte. ■

The seminar on projectual research

The seminar took place in the summer 1994-95 led by the teachers of the Architecture Chair of the University of Buenos Aires, Arch. Varas, with the assistance of a group of students.

Team seminar on projectual research:
Professor:
Arch. Alberto Varas

Assistant Professors:
Archs. Claudio Ferrari, Daniel Becker

Professors:
Marina Villelabeitia
Carolina Tramutola
Gustavo Acosta
Marina Gallia

Student Assistants:
Javier García
Roxana Papa
Andrea Toma
Laura Majernik
Mariana Lettieri
Sandra Walczak
Rita Malerba
Paula Hagen
Paula Morelli
Lucio Stuer

Disarticulation and monumental scale: project of the internal peripheries

In recent decades, a permanent concern on the part of architects and urbanists has been the issue of finishing cities. This has happened especially in the European cities, in which historic centers were strongly consolidated and central areas had been subject to urban interventions for their improvement in recent years. Taking into account the reality of the central areas of the city, characterized by its identity and its spatial consolidation, by the mixed expansions that lack structuralization that make up the external barrier, the dichotomy between the central and peripheral areas has assumed (particularly in the Latin American cities) a dramatic character difficult to solve. But this is not a static phenomenon. The case of Buenos Aires also reveals the deep penetration of peripheralization in central areas, creating urban barriers and spaces of a null access surrounded by a very low urbanity.

The development of metropolitan processes that imply an intense relationship of movement and services between central areas and peripheries, and the urban potential of these fragments, strongly condition this relationship. Buenos Aires has initiated a necessary and inevitable process of transformation of its infrastructures, opening up a new scale of urban monumental fragments in central areas. The large frozen pieces require a new urban insertion articulated with the necessities of a strong process of metropolitan transformation. The architecture of the metropolis in transformation gives evidence of other items: architecture of transport and of the rail network seen as generators of public space, architecture of the transport systems, transformation of uses, new treatments of the urban park at a metropolitan scale. These internal peripheries are an essential part of the challenges of new public space in the contemporary metropolis and, at the same time, its urban quarry.

Buenos Aires 2000 Project
• *Retiro: projectual syntax of an infrastructure's node*

1. Background
One of the main objectives of the research has been to provide an approach (another point of view of the new urban problems of Buenos Aires) different from those proposed when the research started in March 1993. This is why the work is considered to be just a contribution for a future project or projects for this and other

urban sectors of the City of Buenos Aires. This approach had to show the problems that should be solved in future urban interventions that will eventually be made to shape the site. The general aims that gave rise to the election of this first field of study will be found in the introduction to this book, in the section referring to the "new conditions of the metropolitan urban space." For further information please refer to the mentioned section.

When this research started, there were no complete or specific projects for the whole area, except for certain architectural projects, some built, others not. Among these projects are the coach station, the extension of the 9 de Julio Avenue with its distribution node, or the project for the reorganization of the urban transportation opposite the train station in 1980. There also were historical plans and projects for the area that have been analyzed in the first part of this research work. Yet, apart from the preliminary ideas put forward for the Contest "20 Ideas for Buenos Aires," there were no contemporary projects that stood out for their approach to urbanism or existing infrastructure.

In 1994, CANAC presented a project for the rationalization of the railways that included a plan for the transformation of the railways and an urban plan for the area that would be deprived of the railways due to the previously mentioned plan. Then, by the end of that year, a committee of urbanists from SCA studied the plan, and the committee's study provided a conceptual update of the problems that resulted from the official plan and that, according to the committee, had been overlooked.

In 1993, a first workshop was organized in the School of Architecture, Design, and Urbanism (FADU), but no modifications to the existing railways were considered. That same year, with more experimental criteria as regards architecture, the Experimental Projectual Workshop was organized in SCA and FADU with the participation of Jorge Silvetti from the GSD of Harvard University. Finally, between April 1994 and May 1995, two workshops were held, one of them at the FADU and the other at Harvard's GSD. Both workshops followed the guidelines provided by the new information gathered during that time. The results of those workshops are given separately. During December, January, and March 1995, the final model for the Argentinian section was worked out, the characteristics and conclusions of which are included in this book. In March 1996, the SCA organized a contest for ideas on the area.

2. Scope of the approach

The aim of this research does not overlap with any of the steps previously mentioned or the contest for ideas organized by the Municipality of Buenos Aires, Ferrocarriles Argentinos, and the SCA. It is a complement to the contest and, eventually, it aims at providing the contestants with useful material for the assessment of proposals. This is so since it became public before the contest and it is clear that it is different from a specific project for the area; it is of an analytical nature rather than propositional. These guidelines have been set in accordance with parameters different from those set in the contest for ideas. The problem of Puerto Nuevo and the areas where the container deposits currently are located, have not been considered in the contest for ideas, but they have been considered in the conceptual approach for the first model of the Retiro proposed in "Buenos Aires 2000." Other issues of an analytical nature have also been considered in the conceptual approach for this model, there being no reason for their inclusion in the contest from which idea-solutions are expected rather than idea-concepts. The objective of the research work is thus clearly set as a "projectual-conceptual tool" previous to the execution of a project. In this respect, this work is related to the method of ideas that gave rise to the urban contests in Madrid and Buenos Aires in the 1980s, yet it differs in that it is part of a more advanced process already underway for a certain urban area and for which there are important precedents. Another difference is that the approach can be more comprehensive as various proposals have been designed for this area. Furthermore, the main difference is the resolute nature of the current step.

3. Analysis of the first model of Retiro

The first model comprises the following: four posters that show the proposal's urban strategy, in plans scaled at 1:5000 and 1:2500, a volumetric model made of high impact plastic and wood, painted, in scale 1:2500, photographs of the model, and a text. The documents are a technical expression of the following concepts that make up the conceptual background to the strategy and are explained immediately. ∎

• *Internal peripheries: fragments of colossal dimension*

As a first conceptual approach and in order to analyze the relation between the constructed area of the city and the urban area of Retiro, the idea of a possible expansion of the original grid of the city is put in doubt. This idea has prevailed in almost all the proposals for occupying areas of this type in Buenos Aires and in other cities such as Barcelona, Vienna, and Madrid, during the nineteenth century. This option corresponds to a different stage in the development of cities, the consolidation of the residential areas and the final stage of the first metropolitan expansion. Yet the relevant area is an enormous space that has kept its character of urban void due to its central peripheralization and the fixed character of its infrastructures. Therefore, it has undergone a process of transformation that is typical of this kind of infrastructure in central metropolitan areas, the obsolete nature of which is now evident. As a result it enables a grand scale intervention that cannot be ignored and that would not have been possible within the compact and consolidated historical area of the city, which has grown in a different way.

The problems of Retiro are different and unique due to its closeness to the central area and to its enormous dimensions. But they are also different and unique as this area has been added to the original city and includes infill areas which became part of the city. The experience of the metropolis in respect to "big things," in general, has been traumatic because of their effect on the urban scenery. Large interventions have brought about problems in relation to adaptation to the context, creation of unwanted residual space, control, and use. Examples of this are the big highways in Buenos Aires built during the 1970s or the obturation of the river front due to the construction of harbor and railway facilities (these issues are referred to in the first part of this book). Therefore, the colonization of the area is not related to the urban tissues but to pieces or groups of pieces that are related to one another in a certain way. The relation is not so much due to the continuity of the grid, but due to the contact with large elements (the river, the docks, the long and big buildings) or due to its relation to the infrastructure (the railways, the harbor, the new means of transportation, the street structure).

The role of infrastructure

The problems of infrastructure and the role of architecture in relation to such problems are of utmost importance. The transference center, the exchange center of 9 de Julio Avenue, the harbor with the problems of loading and unloading, the container areas, and the railways are highlights of the strategy. The infrastructure thus becomes the most important element for the formal, functional, and symbolic solution to the problem. We cannot think of just one disturbing factor that has to be removed or hidden. The relevant techniques of the urban and architectural project must be used in order to solve the harmonious relationship between the different elements that structure it. The city can no longer have forbidden areas. An active harbor using clean technology (such as the harbors of Barcelona and Genoa), high technology, and silent means of transportation, the exchange of passengers, an area of high urban contact for the exchange of information, the supply, or the education are all alternatives to account for when thinking about the urban and specific functional role of infrastructure.

Transformation of the harbor

The harbor is significant when considering infrastructure, because it stretches over large extensions of riverside ground. The proposed model does not regard the harbor as a dirty activity area. On the contrary, it suggests that it should be integrated with the city as part of the riverfront. It also suggests a technological transformation so as to have better container movement. In order to achieve this, the creation of a container island as an extension of Puerto Nuevo is proposed. This would bring about more efficiency, and the inner grounds where the container areas are now located would go back to the city. The principle followed in the development of the harbor is that the harbor grows from the coast outwards, the inner grounds go back to the city.

Extension of the riverside promenade Rafael Obligado Avenue

Together with the measures previously mentioned, we suggest the extension of Rafael Obligado Avenue (Costanera Norte), as well as the transference of the sand business sector of dock F to the container island so as to recover a large front on the river that can be used for entertainment purposes and for continuing the Costanera Norte Avenue. The idea of finishing the riverside at the end of one of the docks close to Darsena Norte is related to the Noel/Forestier 1925 plan that suggests the extension of the coastal border, and we believe his proposal could be followed again. Main roads, particularly coastal avenues such as Rafael Obligado Avenue, can play an important role in structuring and giving identity to a city. They can also be a strong element for the improvement of the urban landscape provided that the right urbanistic techniques are applied. Moreover, they can be regarded as design elements of great dimensions that harmoniously interact with other large important pieces of the city. This large avenue along the river is also an old and classical promenade of the city.

Extension of the urban park: what park?
The inclusion of a park in the strategy is related to the city park system and its extension. It is a means of relating one part with another. A new notion of the open space is added: it is not static, it occupies interstices of metropolitan centers and is in itself an object of attention. The real proportion of the big pieces of infrastructure is related to the empty space in a special way.

The crossing, a problem of transversal access
The infrastructures that have triggered central peripheralization processes have also become urban barriers. Therefore, crossings are needed so that the metropolitan areas can be more efficiently reached. Crossings must avoid gray sub-zones. The problem of the crossing is typical of areas that have not been settled due to peripheralization. Bridges, tunnels, or platforms used to avoid an obstacle become then a valuable element in terms of landscape. The crossing, together with the light square and an adequate architectural approach, becomes an urban element that highlights the new urban reality and its complexity.

Colonization model for new metropolitan areas
It would be possible to incorporate the following elements onto the grounds left empty once the container deposits and the sand businesses are transferred to the container island: harbor neighborhoods (Barceloneta, Dutch neighborhoods, pier architecture), small parts of an insular grid block, both as residential and business areas, using architectural typologies that avoid the traditional fabric and take into account the location within the city (skyline, arrival point, creation of borders).

New architectural typologies
In the great exchange nodes, such as those for the transference of passengers, a new scale of buildings may appear that gives rise to a new way of functioning according to the needs of hundreds of thousands of passengers that go by every day.

This area can house the new railway station and zones for interconnection with the other means of transport and other related uses, supply, culture, entertainment, information processes, and education. Conditions of indetermined use are provided by big containers as they are adaptable and flexible in terms of use. The most special feature of these approaches is that of covering the permanent movement of people and things. This gives rise to an engineering of movement that becomes the basis of the architectural determination.

Problems of scale and density for public space
The dimension of the urban public scenery has changed. The demands of urban facilities and open spaces for leisure, cultural activities, or consumption, and the infrastructural networks adapted to the movement of thousands of people both determine the type of architectural character and the sense of place, just where they have to be solved. The scale of the transfer station square, a green square with its bridges connecting it to the coach station and the new subway station, is an example of the scale of a new type of contemporary public space. In the central areas, density is closely related to the character of the contemporary public space. The adequate density distribution in those areas is a decisive factor when considering their maintenance, good use, accessibility, and protection. The aim of the model is to create high density points (rather than large areas of uniform density) that set up a structure of interconnected identifiable points of urban activity.

Transport technologies
The model suggests the possibility of incorporating other transport technologies to complement the current ones: elevated trains stopping at transference exchanges of public or private transport on General Paz Avenue. Also suggested is the creation of a private and public transport exchange zone and parking areas in the street interchange derived from the crossing of 9 de Julio Avenue.

Light and shadow in a high density city
Artificial light provides the night urban scenario with a source of orientation and acknowledgement that stresses its metropolitan nature. The light square is a "light construction" that makes the transport transference interchange a bright landmark.

Container buildings and public space identity
The increasing number of indetermined or neutral containers, such as meeting centers, shopping centers, infrastructural pieces, or

exchanges, parking lots, is a challenge in terms of their urban presence, public space support, or inclusion in such space. Bearing this in mind, the model favors the creation of multiple urban scenarios that interact with the movement infrastructural networks and that become part of a metropolitan collage of relatively autonomous pieces.

Relation with existing urban monuments
Special attention has been given to the relation between the model and the existing urban monuments: Libertador Avenue, the harbor, the big buildings, the big infrastructural pieces, and Retiro train station. All are used as reference elements for the intervention proposed.

A model of public-private urban management
The urban model proposed is based on a conception of urban management in which private actions are driven inside the framework of interests. This framework is a safeguard for the nature of the public. ∎

• Procedural aspects arising from the proposal

The steps followed establishing this proposal are more than a mere accumulation of procedures which could overlap with those of the urban and architectural project or with urban and architectonic programming techniques used in the classic urban planning. The proposal implies observing, through documents and texts gathered, the capacity of reproduction of a kind of projectual thought about the city, that can be used in a wide variety of urban projectual problems that are today mainly settled in other fields.

The analysis of the operative aspects of research could also provide arguments for the structuring of a specific projectual thought capable of contributing, from its own point of view, to the setting of fields related to the different ways of knowing the city. Since the issues dealt with in this research, being new and complex, have no antecedents, we have followed work procedures which are not included in the traditional models. Metropolitan development of cities and changes brought about in architecture by such development are part of a changing process in which the role of architecture and the forms taken by the concrete urban space are of utmost importance.

The approach proposed tends to consider the possible answers that, adapted to the cultural, technological, and economic conditions of society, will allow us to make an assessment of the nature of the urban metropolitan space in the same language, the language of the physical space. The traditional experimental method that historically was characteristic of scientific research and was then applied to the social sciences, is a method typical of these disciplines; their application to the creation of new objects, architectonic or urban, has proven inefficient. When applied to urbanism and architecture, it turned into a hypothetical-deductive mechanism taking a literary form of expression in relation to urban aspects. It has thus been deprived of a specific content about the physical world. Yet, the traditional scientific method has been applied to some research work on building technologies and development of specific aspects of the projectual activity (e.g. non-traditional energy resources). But this has not been the object of our research.

The handicraft or pragmatic way of producing architecture or urban projects, in most cases, does not imply the capacity of consciously conveying new knowledge, so that the production of this knowledge through the projectual process, a process of creative thinking, can only be derived from a previous research attitude. Otherwise, it will be a project which will represent, well or badly, in a superb or mediocre manner, a specific solution to a problem. Once we have considered the difference between the handicraft or pragmatic object, project, or projectual research, we can interpret the contents of the proposal. Projectual research so defined is an instrument that facilitates the linking processes with the real world and the different elements of an activity as complex as projecting an urban space. ■

Addenda 1996

National Competition of Urbanistic Ideas for Retiro Area.

The projects hereby published are those that have been submitted to the National Competition of Ideas for the Retiro Area by the architectural offices of Machado and Silvetti Associates from Boston and Baudizzone, Lestard, Varas from Buenos Aires. The competition was called for by the Sociedad Central de Arquitectos from Buenos Aires, Ferrocarriles Argentinos, and the Municipality of the City of Buenos Aires, in May 1996. The projects were submitted on the 14th of August of the same year and the results were announced two months later. One project received the first award given unanimously by the jury.

The jury included five members presided over by Dr. Fernando de la Rúa, Chief of Government of the Autonomous City of Buenos Aires. The judgment coincided with a very important stage in the political history of Buenos Aires as the city became politically autonomous. In addition to the Major Dr. Fernando de la Rúa, the designated members of the jury were architects Roberto Frangella, Roberto Converti, Rodolfo Gassó, and Jorge Gimenez Salice. The consultants for the competition brief were three distinguished urbanists in Buenos Aires, architects Odilia Suárez, Heriberto Allende, and Carlos Lebrero.

Most important to the brief were the role of public space and the complexity of the transport infrastructural node as two decisive issues to be addressed in the designs submitted to the competition. Forty-nine projects were entered, including works from Europe and the USA associated with local architects. The jury presented three awards and three honorable mentions.

Project sent to the National Competition of Urbanistic Ideas for Retiro Area
S.C.A., August 1996

Authors:
Machado and Silvetti Associates

Consultants:
Baudizzone, Lestard, Varas, archs. with C. Ferrari, D. Becker

Design Team:
  Nader Tehrani
  Marcela Cortina Rodríguez

Assistants:
  Dario Albanese
  Mario D'Artista
  Timothy Dumbleton
  David Lee
  Mark Pasnik
  Gary Rohrbacher
  Pablo Savid Buteler
  Elena Serio
  Theodore Touloukian

In the Retiro district of Buenos Aires, the remains of the nineteenth-century train infrastructure have formed an edge separating the city as we know it today from the Port of Buenos Aires and the Río de la Plata. Because of its unique configuration, this new site requires a distinctive urban approach in order to successfully replace the existing infrastructure. The city fronts the site with three different urban conditions along its length: the traditional and dense gridded fabric, the continuous park longing to reach the river, and the anomalous condition of the quasi-suburban Barrio Park. Visual connections between the city and the site will integrate these differing conditions, thus linking the old city to the new districts extending from it.

The proposal divides the site into three distinct districts, each with its specific public character; these are developed in terms of infrastructure, both automotive and pedestrian, and the urban sequences between them. The southernmost district, adjacent to the dense city, becomes a new development, including hotels, museums, offices, residences, a convention center, as well as public, mixed-use, and commercial spaces. These are tied together by a spine of public spaces. By contrast, the central district is programmed as an important point of release for the city, extending the existing park of the old city and reaching the river as a wharf or balcony with various public programs. The northern district is developed as a semi-suburban neighborhood that connects closely in terms of proximity and character to the adjacent Barrio Park.

All three districts are connected by a continuous boulevard that links them to the city along the north-south axis. The overall intention of the urban plan is to produce a contemporary urbanity, not zoned or thematized, but an integrationist and realistic proposal that acknowledges market forces, social integration, public and semi-public space financing, and tourism, while also concerning itself with problems of representation, visuality, and urban aesthetics. ∎

**Project sent to the National
Competition of Urban Ideas for
Retiro Area.
S.C.A., August 1996**

First Award

Authors:
Baudizzone, Lestard, Varas, archs.

Consultants:
Machado and Silvetti Associates

Associates:
C. Ferrari
D. Becker

Assistants:

> *Brígida Squassi*
> *Carolina Tramutola*
> *Marina Villelabeitia*
> *Claudia Feferbaum*
> *Julián Varas*
> *Natalia Penaccini*
> *Daniel Low*

Image Processing:

> *Pablo San Martín / Pablo Wolf*

Model:

> *Ernesto Liceda Sosa / Rodolfo Nieves*
> *Assistants:*
> *Claudia Femia / Letizia Comandi*

Photography:

> *Alejandro Leveratto*

Engineering Advisers:

> *Railway Eng.:*
> *Ing. Miguel de Sarro*
> *Roadway Eng.:*
> *Ing. Albarez Morales*
> *Service Infrastructure:*
> *Ene-I Enginnering - Eng. Inglese*
> *Port Eng.:*
> *Ings. Abal / Lara / Olivera*
> *Transport Planning:*
> *Lic. Carmen Polo*
> *Underground Engineering:*
> *Ing. Clemente*
> *Landscape Design:*
> *Arq. Salvatori*

Buenos Aires has come to a high stage of its urban development with opportunities for the generation of new public and private spaces destined to improve the quality of life and the effectiveness of the metropolis. For decades, a stagnant period of the city has caused a large part of its infrastructure to become obsolete. While the private residences kept an updated rhythm, the public space and the infrastructures – depending on important investments and complex resolutions – were delayed.

The transformation of large infrastructures and the empty urban spaces derived from it, allow the recovery of the monumental dimension of the city and public space. The improvement of the quality of life in the contemporary metropolis, one of the main objectives of the project, is linked not only to the quality of its residential spaces, but to the quality of the space reserved for entertainment, movement, and transference. Therefore, Buenos Aires inaugurates the problem of a new scale of urban fragments in central areas.

Founding Strategies

Following these important lines, the submitted proposal presents the following founding strategies:
- Consideration of functional strategic relations with the surrounding area.
- Treatment of the monumental dimension of the fragment at the city's scale.
- A flexible urban structure with a boundary of its spatial parameters, able to absorb the implicit changes in a public-private management of the city.
- The public space as main participant in the spatial structure of the area and in the identity of fragments.
- The role of infrastructure in structuring the whole node.
- The use of the conceptual urban containers as a flexible typology for residential uses (towers) or other, multifunctional ones, as the ones allotted to commercial, entertaining, or hotel uses (base pavilions and towers).
- Opposition of identifiable fragments that are integrated among themselves, and that face the mass and the bulk of the existing city.
- A flexible and moderate logic of built volumes and empty spaces as an equilibrium between the already-built mass and the free urban ground for leisure purposes (regulated density).
- Creation of protected local high quality environments for residences.
- Respect of the urban patrimony that is preserved by preventing its contamination with hyperfunctional solutions.
- In the requirements of the transport station, priority has been given to transport systems that avoid, visually or environmentally, contamination, taking into account pedestrian comfort.
- Reconsideration of the road network as a landscaped public space as opposed to a functional road system.
- Identification of the significant parts and fragments as a base for structuring at a monumental scale of the metropolitan visuality.
- Management mechanisms, stages, and steps of development that consider the visuality of each complete stage and its economical-financial feasibility. ■

Indice de Ilustraciones / Fuentes
Bibliografía

Index of Illustrations / Credits
Bibliography

Indice de Ilustraciones / Fuentes

Index of Illustrations / Credits

Pág.70, centro Illinois Institute of Technology. Arq. L. Mies van der Rohe, 1940. *Spaeth David, "L. Mies van der Rohe". Barcelona, Editorial Gustavo Gili, 1986, pp.107-110. Versión castellana.*

Pág.70, abajo Ciudad Universitaria para Brasil. Le Corbusier, 1936. *Le Corbusier, "Mi obra". Buenos Aires, Ediciones Nueva Visión, 1960, pp. 124.*

Pág.71, arriba Edificio de las Naciones Unidas. Le Corbusier et alt. 1946-47. *Le Corbusier, "Mi obra". Buenos Aires, Ediciones Nueva Visión, 1960, pp. 151.*

Pág.71, abajo Torre de los Ingleses en Plaza Britania. *foto: Alejandro Leveratto.*

Pág.72 Edificio de departamentos en la calle Tucumán. Arq. Alberto Prebisch. *Goldemberg J., "Eclecticismo y modernidad en Buenos Aires". Buenos Aires, FADU/ UBA, 1985.*

Pág.73 Teatro Municipal General San Martín. Arq. Mario Roberto Alvarez, Macedonio Oscar Ruiz, 1952- 1960. *"Teatro Municipal General San Martín", Buenos Aires, Infinito, 1959, pp 44.*

Pág.74, arriba Ministerio de Educación. Arqs. Lúcio Costa, Oscar Niemeyer, Carlos Leão, Jorge Moreira, Affonso Reidy, Ernani Vasconcelos. 1936. *Xavier A., Britto A., Nobre A. L., "Arq. Moderno no Río de Janeiro". Sao Paulo, Rioarte, Fundación Vilanova Artigas, 1994, pp. 37.*

Pág.74, centro Conjunto Residencial Pedregulho, Río de Janeiro. Arqs. Affonso Reidy, Enrique Midlin. *"Modern Architecture in Brazil". Río de Janeiro-Amsterdam Colibris Editora ltda., 1956.*

Pág.74, abajo Conjunto Residencial Pedregulho, Río de Janeiro. Arqs. Affonso Reidy, Enrique Midlin. *"Modern Architecture in Brazil". Río de Janeiro-Amsterdam Colibris Editora ltda., 1956.*

Pág.75, arriba Biblioteca Nacional. Arqs. F. Bullrich, A. Cazzaniga, C. Testa. *Equipo Buenos Aires 2000, FADU/ UBA. Laboratorio de Arquitectura metropolitana y urbanismo, U.P. Buenos Aires, 1995.*

Pág.75, abajo Biblioteca Nacional. *foto: Alejandro Leveratto, 1994.*

Pág.76, arriba Plaza de les Glòries, Barcelona. 1995. *foto: Jordi Bernadó. Avellaneda, Jaume y otros, "Creación y técnica". Quaderns D`Arquitectura I Urbanisme Nº 207-208-209 (aniversario: Tríptico Arquitectura Catalana).*

Pág.76, centro Túnel en la Av. del Libertador Gral. San Martín. *foto: Alejandro Leveratto.*

Pág.76, abajo Dique en Puerto Madero. *foto: Alejandro Leveratto.*

Pág.77 Avenida Diagonal Norte. *foto: Alejandro Leveratto, 1990.*

Pág.78, arriba Nuevo Parque Thays. *foto: Gustavo Sosa Pinilla, 1996.*

Pág.78, centro y abajo Vista de la demolición del Paredón de Retiro. *foto: Freddy Massad, 1994.*

Pág.79 Imagen satelital de Buenos Aires. *Revista Arquis Nº1 , "Arquitectura y Urbanismo, la transformación de la ciudad. Puerto Madero". Enero, 1994.*

Pág.81, izq. Aeropuerto en el Río. Arq. Amancio Williams, 1945. *Williams Claudio, "Amancio Williams". Buenos Aires, Gaglianone establecimiento gráfico S.A. Noviembre, 1990.*

Pág.81, der. Aeropuerto en el Río, posibles conecciones con la ciudad. Arq. Amancio Williams, 1945. *Williams Claudio, "Amancio Williams". Buenos Aires, Gaglianone establecimiento gráfico S.A. Noviembre, 1990.*

Pág.82, izq. Viviendas para Casa Amarilla. Arq. Amancio Williams, 1943. *Williams Claudio, "Amancio Williams". Buenos Aires, Gaglianone establecimiento gráfico S.A. Noviembre, 1990.*

Pág.82, der. La ciudad que necesita la humanidad. Arq. Amancio Williams, 1974- 1983. *Williams Claudio, "Amancio Williams". Buenos Aires, Gaglianone establecimiento gráfico S.A. Noviembre, 1990.*

Pág.83 Proyecto de Le Corbusier para Buenos Aires. Plan director, 1938. *Le Corbusier, "Mi obra". Buenos Aires, Ediciones Nueva visión, 1960, pp 127.*

Pág.84 Centro de Negocios en el Río de la Plata. Croquis de Le Corbusier para Buenos Aires, 1925. *Revista Arquis Nº3. Septiembre, 1994, pp. 5.*

Pág.85 Proyecto de Urbanización para el Bajo Belgrano. arqs. Ferrari Hardoy, Vivanco, A. Bonet. 1948-1949. *Sondereguer Pedro, "Arquitectura y modernidad en la Argentina". Ficha CESCA, 1986.*

Pág.86 Plan Director para Buenos Aires, Master plan. Arqs. Le Corbusier, Kurchan, Ferrari Hardoy, 1938. *Revista "La arquitectura de hoy" Nº 4, 1947. Versión castellana de L'architecture d'aujourd'hui.*

Pág.87 Plan Regulador de la Ciudad de Buenos Aires, Plano Director. *Informe preliminar de la organización del Plan Regulador de la Ciudad de Buenos Aires. Buenos Aires, OPRBA / MCBA, 1958-62.*

Pág.88 Sistematización del Area Central Regional. 1962. *Esquema director año 2000, MCBA, 1969-70.*

Pág.89 Plano de Renovación de la Zona Sur. arq A. Bonet y equipo técnico, 1956. *Plan de Renovación de la Zona Sur, M.C.B.A, 1971.*

Pág.91 Autopista 25 de Mayo, Constitución. *foto: Daniel Karp. "Buenos Aires, un estado del sentimiento". Fotografías de Daniel Karp, Buenos Aires, Lugar Editorial S.A., 1993, foto 14.*

Pág.92 Autopista y block. *foto: Freddy Massad, 1995.*

Pág.93 Estación Constitución. *foto: Daniel Karp. "Buenos Aires, un estado del sentimiento". Fotografías de Daniel Karp, Buenos Aires, Lugar Editorial S.A., 1993, foto 2.*

Pág.94, arriba Plano del CEAMSE (Cinturón Ecológico Área Metropolitana Sociedad del Estado), Gran Buenos Aires. *"Cinturón Ecológico. CEAMSE", Summa 119. Diciembre, 1977, pp. 59-60.*

Pág.94, abajo Plan de autopistas para la Capital Federal. Intendencia 1976 / 82. *Summa 119. Diciembre, 1977.*

Pág.95 Ensanche del Area Central. Arqs. Alvarez M.R., Raña Veloso R., Alvarez R.H., Forster S., Serra F.H., Valera J.O. *"Ensanche Area Central". Buenos Aires, M.C.B.A, 1982. Volumen de planos.*

Pág.97 Plano General de las Areas de Intervención. 20 Ideas para Buenos Aires, 1986. *Comunidad de Madrid, M.C.B.A, "20 Ideas para Buenos Aires". M.C.B.A, 1988, pp. 17.*

Pág.99 Buenos Aires, hoy: la ciudad real. Arqs. Baudizzone Miguel, Erbin Jorge, Lestard Jorge, Varas Alberto, Schalen R, Cuneo Dardo. *"Buenos Aires: una estrategia urbana alternativa". Buenos Aires, Ediciones Plural, 1980.*

Pág.100, arriba Propuesta para el Ensanche del Area Central y Costanera. Arqs. Clorindo Testa, Irene van der Poll, Horacio Torcello, María Ester Jorcino de Aguilar, Juan Genoud. *Comunidad de Madrid, M.C.B.A, "20 Ideas para Buenos Aires". M.C.B.A, 1988, pp 64.*

Pág.100, abajo Propuesta para el Paredón de Retiro. Arqs. Manteola, Sánchez Gómez, Santos, Solsona, Hunter. *Comunidad de Madrid, M.C.B.A, "20 Ideas para Buenos Aires". M.C.B.A, 1988, pp. 49.*

Pág.101, arriba Propuesta para el Ensanche del Area Central y Costanera. Arqs. Tony Díaz, Luis Ibarlucía, Gil, Daniel Silberfaden, Manuel Fernández de Luco.
Comunidad de Madrid, M.C.B.A, "20 Ideas para Buenos Aires". M.C.B.A , 1988, pp. 59.

Pág.101, abajo Propuesta para el vacío urbano de Agronomía. Arq. Daniel Morita, cátedra Varas, FADU / UBA.
Comunidad de Madrid, M.C.B.A, "20 Ideas para Buenos Aires". M.C.B.A , 1988.

Pág.102 Proyecto de Reconversión de la traza de la Ex-Autopista AU3, en un barrio lineal y boulevard a nivel. Arqs. Varas Alberto, Blazica Claudio, Feferbaum Jorge, Fernández Carlos, Naszewski Marcelo, 1987.
Proyecto de desarrollo urbanístico en los terrenos de la ex AU3. Buenos Aires, C.P.U, Secretaría de Obras Públicas, M.C.B.A, 1988.

Pág.103 Proyecto de Reconversión de la traza de la Ex-Autopista AU3, en un barrio lineal y boulevard a nivel. Tipologías arquitectónicas y perspectiva general. Arqs. Varas Alberto, Blazica Claudio, Feferbaum Jorge, Fernández Carlos, Naszewski Marcelo.
Proyecto de desarrollo urbanístico en los terrenos de la ex AU3. Buenos Aires, C.P.U, Secretaría de Obras Públicas, M.C.B.A, 1988.

Pág. 105 Avenida del Libertador Gral. San Martín.
foto: Alejandro Leveratto.

Pág.106 El túnel, Xul Solar, 1924.
Colección privada.

Pág.107 Campo Argentino de Polo, recital de Plácido Domingo.
foto: Alejandro Leveratto.

Pág.108 Alto Palermo Shopping.
foto: Alejandro Leveratto.

Pág.109 Nudo de Autopistas en Constitución.
foto: Alejandro Leveratto.

Pág.110 Area Puerto Madero.
foto: Alejandro Leveratto.

Pág.111 Estación del FFCC Mitre desde la Terminal de Omnibus.
foto: Daniel Karp.
"Buenos Aires, un estado del sentimiento". Fotografías de Daniel Karp. Buenos Aires, Lugar Editorial S.A., 1993, foto 40.

Pág.112 Autopista Panamericana entre túneles de Ugarte y Pelliza.
foto: Autopistas del Sol, 1995.

Pág.113, arriba Skyline nocturno.
foto: Alejandro Leveratto.

Pág.113, abajo Vías del Ferrocarril desde Estación Constitución.
foto: Freddy Massad.

Pág.114 Propuesta para el Concurso Nacional de Ideas para Puerto Madero.
Arqs. Baudizzone, Lestard, Varas, 1991.

Pág.115 Plan Estratégico para Puerto Madero. Proyecto español.
Consultores Europeos Asociados S.A, "Plan estratégico del Antiguo Puerto Madero, Buenos Aires". Barcelona, Ayuntamiento de Barcelona, Puerto autónomo de Barcelona, M.C.B.A., Corporación Antiguo Puerto Madero, 1990.

Pág.116 Proyecto de Remodelación del área Retiro. Arqs. Antonini, Schon, Zemborain, 1980.
"Remodelación del área Retiro" Summa Nº 165-166. Agosto - septiembre 1981, pp. 68-71.

Pág.117 Proyecto de Remodelación del área Retiro. Arqs. Antonini, Schon, Zemborain, 1980.
"Remodelación del área Retiro" Summa Nº 165-166. Agosto - septiembre 1981, pp. 68-71.

Pág.118 La Porta Meridionale, Palermo, Sicilia. Complejo administrativo, recreativo y de transporte. Arqs. Rodolfo Machado & Jorge Silvetti, 1987.
"Buildings for cities", New York , Rizzoli International Publications, 1989, pp. 66.

Pág.119 La Porta Meridionale, Palermo, Sicilia. Complejo administrativo, recreativo y de transporte. Arqs. Rodolfo Machado & Jorge Silvetti, 1987.
"Buildings for cities", New York , Rizzoli International Publications, 1989, pp. 66.

Pág.120 Café en el túnel peatonal de Avenida del Libertador Gral. San Martín.
Arqs. Becker Daniel, Ferrari Claudio, 1995.

Pág.121 Proyecto para el Museo de Diseño de la Ciudad de Buenos Aires. Recuperación de la Torre de Aguas en Av. Callao y del Libertador Gral. San Martín.
Arqs. Becker Daniel, Ferrari Claudio, García Balza Roberto, 1995.

Pág.122, arriba y centro Dique 7 en Puerto Madero.
Arqs. Baudizzone, Lestard, Varas, 1993.
foto de la Maqueta: Patricio Pueyrredón.

Pág.122, abajo Dique 8 en Puerto Madero.
Arqs. Baudizzone, Lestard, Varas, 1993.

Pág.123 Conjunto Santa María del Plata, Ex-Ciudad Deportiva de La Boca. 2º Premio.
Arqs. Baudizzone, Lestard, Varas y Asoc., 1996.

Pág.124 Maratón de Buenos Aires en la Av. 9 de Julio.
foto: Diario Clarín.

Pág.127 "La dimensión colosal de la arquitectura".
Torroja Pío. Alumnos UBA.
Seminario Poiesis FADU, UBA, 1993.

Pág.128 "La dimensión colosal de la arquitectura".
Gilardi, Martelleto, Morini.
Alumnos Universidad de Córdoba. Seminario Poiesis FADU, UBA, 1993.

Pág.129 "La dimensión colosal de la arquitectura". Problemas de la infraestructura.
Torroja Pío. Alumnos UBA.
Seminario Poiesis, FADU, UBA, 1993.

Pág.130 "La dimensión colosal de la arquitectura". Torres en trama sobre los terrenos de Retiro.
Torroja Pío. Alumnos UBA.
Seminario Poiesis, FADU, UBA, 1993.

Pág.131 "La dimensión colosal de la arquitectura". Exploración conceptual del carácter de las instituciones.
Torroja Pío. Alumnos UBA.
Seminario Poiesis, FADU, UBA, 1993.

Pág. 132 "La dimensión colosal de la arquitectura". Objetos urbanos a escala territorial.
Torroja Pío. Alumnos UBA.
Seminario Poiesis, FADU, UBA, 1993.

Pág. 134 Evolución histórica del Area de Retiro, 1700-1996.
Equipo Buenos Aires 2000, FADU/ UBA.
Laboratorio de Arquitectura metropolitana y urbanismo, U.P. Buenos Aires, 1996.

Pág. 136 Proyecto para el Area Retiro. Franjas tematizadas y parque urbano rampado. Plano de fondo y figura.
Sergio Mastrantonio.
Taller de Arquitectura 5. Cátedra Arq. A.Varas. FADU / UBA, 1993.

Pág. 137 Proyecto para el Area Retiro. Franjas tematizadas y parque urbano rampado.
Sergio Mastrantonio.
Taller de Arquitectura 5. Cátedra Arq. A.Varas. FADU / UBA, 1993.

Pág. 138 Proyecto para el Area Retiro. Franjas tematizadas y parque urbano rampado.
Sergio Mastrantonio.
Taller de Arquitectura 5. Cátedra Arq. A.Varas. FADU / UBA, 1993.

Pág. 139 Proyecto para el Area Retiro. Franjas tematizadas y parque urbano rampado. Maqueta.
Sergio Mastrantonio.
Taller de Arquitectura 5. Cátedra Arq. A.Varas. FADU / UBA, 1993.
foto: Alejandro Leveratto.

Pág. 140 Proyecto para el Area Retiro. Yuxtaposición del parque público y de la infraestructura. Esquema general.
Lettieri Mariana, Papa Roxana, Toma Andrea.
Equipo Buenos Aires 2000. FADU / UBA.
Laboratorio de Arquitectura metropolitana y urbanismo, U.P. Buenos Aires, 1996.

Pág. 141 Proyecto para el Area Retiro. Yuxtaposición del parque público y de la infraestructura.
Lettieri Mariana, Papa Roxana, Toma Andrea.
Taller de Arquitectura 5. Cátedra Arq. A. Varas.
FADU / UBA, 1993.

Pág. 142 Proyecto para el Area Retiro. Yuxtaposición del parque público y de la infraestructura.
Lettieri Mariana, Papa Roxana, Toma Andrea.
Taller de Arquitectura 5. Cátedra Arq. A. Varas.
FADU / UBA, 1993.

Pág. 143 Proyecto para el Area Retiro. Yuxtaposición del parque público y de la infraestructura.
Lettieri Mariana, Papa Roxana, Toma Andrea.
Taller de Arquitectura 5. Cátedra Arq. A. Varas.
FADU / UBA, 1993.

Pág. 144 Proyecto para el Area Retiro. Cruce de un sistema físico transversal. Esquema general.
Majernik Laura, Walczak Sandra.
Equipo Buenos Aires 2000. FADU / UBA.
Laboratorio de Arquitectura metropolitana y urbanismo, U.P. Buenos Aires, 1996.

Pág. 145 Proyecto para el Area Retiro. Cruce de un sistema físico transversal.
Majernik Laura, Walczak Sandra.
Taller de Arquitectura 5. Cátedra Arq. A. Varas.
FADU / UBA, 1993.

Pág. 146 Proyecto para el Area Retiro. Cruce de un sistema físico transversal.
Majernik Laura, Walczak Sandra.
Taller de Arquitectura 5. Cátedra Arq. A. Varas.
FADU / UBA, 1993.

Pág. 147 Proyecto para el Area Retiro. Cruce de un sistema físico transversal. Maqueta.
Majernik Laura, Walczak Sandra.
Taller de Arquitectura 5. Cátedra Arq. A. Varas.
FADU / UBA, 1993.
foto: Alejandro Leveratto.

Pág. 148 Proyecto para el Area Retiro. Franjas de distinto carácter paralelas a la Av. del Libertador Gral. San Martín. Esquema general.
Bruzzone Dino, Hagen Paula, Rafaniello Fernando.
Equipo Buenos Aires 2000. FADU / UBA.
Laboratorio de Arquitectura metropolitana y urbanismo, U.P. Buenos Aires, 1996.

Pág. 149 Proyecto para el Area Retiro. Franjas de distinto carácter paralelas a la Av. del Libertador Gral. San Martín.
Bruzzone Dino, Hagen Paula, Rafaniello Fernando.
Taller de Arquitectura 5. Cátedra Arq. A. Varas.
FADU / UBA, 1993.

Pág. 150 Proyecto para el Area Retiro. Franjas de distinto carácter paralelas a la Av. del Libertador Gral. San Martín.
Bruzzone Dino, Hagen Paula, Rafaniello Fernando.
Taller de Arquitectura 5. Cátedra Arq. A. Varas.
FADU / UBA, 1993.

Pág. 151 Proyecto para el Area Retiro. Franjas de distinto carácter paralelas a la Av. del Libertador Gral. San Martín. Maqueta.
Bruzzone Dino, Hagen Paula, Rafaniello Fernando.
Taller de Arquitectura 5. Cátedra Arq. A. Varas.
FADU / UBA, 1993.
foto: Alejandro Leveratto.

Pág. 152 Proyecto para el Area Retiro. Sectorización según distintas actividades. Esquema general.
Malerba Rita, Mestre Alejandra, Quiroga Inés.
Equipo Buenos Aires 2000. FADU / UBA.
Laboratorio de Arquitectura metropolitana y urbanismo, U.P. Buenos Aires, 1996.

Pág. 153 Proyecto para el Area Retiro. Sectorización según distintas actividades.
Malerba Rita, Mestre Alejandra, Quiroga Inés.
Taller de Arquitectura 5. Cátedra Arq. A. Varas.
FADU / UBA, 1993.

Pág. 154 Proyecto para el Area Retiro. Sectorización según distintas actividades. Maqueta.
Malerba Rita, Mestre Alejandra, Quiroga Inés.
Taller de Arquitectura 5. Cátedra Arq. A. Varas.
FADU / UBA, 1993.
foto: Alejandro Leveratto.

Pág. 155 Proyecto para el Area Retiro. Sectorización según distintas actividades.
Malerba Rita, Mestre Alejandra, Quiroga Inés.
Taller de Arquitectura 5. Cátedra Arq. A. Varas.
FADU / UBA, 1993.

Pág. 156 Superposición a la misma escala del área de Retiro, Buenos Aires, y el Central Park de New York.
Fernández Prado Martín.
GSD, Harvard University, 1994.

Pág. 158 Proyecto para el Area Retiro. Master Plan 1. Expansión del Area portuaria con nuevo puerto para lanchas colectivas. Esquema general.
Berca Paolo, Boaz Tracy, Fernández-Prado Martín, Riedl Dale. GSD, Harvard University, 1994.
Equipo Buenos Aires 2000. FADU / UBA.
Laboratorio de Arquitectura metropolitana y urbanismo, U.P. Buenos Aires, 1996.

Pág. 159 Proyecto para el Area Retiro. Master Plan 1. Expansión del Area portuaria con nuevo puerto para lanchas colectivas. Maqueta.
Berca Paolo, Boaz Tracy, Fernández-Prado Martín, Riedl Dale.
Curso de Diseño Urbano. GSD, Harvard University, 1994.

Pág. 160 Proyecto para el Area Retiro. Master Plan 1. Expansión del Area portuaria con nuevo puerto para lanchas colectivas. Maqueta.
Berca Paolo, Boaz Tracy, Fernández-Prado Martín, Riedl Dale.
Curso de Diseño Urbano. GSD, Harvard University, 1994.

Pág. 161 Proyecto para el Area Retiro. Master Plan 1. Expansión del Area portuaria con nuevo puerto para lanchas colectivas.
Fernández-Prado Martín.
Curso de Diseño Urbano. GSD, Harvard University, 1994.

Pág. 162 Proyecto para el Area Retiro. Master Plan 1. Expansión del Area portuaria con nuevo puerto para lanchas colectivas.
Fernández-Prado Martín.
Curso de Diseño Urbano. GSD, Harvard University, 1994.

Pág. 163 Proyecto para el Area Retiro. Master Plan 1. Expansión del Area portuaria con nuevo puerto para lanchas colectivas.
Berca Paolo, Boaz Tracy, Fernández-Prado Martín, Riedl Dale.
Curso de Diseño Urbano. GSD, Harvard University, 1994.

Pág. 164 Proyecto para el Area Retiro. Master Plan 1. Desarrollo de un sector: parque urbano y puerta de acceso a la ciudad.
Berca Paolo.
Curso de Diseño Urbano. GSD, Harvard University, 1994.

Pág. 165 Proyecto para el Area Retiro. Master Plan 1. Desarrollo de un sector: parque urbano y puerta de acceso a la ciudad.
Berca Paolo.
Curso de Diseño Urbano. GSD, Harvard University, 1994.

Pág. 166 Proyecto para el Area Retiro. Master Plan 1. Desarrollo de un sector: parque urbano y puerta de acceso a la ciudad.
Berca Paolo.
Curso de Diseño Urbano. GSD, Harvard University, 1994.

Pág. 167 Proyecto para el Area Retiro. Master Plan 1. Desarrollo de un sector: parque urbano y puerta de acceso a la ciudad.
Berca Paolo.
Curso de Diseño Urbano. GSD, Harvard University, 1994.

Pág. 168 Proyecto para el Area Retiro. Master Plan 2. Reubicación de la nueva Estación de Retiro. Esquema general.
Cooper Nazneen, Lee Stephen, Cortina Rodríguez Marcela, Stanos Nicholas. GSD, Harvard University, 1994.
Equipo Buenos Aires 2000. FADU / UBA.
Laboratorio de Arquitectura metropolitana y urbanismo, U.P. Buenos Aires, 1996.

Pág. 169 Proyecto para el Area Retiro. Master Plan 2. Reubicación de la nueva Estación de Retiro.
Cooper Nazneen, Lee Stephen, Cortina Rodríguez Marcela, Stanos Nicholas.
Curso de Diseño Urbano. GSD, Harvard University, 1994.

Pág. 170 Proyecto para el Area Retiro. Master Plan 2. Reubicación de la nueva Estación de Retiro. *Stanos Nicholas. Curso de Diseño Urbano. GSD, Harvard University, 1994.*

Pág. 171 Proyecto para el Area Retiro. Master Plan 2. Reubicación de la nueva Estación de Retiro. *Stanos Nicholas. Curso de Diseño Urbano. GSD, Harvard University, 1994.*

Pág. 172 Proyecto para el Area Retiro. Master Plan 2. Reubicación de la nueva Estación de Retiro. *Cooper Nazneen. Curso de Diseño Urbano. GSD, Harvard University, 1994.*

Pág. 173 Proyecto para el Area Retiro. Master Plan 2. Reubicación de la nueva Estación de Retiro. Maqueta. *Cooper Nazneen. Curso de Diseño Urbano. GSD, Harvard University, 1994.*

Pág. 174 Proyecto para el Area Retiro. Master Plan 2. Reorganización de la Plaza San Martín con un nuevo frente urbano. *Cortina Rodríguez Marcela. Curso de Diseño Urbano. GSD, Harvard University, 1994.*

Pág. 175 Proyecto para el Area Retiro. Master Plan 2. Reorganización de la Plaza San Martín con un nuevo frente urbano. *Cortina Rodríguez Marcela. Curso de Diseño Urbano. GSD, Harvard University, 1994.*

Pág. 176 Proyecto para el Area Retiro. Master Plan 2. Reorganización de la Plaza San Martín con un nuevo frente urbano. *Cortina Rodríguez Marcela. Curso de Diseño Urbano. GSD, Harvard University, 1994.*

Pág. 177 Proyecto para el Area Retiro. Master Plan 2. Reorganización de la Plaza San Martín con un nuevo frente urbano. *Cortina Rodríguez Marcela. Curso de Diseño Urbano. GSD, Harvard University, 1994.*

Pág. 178 Proyecto para el Area Retiro. Master Plan 3. Relación con el área portuaria continuando la Av. 9 de Julio. Esquema general. Andersen Thomas, Huang Yi-Jen, Membreno Phillip. GSD, Harvard University, 1994. *Equipo Buenos Aires 2000. FADU / UBA. Laboratorio de Arquitectura metropolitana y urbanismo, U.P. Buenos Aires, 1996.*

Pág. 179 Proyecto para el Area Retiro. Master Plan 3. Relación con el área portuaria continuando la Av. 9 de Julio. *Andersen Thomas, Huang Yi-Jen, Membreno Phillip. Curso de Diseño Urbano. GSD, Harvard University, 1994.*

Pág. 180 Proyecto para el Area Retiro. Master Plan 3. Espina de conexión hacia al río. Berge Andersen Thomas. GSD, Harvard University, 1994. *Equipo Buenos Aires 2000. FADU / UBA. Laboratorio de Arquitectura metropolitana y urbanismo, U.P. Buenos Aires, 1996.*

Pág. 181 Proyecto para el Area Retiro. Master Plan 3. Espina de conexión hacia al río. *Berge Andersen Thomas. Curso de Diseño Urbano. GSD, Harvard University, 1994.*

Pág. 182 Proyecto para el Area Retiro. Master Plan 3. Reorganización del área recuperando la Estación original. Esquema general. Nathaniel Fuster Félix. GSD, Harvard University, 1994. *Equipo Buenos Aires 2000. FADU / UBA. Laboratorio de Arquitectura metropolitana y urbanismo, U.P. Buenos Aires, 1996.*

Pág. 183 Proyecto para el Area Retiro. Master Plan 3. Reorganización del área recuperando la Estación original. *Nathaniel Fuster Félix. Curso de Diseño Urbano. GSD, Harvard University, 1994.*

Pág. 184 Proyecto para el Area Retiro. Master Plan 3. Reorganización del área recuperando la Estación original. *Nathaniel Fuster Félix. Curso de Diseño Urbano. GSD, Harvard University, 1994.*

Pág. 185 Proyecto para el Area Retiro. Master Plan 3. Reorganización del área recuperando la Estación original. *Nathaniel Fuster Félix. Curso de Diseño Urbano. GSD, Harvard University, 1994.*

Pág. 186 Proyecto Buenos Aires 2000, maqueta. *Equipo Buenos Aires 2000, FADU / UBA. Buenos Aires, 1995. foto: Patricio Pueyrredón.*

Pág. 188, arriba Proyecto Buenos Aires 2000. Esquema general. *Equipo Buenos Aires 2000, FADU / UBA. Laboratorio de Arquitectura metropolitana y urbanismo, U.P. Buenos Aires, 1996.*

Pág. 188, abajo Proyecto Buenos Aires 2000. *Equipo Buenos Aires 2000, FADU / UBA. Buenos Aires, 1995. foto: Patricio Pueyrredón.*

Pág. 190 Proyecto Buenos Aires 2000. Ampliación del puerto. *Equipo Buenos Aires 2000, FADU/ UBA. Buenos Aires, 1995.*

Pág. 191 Proyecto Buenos Aires 2000. Centro de transferencia. *Equipo Buenos Aires 2000, FADU/ UBA. Buenos Aires, 1995.*

Pág. 192 Proyecto Buenos Aires 2000. Planta de conjunto. *Equipo Buenos Aires 2000, FADU/ UBA. Buenos Aires, 1995.*

Pág. 193 Proyecto Buenos Aires 2000. Nudo vial. Maqueta. *Equipo Buenos Aires 2000, FADU/ UBA. Buenos Aires, 1995. foto: Roberto Bendinger.*

Pág. 194 Proyecto Buenos Aires 2000. Maqueta. *Equipo Buenos Aires 2000, FADU/ UBA. Buenos Aires, 1995. foto: Roberto Bendinger.*

Pág. 195 Proyecto Buenos Aires 2000. Maqueta. *Equipo Buenos Aires 2000, FADU/ UBA. Buenos Aires, 1995. foto: Roberto Bendinger.*

Pág. 196 Proyecto Buenos Aires 2000. Maqueta. *Equipo Buenos Aires 2000, FADU/ UBA. Buenos Aires, 1995. foto: Patricio Pueyrredón.*

Pág. 198 Proyecto Buenos Aires 2000. Parque Urbano Metropolitano. *Equipo Buenos Aires 2000, FADU/ UBA. Buenos Aires, 1995.*

Pág. 201 Proyecto enviado al Concurso Nacional de Ideas Urbanísticas para el Area de Retiro, SCA. Agosto, 1996. *Machado Silvetti Assoc. Baudizzone/ Lestard/ Varas, Consultores. Asociados: Becker, Ferrari, Arqs.*

Pág. 202 Proyecto enviado al Concurso Nacional de Ideas Urbanísticas para el Area de Retiro, SCA. Agosto, 1996. *Machado Silvetti Assoc. Baudizzone/ Lestard/ Varas, Consultores. Asociados: Becker, Ferrari, Arqs.*

Pág. 203 Proyecto enviado al Concurso Nacional de Ideas Urbanísticas para el Area de Retiro, SCA. Agosto, 1996. *Machado Silvetti Assoc. Baudizzone/ Lestard/ Varas, Consultores. Asociados: Becker, Ferrari, Arqs.*

Pág. 205 Proyecto enviado al Concurso Nacional de Ideas Urbanísticas para el Area de Retiro, SCA. Agosto, 1996. Primer Premio. *Baudizzone/ Lestard/ Varas, Arqs. Machado Silvetti Assoc., Consultores. Asociados: Becker, Ferrari, Arqs. foto de la maqueta: Alejandro Leveratto.*

Pág. 206 Proyecto enviado al Concurso Nacional de Ideas Urbanísticas para el Area de Retiro, SCA. Agosto, 1996. Primer Premio. *Baudizzone/ Lestard/ Varas, Arqs. Machado Silvetti Assoc., Consultores. Asociados: Becker, Ferrari, Arqs. foto de la maqueta: Alejandro Leveratto.*

Bibliografía

Bibliography

- ALVAREZ, M.R., RAÑA VELOSO, R., ALVAREZ, R.H., FORSTER, S., SERRA F.H., VALERA J.O., Arquitectos, "EAC: Expansión Area Central. Desarrollo Plan Urbanístico". Anteproyecto, Buenos Aires, M.C.B.A., 1982, 6 Volúmenes: (1) Tomo introductorio (2/3/4/5) Estudio proyecto (6) Planos.

- ALLENDE, H., KESELMAN, J., SUAREZ, O., AINSTEIN, L., LEBRERO C., VARAS, A., ARQS., "Consideraciones urbanísticas sobre el Proyecto Retiro". Informes I y II, Sociedad Central de Arquitectos, Marzo 1994.

- ASLAN, L., JOSELEVICH, I., NOVOA, G., SAIEGH, D., SANTALO, A. "Buenos Aires, Puerto 1887-1992", Ediciones IPU (Inventario de Patrimonio Urbano), 1992.

- BALLESTER PEÑA J. A., LESTON E., PETRINA A., GARCÍA VAZQUEZ F., IGLESIA R., ARQS. "La Nueva City: imágenes y opiniones", Summa N° 171/172, Febrero- Marzo 1982, pp. 41-49.

- BALLESTER PEÑA J. A., ARQ. (director Oficina Región Metropolitana), "Esquema Director Año 2000", Buenos Aires, Secretaría del Consejo Nacional de Desarrollo-Oficina Regional de Desarollo Area Metropolitana (impresión Jaime Slarner), Diciembre 1969-Marzo 1970, pp. 114.

- BAUDIZZONE, M., ERBIN, J.,LESTARD, J., VARAS, A., SCHALEN, R., CUNEO D., ARQS., "Buenos Aires: Una Estrategia Urbana Alternativa", Buenos Aires, Ediciones Plural, 1986.

- BLAZICA, CLAUDIO, SPINADEL, LAURA, ARQS. "20 Ideas para Buenos Aires ", Summarios N° 119, Noviembre 1987.

- BLAZICA, CLAUDIO, SPINADEL, LAURA, ARQS. "20 Ideas para Buenos Aires II", Summarios N° 120, Diciembre 1987.

- CENTRO ARGENTINO DE INGENIEROS, "Autopistas", Revistas SCA N° 125: Buenos Aires 1976-1983, Julio 1983, pp. 39-41.

- CONSTANTINI, A. Y ASOCIADOS ING. CONSULTORES. DIRECCIÓN NACIONAL DE VIALIDAD, "Estudio de factibilidad de la Autopista Buenos Aires-La Plata", Buenos Aires, M.C.B.A. Ediciones, s. f., 4 Volúmenes: (1)- tramo Retiro-Riachuelo; (2) primera etapa; (3) segunda etapa; (4) tercera etapa.

- CONSULTORES EUROPEOS ASOCIADOS S.A., "Plan Estratégico del Antiguo Puerto Madero", Buenos Aires-Barcelona, Ayuntamiento de Barcelona-Puerto Autónomo de Barcelona-Municipalidad de la Ciudad de Buenos Aires-Corporación Puerto Madero Editores, 1990.

- DOBSON, J.M. ING., "El Puerto de Buenos Aires. Memoria presentada al Instituto de Ingenieros Civiles de Londres", Revista Técnica N°113(1)/114(2)/115(3)/116(4), Octubre-Noviembre 1900, pp. (1): 178-191; (2): 209-220; (3): 234-242; (4): 253-266, Traducción Huergo, L.A. Ing.

- ESTUDIO DEL PLAN DE BUENOS AIRES-M.C.B.A., "Evolución de Buenos Aires en el tiempo y en el espacio (primera parte hasta 1899)", Revista de arquitectura N° 375, 1956, pp. 25-83.

- ESTUDIO DEL PLAN DE BUENOS AIRES-M.C.B.A., "Evolución de Buenos Aires en el tiempo y en el espacio (Buenos Aires y Gran Buenos Aires desde principio de siglo hasta nuestros días)", Revista de arquitectura N°376, 1956, pp. 25-112.

- GOBIERNO DE LA PROVINCIA DE BUENOS AIRES, "CEAMSE: Cinturón Ecológico Area Metropolitana Sociedad del Estado", Digesto Municipal de la ciudad de Buenos Aires (ordenanza N° 33691), Buenos Aires, Consejo Deliberante, Agosto 1977, Volumen I y II de 1993.

- GUTIERREZ, RAMON, ARQ., en AA.VV., "Sociedad Central de Arquitectos: 100 Años de Compromiso con el País 1886/1986", Buenos Aires. Sociedad Central de Arquitectos, 1993.

- GUTIERREZ, RAMON, ARQ., "Buenos Aires: Evolución Histórica", Colombia, Bogotá, Fondo Editorial Escala, Argentina, 1992.

- IGLESIA, RAFAEL, ARQ., "El siglo XIX en Argentina: Quinta parte./La nueva estación terminal en Retiro del ferrocarril central argentino: Segunda parte". Nuestra Arquitectura N° 408, Noviembre 1963, pp. 45-50.

- BRIANO, JUAN A. ING., "Transformación de nuestro Puerto en el Gran Puerto de Buenos Aires. Coordinación ferroviaria y ubicación definitiva de los elevadores de granos en el mismo", La Ingeniería N° 681, 1931, pp. 304-311.

- INTENDENCIA MUNICIPAL, COMISION DE ESTETICA EDILICIA, "Proyecto Orgánico para la Urbanización del Municipio". El Plano Regulador y de Reforma de la Capital Federal, Buenos Aires, Talleres Peuser, 1925.

- LE CORBUSIER, KURCHAN, FERRARI, HARDOY, ARQS., "Plan Director para Buenos Aires", La arquitectura de hoy N° 4, Abril de 1947, pp. 1-53, versión castellana de L'architecture D' aujardhui.

- LIERNUR, JORGE F. ARQ., "Area Central Norte. Reflexiones para una Crítica". Summa N° 171/172, Febrero- Marzo 1982, pp. 26-37.

- LIERNUR, JORGE F., SILVESTRI G., "El umbral de la metrópolis", transformaciones técnicas y cultura en la modernización de Buenos Aires (1870-1930).

- LUCCHINI, A.P. ING. "Remodelación y ampliación de la Avenida 9 de Julio", La Ingeniería 1041, Septiembre 1980, pp. 101-120.

- M.C.B.A., "Avenida 9 de Julio / Leyes Ordenanzas Decretos Estudios Datos Informes referentes a su construcción", Buenos Aires, Iglesias y Matera Editores.

- MADERO, GUILLERMO, "Historia del Puerto de Buenos Aires", Buenos Aires, Compañía Impresora Argentina S.A., Noviembre 1955, pp. 190.

- MUNICIPALIDAD DE LA CIUDAD DE BUENOS AIRES, "Organización del Plan Regulador", Buenos Aires. Informe Preliminar. Etapa 1959-1960, Buenos Aires, M.C.B.A., Febrero de 1968.

- ORTIZ, F. , MANTERO, J.C., GUTIERREZ, R., LEVAGGI, R., PARERA, R., "La arquitectura del liberalismo en la Argentina", Editorial Sudamericana, Buenos Aires, 1968.

- RADOVANOVIC, ELISA, "Un puerto para Buenos Aires", Summa N° 260, Abril 1989, pp. 66-67.

- SARLO BEATRIZ, "Escenas de la vida posmoderna". Intelectuales, arte y videocultura en la Argentina. Editorial Ariel, Buenos Aires, 1994.

- SIN AUTOR, "Cinturón Ecológico: CEAMSE", Summa N°119, Diciembre 1977, pp. 59-60.

- SIN AUTOR, "Síntesis Histórica del Ferrocarril en la Argentina. 1857-1955", Summa N°115, Agosto 1977, pp. 51-54.

- SOCIEDAD CENTRAL DE ARQUITECTOS, "Autopistas", Revista SCA N°125: Buenos Aires 1976-1983, Julio 1983, pp. 35-38.

- SUAREZ, ODILIA E., "El Código de Planeamiento urbano: normas urbanísticas y autopistas para Buenos Aires", Summa N°113, Junio 1977, pp. 53-57.

- SUAREZ, ODILIA E., "Planes y Códigos para Buenos Aires 1925, 1985", Buenos Aires, Serie Ediciones Previas: Secretaría de Extensión Universitaria y Bienestar Estudiantil; Facultad de Arquitectura Diseño y Urbanismo Universidad de Buenos Aires 1986-1994.

- VARAS, A., BLAZICA, C., FEFERBAUM, J., NASZEWSKI, M., FERNANDEZ, G., ARQS. "Proyecto de Desarrollo urbanístico en los terrenos de la ex autopista N°3". Tramo Acceso Norte-Avenida Congreso. Editado por la MCBA, Buenos Aires, 1987.

- WAISMAN, MARINA, ARQ.-Varios, "Período 2. Dominio Español (1516-1810) 1.1- Centros Urbanos. Trazados" en Documentos para una Historia de la Arquitectura Argentina, Buenos Aires, Ediciones Summa, 1978, pp. 91-94.

- WAISMAN, MARINA, ARQ.-Varios, "Período 5. El Modelo Liberal (1880-1914) La Argentina después de 1880: una introducción Gobierno y administración. Centros urbanos. Trazado Arquitectura de la Revolución Industrial" en Documentos para una Historia de la Arquitectura Argentina, Buenos Aires, Ediciones Summa, 1978, pp. 40-84.